|한국편|

白塔落穗(백탑낙수)

田光培(전광배) 著

비틀어 읽는 사랑방의 역사 이야기!!

明文堂

白塔落穗

서문序文

21세기의 백탑파白塔派를 꿈꾸며…

"백탑白塔을 아시나요?"

백탑은 국보 제2호로, 서울 종로2가 30번지에 있는 탑골(파고다)공원 내에 있는 '원각사지다층석탑' 을 말합니다. 이 탑은 현재는 먼지와 비바람, 그리고 비둘기의 배설물 때문에 유리 보호각으로 둘러쳐져 있지만, 조선시대엔 한양 도성 한복판에서 우뚝 솟아 흰 자태를 뽐냈습니다. 요즈음 말로하면 한양의 랜드마크였던 셈입니다.

이 백탑을 중심으로 당대 집권세력이던 노론 명망가 출신의 양반인 연암 박지원과 담헌 홍대용을 필두로 비록 서얼이지만 세상의 폐단과 새로운 학문을 논하기에 부족함이 없었던 청장관 이덕무, 초정 박제가, 영재 유득공, 관헌 서상수와 무인인 야뇌 백동수 등이 어울려 벗이자 때로는 스승으로 우정을 이어갔습니다. 이들을 우리는 백탑파白塔派라고 부릅니다.

백탑파는 당시 지배이념으로써 시대의 흐름에 뒤처져 있던 주자의 학설을 맹목적으로 추종하는 것을 거부하고, 자주적 학문의 자세를 견지했습니다. 이들은 민생을 보듬는 이용후생利用厚生의 학문을 여는데

앞장섰습니다. 또 조선사회 현실을 직시하고 청나라의 발달된 문물을 수용해 백성의 삶을 개선하자고 주장하였습니다.

필자가 몸담고 있는 (사) 전국한자교육추진총연합회는 2018년 9월 4일, 백탑이 있는 인사동으로 사무실을 이전하였고, 2019년 5월 10일부터 백탑학숙을 개설하였습니다. 또한 필자는 월간 「한글+漢字문화」에 편집장으로 있으면서 "백탑낙수"라는 꼭지명으로 2019년 12월부터 연재를 시작하여 4년여 동안을 우리와 중국의 역사에서 간과하고 있었던 내용, 특히 동이족과 백탑파에 관하여 글을 써왔습니다. 이번에 그 글들을 모두 모아 『백탑낙수』라는 제호로 한국편과 중국편으로 나누어 세상에 내놓게 되었습니다.

역사는 선사시대와 역사시대로 나뉩니다. 그 나눔의 기준은 문자를 가지고 그때의 일을 기록하느냐, 못하느냐에 따라 달라집니다. 또한 역사는 승자의 기록입니다. 그러나 승자는 기록을 할 때에 항상 자신들에게 유리하게 왜곡하고 변형합니다. 그러한 모습은 동서고금의 기록을 통하여 언제나 볼 수 있습니다.

흉노匈奴는 당대 세계 최대의 강국이었습니다. 진시황과 한고조 유방은 흉노라는 말만 나오면 항상 무서워하였다고 합니다. 오죽하면 '천고마비天高馬肥', '요령부득要領不得', '춘래불사춘春來不似春' 등의 사자성어가 지금까지 회자되고 있겠습니까. 그러나 흉노는 문자를 가지고 있지 못했기에 그들의 이야기를 글로 적지 못하였습니다. 그런 와중에 문자를 가지고 있던 화하족이 그들만의 방식으로 흉노를 난도질

하였습니다. 그 종족의 이름조차 흉노(匈奴, 오랑캐의 노예들)라고 바꾸어 불렀습니다. 그 중심에 있는 사람이 역사상 최고의 역사가라고 불리는 사마천입니다.

현대에도 역사의 왜곡歪曲은 일어나고 있습니다. 중국의 국가문물국國家文物局은 2009년 만리장성의 동쪽 끝을 기존의 산해관山海關에서 요녕성遼寧省 단동시丹東市의 호산虎山으로 변경하며, 만리장성의 전체 길이를 종래의 6,352km에서 8,851km로 수정해서 발표했습니다. 그리고 2012년에는 명明나라 때의 장성만이 아니라 진秦·한漢 등 역대 왕조에서 세워진 장성들을 모두 포함하면 전체 길이가 21,196km에 이른다고 발표하였습니다. 또 중국은 한 술 더 떠 한반도 북부 평양까지 만리장성이 있었다고 주장을 하고 있습니다. 이는 북한을 합병하기 위해서, 북한 유사시에 중공군이 빠르게 밀고 내려와 북한을 점령한 뒤, 한반도가 중국의 영토라는 걸 주장하기 위한 과정으로 볼 수 있습니다. 실로 대단한 용기가 아닌가 합니다. 왜곡을 하려면 이 정도는 해야 왜곡했다고 할 수 있을 것입니다.

중·고등학교 국사 시간의 추억을 되살려보기로 합시다. 고조선과 한사군에 대해 배울 때 우리가 달달 외워야 하고 시험에 꼭 나왔던 것이 한사군의 위치였습니다. 왜 우리 국사 교과서는 반만년 역사 중에 불과 몇십 년, 길어야 몇백 년 존속했던 한사군을 그토록 중시해야만 했을까?

고조선 대신 한사군을 그토록 강조한 것은 항일기 조선총독부의 기획 때문이었습니다. 그들의 노림수는 우리 민족이 자체 발전 능력이 없으며, '선진문물' 을 가진 중국, 뒤에는 일본의 지배와 문화를 받아들여야 비로소 발전할 수 있었다고 하는 것입니다. 말하자면 식민통치의 일환으로 일제가 택한 전략이 우리 역사의 축소와 왜곡인 것입니다. 문제는 그것이 광복 이후뿐만 아니라 21세기인 현대에도 주류 사관으로 면면히 이어져 내려오고 있다는 것입니다.

"우리나라는 당파 싸움 하다가 망했다."

"한국 사람은 단결할 줄 모른다."

"한국은 약소국으로 늘 강대국의 외침에 시달리다가 망했다."

"우리나라만큼 많은 외침을 받고 수난을 겪은 민족은 없다."

일본의 식민사관에 의한 역사교육을 받은 많은 이들이 아직도 이와 같은 말을 입에 달고 다닙니다. 아무런 근거도 없고, 출전도 없이, 그저 입에서 나오는 대로 그렇게 자기비하에 열심입니다. 언제가 촌로의 항의를 받았습니다. 제 글이 역사를 망친다고 합니다. 제가 다시 물었습니다. 제 글을 다 읽어 보셨느냐고? 읽지도 않고 항의를 계속하였기에 한동안 사이가 서먹하였습니다. 역사의 선입견은 무식, 무지의 소산입니다. 그렇게 평생을 살아오신 겁니다. 누구를 탓하겠습니다. 우리의 역사 교육을 탓해야지.

역사는 항상 의심하고, 항상 왜 그랬을까를 탐구해야 합니다. 즉 의심의 학문이 역사입니다. 교과서에 나오는 대로, 시험문제에 나오는 대로의 것이 아닌 비틀어 읽었을 때의 역사는 교과서와는 다를 것입니다. 여불위와 신돈의 자식이 진시황과 우왕이 아니듯이….

백탑파들은 변혁이념을 가지고 사회의 주역으로 역할을 담당하거나, 사회변혁을 도출해 내는데 이르지는 못했으나, 이들의 학문과 사상은 대를 이어 계속되었습니다. 이덕무의 아들 이광규, 유득공의 아들 유본학과 유본예, 박제가의 아들 박장암은 부친의 뒤를 이어 검서관으로 일하였고, 또한 그들의 사상이었던 북학을 이어받아 이덕무의 손자인 이규경, 박지원의 손자 박규수, 박제가의 제자 김정희, 실학과 개화의 교량이었던 최한기가 19세기의 새로운 지식인으로 등장하였습니다.

이것이 백탑파들이 시대와 사회, 새로운 학문 세계에 대해 토론하고 대화를 나누며 사회의 변혁을 꿈꾸었던 그 백탑 옆에서 제가 「21세기 백탑파」를 꿈꾸는 이유입니다.

역사를 사랑하게 만들어주신 이기백李基白 선생님과 역사를 보는 눈을 길러주신 고병익高柄翊, 길현모吉玄謨 선생님, 난삽하였던 글을 바로잡아 주셨던 진태하陳泰夏 선생님, 저의 글을 세상으로 이끌어주신 심재기沈在箕 선생님께 무한한 감사와 존경의 뜻을 올립니다. 100년의 세월동안 고전古典을 출판하며 동양의 전통을 계승하고 계신 명문당明文堂 김동구金東求 사장님의 배려에 감사드리며, 마지막으로 저의 해로동혈偕老同穴 금錦과 오昨·윤閏·혜惠에게 깊은 사랑을 전합니다.

2023년 5월 13일

백탑白塔 옆에서

전광배田光培

목차

序

1부

2부

3부

白塔落穗

序

{序}

술이부작述而不作과 취사선택取捨選擇

역사를 의미하는 한자인 '史'는 갑골문에는 '[illegible]', 금문에는 '[illegible]', 소전에는 '[illegible]'으로 변천해왔다. 이 '史'를 풀어보면 '가운데 中'에 '오른손 우([illegible]→又)'를 합친 글자로, 中은 '바름'을 나타내는 것으로, 손(又)에 붓을 들어 사실을 바르게(中) '기록하는 사람' 또는 그 기록인 '역사'를 뜻한다고 한다. 곧 사관이 가운데에 서서 기울지 않고 객관적인 사실을 손으로 기록한다는 뜻이다. 고대로부터 역사가들은 중립적인 입장에서 객관적으로 역사를 써야 한다는 것이다.

예를 들면, 『사기史記』에는 대제국인 한漢나라의 시조인 고조(유방, 재위 B.C. 202~B.C. 195)에 대해 부끄러운 부분까지 과감하게 기록하고 있다. 한나라를 건국한 시조가 과거에 비겁한 마을 건달처럼 행동하고 배반을 여반장같이 한 것을 그대로 기록한 것이다. 이러한 내용은 당시 한나라의 황실뿐 아니라 한나라 백성들에게도 불편한 내용이었겠지만, 지금까지도 그 기록이 전해지고 있다.

'역사'라는 용어는 오래된 용어가 아니다. 전통적으로 한·중·일에서는 '역사'보다는 '史'라고 하였다. '역사'라는 용어는 근대에 들어서 서양의 'history'를 번역하는 과정에서 생긴 것이다. 19세기 중엽 일본 지식인들의 노력과 활동은 지금의 모든 분야의 전문용어를 새롭게 정립하는데 큰 역할을 하였다. 그들은 平安(헤이안)시대 이래 한문을 일본어 어순에 맞춰 이해하는 훈독의 방법을 확립하였고, 19세기 중엽과 明治(메이지) 초기에 이 방법을 영문 이해에 적용하였다. 그들은 서양의 단어를 한자로 바꾸는 어려운 작업에 전념했는데, 특히 개념어와 근대 학술어를 두 개의 한자로 이루어진 숙어로 치환하는 데 몰두하였다.

'역사' 라는 말은 명치 6년(1874) 영어 'history' 의 번역어로 사용되기 시작하였다. 그 이전에 '역사' 라는 말은 중국 명대 원황袁黃의 『역사강감보歷史綱鑑補』(1606)의 제목으로도 등장하였고, 일본 江戶(에도)시대에도 '역사歷史' 라는 말이 가끔 사용되었다. 그러나 당시 이 말의 의미는 지금과 달랐다. 그 말은 글자 그대로 '역대의 史' 를 뜻하였다. 즉 『사기史記』, 『한서漢書』 등 이전 중국 역사서의 총체를 뜻하는 말로 사용된 것이다.

그러다가 요시다 츠네노리吉田庸德의 『수진영화절용집袖珍英和節用集』(1871)에서 'history' 의 번역어로 '역사歷史' 가 정착된다. 이후 오늘날 우리가 알고 있는 의미의 역사라는 표현이 널리 퍼졌고, 한자문화권인 동아시아 지식인들 또한 거의 비슷한 시기에 이 개념어에 익숙해진 것이다.

공자는 '술이부작述而不作' 이라는 말로 역사를 집필하는 원칙을 제시하였다. 곧,

> 공자께서 말씀하시기를 서술하기만 하고 지어내지 않고, 옛 지혜를 믿고 좋아하니 마음속으로 몰래 우리 노팽老彭 선생에 비교

해보네.(子曰 述而不作 信而好古 竊比於我老彭.)〈『논어』 술이편〉

아주 짧은 문구이다. 이 문구가 수천 년 동양의 역사를 집필하는 이들의 대명제가 되었다. 공자가 노魯나라의 역사서인 『춘추春秋』를 지으면서 대의명분론과 결합해 '춘추사관'으로 굳어진 '술이부작述而不作', 즉 서술은 하되 지어내지는 않는다는 공자의 말에는 오늘날 말하는 "있는 그대로의 존재의 본질"에 접근하려는 철학적 경향이 엿보인다. '술이부작'은 공자의 단순한 저술 활동에 대한 설명에서, 동양 역사학의 근간을 이루는 사상으로 번져나간 중요한 개념이다. 있는 사실을 기술하기만 하고 자신이 말을 지어내지는 않는다는 원칙이다.

역사를 교훈의 수단으로 삼는 초기적 사관에서 벗어나 역사학을 과학으로 독립시킨 공자의 걸출한 명언이다. 사실과 의견의 철저한 구분이라는 근대 역사학의 아버지 랑케(Leopold von Ranke, 1795~1886)의 실증주의 역사 서술 원칙은 진작부터 '술이부작'이라는 단어로 공자의 제자들에게 전해오던 것이다.

공자의 이러한 생각과 논리를 거꾸로 뒤집을 경우, 우리는 역사와 미래에 대해 이렇게 말할 수가 있다. 역사를 단절시키고, 비틀고, 부정하면 10세가 아니라 1세의 역사도 제대로 알 수가 없게 된다. 『역사란 무엇인가』를 쓴 카아(E. H. Carr, 1892~1982)는 "사실만 잘 묘사한다고 역사가 되는 것은 아니며, 오히려 역사가가 행하는 사실의 주관적 선택과 기술이 역사다."라고 하였다. 즉 '술이부작'을 반대하면서 '술이작述而作'을 주장한 셈이다. 이 주장은 "역사는 과거와 현재와의 대화"라며 한때 전 지식인에게 먹혔지만 조금 위험하다.

역사의 객관성에 물타기를 해 식민사관이든, 중국의 동북공정이든 다 합리화시킬 우려도 있다.

흔히 세계 4대문명이라 하여 이집트, 메소포타미아, 인더스문명과 함께 중국의 황하문명을 꼽는다. 황하문명은 기원전 5000~3000년 전 무렵부터 시작되는 앙소문화는 채도, 기원전 3000~1500년 무렵에 시작되는 용산문명은 흑도로 유명하다. 하夏 왕조는 기원전 2100년쯤부터이고 기원전 1300년쯤 안양 근교 은허殷墟에 도읍한 은殷(商)의 문화를 말한다.

그러나 이보다 훨씬 이전인 홍산紅山문명이 있다. 홍산문명은 중국 내몽고 적봉시의 홍산을 중심으로 한 요서 지역에서 생성된 신석기시대 위주의 문화집합체를 말한다. 이 문화집합체를 구성하고 있는 주요 문화들로는 흥륭와(8000년 전), 홍산(6000년 전), 우하량(5000년 전), 소하연(4900년 전), 하가점상하층(4200~3300년 전), 릉하(2800년 전) 유적 등이 있다.

지금까지의 발굴 결과를 놓고 보면, 홍산문명의 포괄 범위는 동쪽으로는 조양, 남쪽은 발해만, 서쪽은 내몽고 초원, 북쪽은 대흥안령 남록까지의 광범위한 지역이다. 이 문명은 신석기시대 문화가 주종이지만, 청동기시대나 동석병용시대 문화 등 여러 문화를 함께 아우르고 있다. 문화의 성격도 초기 농경문화와 유목문화, 정주 농경문화 등이 섞여 있다. 15만 년 전 인류의 거주를 비롯한 구석기문화도 관련되어 있다.

황하문명보다 최소 1000년이 앞서는 홍산문명이 발견이 되자, 중국에서는 과감하게 황하문명을 버리고 홍산문명에서 중국의 근원

고조선古朝鮮과 요하문명遼河文明의 전파도

을 찾고 있다. 이것이 그들의 이른바 '역사 만들기'의 전형적인 모습이다. '중화제일촌'이라든지 '중화시조취락', '중화제일룡' 등이 어떻게 중원이 아닌 머나먼 변방에 자리할 수 있다는 것인가? 그곳이 중국 땅에 속하기 시작한 것은 청나라 이후이다. 그곳에서 중국이 근원하였다면, 중국은 삼황오제나 황제黃帝가 아닌 고조선의 단군과 웅녀에서 근원을 찾고 있다고 할 수밖에 없을 것이다.

중국에서는 한 왕조가 끝나면 다음 왕조에서 이전 왕조의 사건과 인물 등을 국가 차원에서 정리한 역사서를 내는데, 이를 정사라 한다. 중국 역대 24개 왕조의 정사를 묶은 것을 『24史』라고 한다. 여기에 『신원사新元史』와 『청사고淸史稿』를 더하여 '25사'나 '26사'로 나타내기도 한다.

이 24사는 왕조마다 천자치세의 연대기인 본기本紀와 저명한 개인의 사적을 기록한 열전列傳을 불가결의 요소로 하여 기전체紀傳體의 체재로 편찬되었다. 그 밖에 제후들의 기록인 세가世家와 연표·계보 또는 제도를 기록한 지(또는 서) 등을 포함하는 것도 있다.

곧 24사는 통사인 사마천의 『사기』에서 시작하여 반고의 『한서』부터는 왕조마다 시대를 구분하는 단대사로 후한서, 삼국지, 진서, 송서, 남제서, 양서, 진서, 위서, 북제서, 주서, 남사, 북사, 수서, 구당서, 신당서, 구오대사, 신오대사, 송사, 요사, 금사, 원사, 명사 등이 편찬되었다.

역사의 기록은 왜곡을 전제로 한다. 역사는 승자가 기록하기 때문이다. 승자는 자신의 위대성을 강조하고, 찬탈의 명분을 합리화하기 위하여 패자를 무참히 폄훼하는 역사왜곡을 서슴지 않는다. 『수서』와 『구당서』·『신당서』에 나오는 고수高隋전쟁과 고당高唐전쟁의 기록을 보면, 그 왜곡의 끝이 어디인지 알 수 없다. 우리나라도 이러한 모습에서 결코 자유스러울 수 없다. 『고려사』와 『고려사절요』가 나말선초의 모습을 얼마나 왜곡하였으며, 『선조실록』과 『선조수정실록』이 임진왜란을 얼마나 다르게 표현하고 있는지 알 수 있는 것처럼….

한국 고대사를 공부할 때 맨 먼저 외우게 되는 문구가 있다. "삼국지 위지 동이전에 의하면…." 이는 우리의 고대사가 중국의 정사인 『삼국지』 중 위지 안의 동이전東夷傳 안에 많은 기록이 있기 때문이다. 그러나 실지로 "삼국지 위지 동이전"을 읽어본 사람은 별로 없다. 역사교육의 부재와 한자·한문 지식의 부족 때문일 것이다.

이처럼 역대 중국의 정사에는 부록 형태로 주변 나라들에 대한 정보를 정리한 부분이 있다. 그중 한국과 관련된 역사는 「조선열전」 또는 「동이전」이라는 이름으로 기록되었다. 동이東夷란 동쪽의 활 잘 쏘는 민족 곧 우리의 조상을 말하는데, 동이전을 보면 고대 한국인의 역사나 생활풍습 등에 대해 단편적이나마 기록되어 있다. 홍산문화에서 근원한 동이족에 대하여 중국 정사에 어떻게 기록되고 있는지 살펴보면, 다음과 같다.

"무왕은 기자를 조선에 봉했으나 신하로 대하지는 않았다."〈사기〉

"동쪽 땅을 夷라 부른다. 이夷란 근본으로, 인자하고 생명을 즐거워하기 때문에 만물이 이 근본에서 태어난다. 따라서 동쪽 사람들은 천성이 온순하고 도덕으로 다스리기 쉬우며, 이로 인해 군자의 나라, 죽지 않는 나라가 세워진다. 그래서 공자는 '구이九夷' 땅에 가서 살고 싶다고 하였다."〈후한서〉

"동이 사람들은 일반적으로 한 지방에 대대로 머물러 살며, 술 마시는 것을 좋아하고 노래와 춤을 좋아한다. 고깔 모양 모자를 쓰고 비단옷을 입는다."〈후한서〉

"걸왕이 폭정을 휘두르자 각 지역의 동이 사람들은 또다시 국토를 침범하였고, 상나라의 성탕이 하느님의 명령을 받아 혁명을 일으켜 하왕조를 평정하게 된다. 동이 사람들은 점차 강성하여져서 회하, 태산 일대에 이주하여 살기 시작하였으며, 점점 중원 내지에서 생활하게 된다."〈후한서〉

"약 기원전 1600년 전, 고죽국의 조상들은 상나라 부족의 일파였다. 상나라 부족이 중원으로 남하한 뒤, 고죽국 사람들은 옛 땅에 남아 그들을 지원했는데, 지속적으로 전쟁에 필요한 물자를 중원에 조달하여 상나라가 중원을 점령하고 '은혁하명殷革夏命(은나라가 하나라를 혁명으로 정복함)'을 이루는데 중요한 전략적, 경제적 지지자가 되었다. 고고학적 발견에 의하면, 고죽국의 선조들은 홍산 부족 사람들 중 귀족들이 남하하였을 가능성이 있다. 기자가 동쪽으로 이주할 때 대부분 고죽국 사람들은 함께 조선으로 이주하였다."〈중국 백도백과사전〉

"고구려 땅은 본래 고죽국으로서 주나라 때에 기자에게 봉해진 지역이었다. 한나라 시기에 세 개의 군으로 분할되었다."〈구당서〉

"진나라가 육국을 병합했을 때, 회淮지역과 사泗지역에 살던 동이 사람들은 모두 흩어져 보통 국민이 되었다."〈후한서〉

위의 기록들은 중국 정사와 최근 중국 백과사전에 나오는 동이에 대한 단편적인 기록들이다. 이러한 기록들을 어디까지 믿고, 어느 것을 부정할 것인가는 무척 지난한 작업일 것이다.

백제가 5~6세기에 중국의 요서 지역에 진출하여 지배하였다는 요서백제설 또한 서술자의 입장에서 동시대에서도 전혀 다른 서술을 하였고, 지금 그것을 해석하는 역사가들도 자신의 입장에 따라 그것을 전혀 다르게 해석하고 있다.

"그 나라는 본래 구려와 함께 요동의 동쪽에 있었는데 진晉시기에 구려가 요동을 차지하자 백제 역시 요서, 진평 두 군을 차지하고 스스로 백제군을 두었다."〈양서〉

"그 뒤 고려는 요동을 경략하여 차지하고, 백제는 요서를 경략

하여 차지하였다. 백제가 다스린 곳을 진평군 진평현이라 이른다."〈송서〉

"백제는 변진의 나라로 진대에 일어나 번작을 받았다, 스스로 백제군을 고려 동북에 두었다."〈남제서〉

위의 기록은 당시 남북조시대의 남조의 기록들이다. 백제는 남조와는 화평하였고 북조와는 멀리하는 원교근공遠郊近攻의 사이였다. 그러기에 이러한 기사가 남조의 정사에만 보이는 것이다. 백제와 항상 분쟁하였던 북조의 기록에는 요서경략에 대한 기록이 보이지 않는다. 이러한 상반된 기록을 가지고 한국사를 폄훼하고자 하는 식민사관론자들은 남조의 기록을 무시하며 백제의 요서경략을 백안시하고 있다.

한국을 침략하고 민족성을 말살하기 위하여 모든 사료를 악의적으로 취사선택하였던 100년 전의 일인학자와 그에 부화뇌동하였던 식민학자들의 '역사 왜곡하기' 나 성 노예와 징용의 만행을 부정하는 현 일본의 정치인들의 '역사 무시하기', 역사를 자국의 정치적 입장에 맞추어 왜곡하는 중국의 '역사 창조하기', 역사를 제대로 교육하지도 않으면서 당리당략에 이용하고 있는 우리의 '역사 남용하기' 가 시정되지 않으면, 우리 역사의 진실은 한 세대가 가기 전에 파묻혀버릴 가능성이 높다.

'술이부작' 에는 역사를 과학적으로 연구한다는 뜻이 내포되어 있다.

공자는 이렇게도 말했다.

"하나라와 은나라의 예법은 뒤를 이은 기杞나라와 송宋나라의 문헌이 부족하여 징험할 수 없다. 문헌이 풍부하면 나는 능히 징험해 낼 수 있다."(子曰 夏禮吾能言之 杞不足徵也, 殷禮吾能言之 宋不足徵也 文獻不足故也 足則吾能徵之矣.)〈『논어』 팔일편〉

여기의 '문헌'은 현대 역사학에서 말하는 '사료'이며, 이를 증거로 하여 과거를 과학적으로 연구하는 학문이 역사학이다. 역사학이 과학인가 하는 논의는 현대 역사철학에서도 논의되어 왔다.

독일의 랑케는 이렇게 말했다. "역사학은 역사적 사실들을 수집·발견·탐구한다는 점에서는 과학이다. 그러나 발견하고 인식한 것을 짜 맞추어 서술한다는 점에서는 예술이다." 영국의 카아는 "역사는 확실하게 과학"이라고 단언하였다.

오늘의 과학으로서의 역사학은 이처럼 2500년 전 공자의 '술이부작'에서 그 정신을 찾을 수 있다. 공자의 춘추필법春秋筆法을 바르게 세워 역사의 사문난적斯文亂賊을 정리하는 일이 시급한 과제다. 그러기 위해서는 우리 역사부터 바르게 세워야 한다.

{序}

극복되지 않은 식민사관植民史觀

— 우리 민족은 단합이 아니라 분열하는 민족인가? —

"일한합방日韓合邦이 된 이 마당에 조선인에게 그들의 역사를 읽게 한다면, 그들로 하여금 옛날을 생각하게 하여 독립국 시대의 구몽舊夢에 빠지게 할 우려가 있다고 하나, 조선에는 자고로 사적이 많으며, 조선인은 예로부터 독서와 작문력이 있어 결코 문명인에 뒤떨어지지 않는다. 이러한 문화민족을 무지몽매의 영역에까지 억압한다는 것은 오늘날의 문명 세태에서 불가능하다. 그런데 고래의 사서는 현대와 관계없는 것이기 때문에 독립시대의 옛 꿈에 빠지게 할 폐단이 있고, 신작들은 일 · 청, 일 · 로 간의 세력 경쟁을 서술하여 조선이 나갈 방향을 제시하는 등 그 사서들이 심히 고혹케 한다. 그렇다고 그들에게 그들의 역사를 못 읽도록 절멸하는 것은 오히려 비밀리에 이를 전파하는 역효과가 날 뿐이다. 그러니 차라리 이러한 사서들을 대신하여 공명 · 적확한 새 사서들을 만들어 그들에게 읽게 하는 것이 동화의 효과를 가져오는 첩경이며, 여기에 바로 조선반도사의 편찬을 새로이 하는 주된 이유와 취지가 있는 것이다."〈사내정의寺內正毅, 1910〉

초대 조선총독 데라우치 마사다케寺內正毅(1852~1919)는 부임하자마자 조선인을 일본인으로 만들기 위한 정책의 일환으로 역사왜곡에 착수해 한국의 역사책 수거와 새로운 역사서 편찬 사업을 추진했다. 1910년 조선을 강제 침탈한 일제는 2개월도 안된 11월, 조선 전국에서 사료 강탈에 나섰다. 가장 악질적인 기구였던 조선총독부 취조국 지휘로 경찰을 앞세워 전국의 서점과 향교·서원·양반가의 서고를 뒤졌다. 이들은 강탈한 한국 사료를 분류, 필요한 것만 남기고 나머지는 불태워버렸다. 일제가 인멸한 서적이 얼마인지 정확히 알 수 없으나 광복 후 출간된 『제한국회사制憲國會史』에 20여만 권이라고 기록하고 있다.

다음은 3대 조선총독 사이토 마코토齋藤實(1858~1936)가 1922년 조선총독부에서 조선인의 동화정책을 고등경찰에 지시한 내용이다. 3·1독립선언으로 무단정치에서 문화정치를 표방하고 부임한 조선총독 사이토는 부진한 『조선사』 편찬을 독려하면서 1922년 「조선에서의 교육 시책의 요결」을 다음과 같이 지시했다.

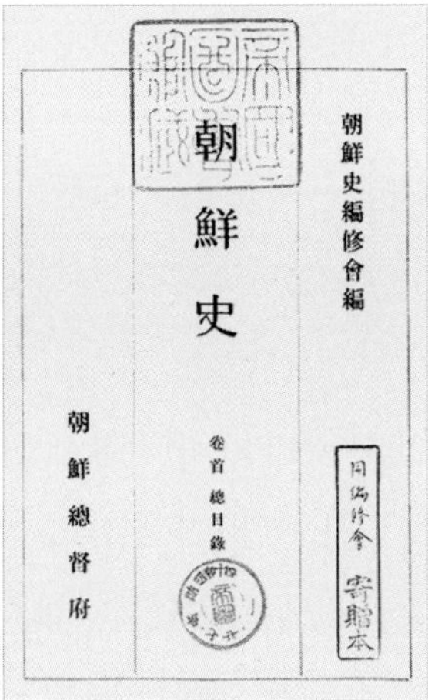

朝鮮史編修會編
朝鮮史
卷首 總目錄
朝鮮總督府
寄贈本

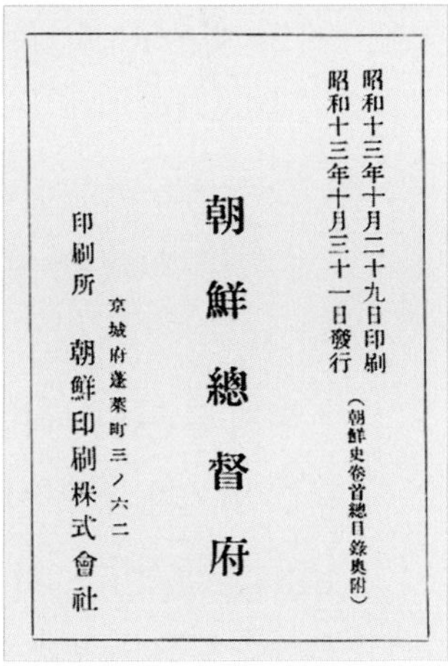

昭和十三年十月二十九日印刷
昭和十三年十月三十一日發行（朝鮮史卷首總目錄奥附）
朝鮮總督府
印刷所 京城府蓬萊町三ノ六二 朝鮮印刷株式會社

제3대 조선총독朝鮮總督 재등실齋藤實과 조선사편수회朝鮮史編修會에서 만든 『조선사朝鮮史』

"먼저 조선 사람들이 자신의 일 · 역사 · 전통을 알지 못하게 하라. 그럼으로써 민족혼, 민족문화를 상실하게 하고, 그들의 조상과 선인들의 무위, 무능, 악행을 들추어내, 그것을 과장하여 조선인 후손들에게 가르쳐라. 조선인 청소년들이 그들의 부조들을 경시하고 멸시하는 감정을 일으키게 하여, 하나의 기풍으로 만들라. 그러면 조선인 청소년들이 자국의 모든 인물과 사적에 대하여 부정적인 지식을 얻게 될 것이며, 반드시 실망과 허무감에 빠지게 될 것이다. 그때 일본의 사적, 일본의 문화, 일본의 위대한 인물들을 소개하면 동화의 효과가 지대할 것이다. 이것이 제국일본이 조선인을 '반일본인' 으로 만드는 요결인 것이다."〈재등실齋藤實, 1922〉

"일본은 졌다. 그러나 조선이 승리한 것은 아니다. 장담컨대, 조선이 제정신을 차리고 찬란하고 위대했던 옛 조선의 영광을 되찾으려면 100년이란 세월이 훨씬 더 걸릴 것이다. 우리 일본이 조선인에게 총과 대포보다 더 무서운 식민사관을 심어놨기 때문이다. 결국 조선인은 서로 이간질하며 노예적 삶을 살 것이다. 보라!! 실로 조선은 위대했고 찬란했지만 현재의 조선은 결국 일본의 식민교육의 노예로 전락했다. 그리고 나 노부유키는 다시 돌아올 것이다."〈아부신행阿部信行, 1945〉

위의 글은 일본이 패망한 후 1945년 9월 12일 조선총독부가 폐지되고 마지막 총독 아베 노부유키阿部信行(1875~1953)가 도망가면서 남긴 연설문이다. 이 얼마나 모골 송연한 이야기인가. 우리는 언제부터인가 아무 생각 없이 우리를 비하하는 말들을 서슴없이 말하곤 한다.

"우리나라는 당파 싸움하다가 망했다."

"한국 사람은 단결할 줄 모른다."

"한국은 약소국으로 늘 강대국의 외침에 시달리다가 망했다."

"우리나라만큼 외침을 받고 수난을 겪은 민족은 없다."

"우리 역사에서 외침을 받은 것은 993회, 또는 1천 번 이상이다."

"한국은 반도에 있어서 대륙이나 해양세력의 도움 없이는 살 수 없다."

"엽전들은 안 돼!"

"한국인은 맞아야 돈다."

"일제의 식민지배는 한국인에게 축복이다."

"일본과 한국은 조상이 같다."

"기왕에 지배당할 바엔 조상이 같은 일본에게 지배당하는 것이 낫다."

아무런 근거도 없고, 출전도 없이 그저 입에서 나오는 대로 그렇게 자기비하自己卑下에 열심이다. 그런데 이러한 말들이 일본의 식민사관에 의한, 식민지 역사교육에 의한 세뇌의 결과라면 믿을 것인가?

그렇다면 식민주의사관 또는 식민지사관이라고 일컬어지는 식민사관이란 무엇인가? 간단하게 말하면, 일제가 한국 침략과 식민지배의 학문적 기반을 확고히 하기 위하여 조작해낸 역사관이다.

이 식민사관에 기초를 둔 한국사 연구는 19세기 말 동경제국대학

朝鮮日報 西紀1986年8月17日 日曜日

國史교과서 새로 써야한다

光復 41주 특별기획 「우리歷史점검」 <3>

日총독 "朝鮮人은 朝鮮史 모르게하라"

史書 강탈 소각…歷史 재편 작업

古代史 말살·「무능한 祖上」 조작

"열등의식 심어 半島人을 同化" 왜곡시책까지 지시

일본의 식민사관植民史觀을 고발한 1986년 8월 17일 조선일보 기사

에서 시작되었다. 이들은 신공왕후神功王后의 신라정복설과 임나일본부설, 한국 역사를 만주에 종속된 것으로 보는 만선사滿鮮史 이론, 당시의 한국 경제를 일본 고대의 촌락 경제 수준으로 보는 이론 등을 내세웠는데, 이러한 논리는 20세기 초 조선 침략이 본격화되자 일선동조론日鮮同祖論, 정체성론停滯性論, 타율성론他律性論으로 대표되는 식민사관의 토대가 되었다.

일선동조론은 본래 한국과 일본은 같은 민족으로, 한국은 외세의 침략으로부터 일본의 보호와 도움을 받아야 한다는 주장이다. 이

주장은 한민족의 독자성을 부정하고 일본과의 합병이나 식민지 지배를 당연한 일로 받아들이게 하여 1930년대 일본이 펼친 내선일체의 근거로 이용되었다.

정체성론은 한국이 여러 정치적, 사회적 변화를 겪으면서도 능동적으로 발전하지 못하였으며, 당시의 조선사회가 10세기 말 고대 일본의 수준과 비슷하다고 보는 주장이다. 특히 근대사회로 이행하는데 필수적인 봉건사회가 형성되지 못하여 사회경제적 낙후를 면치 못한다고 주장하였는데, 이 논리는 한국의 근대화를 위하여 일본의 역할이 필요하다는 침략 미화론으로 이어졌다.

타율성론은 한국이 역사를 스스로의 주체적인 역량으로 전개시키지 못하고 중국이나 몽골, 만주, 일본 등 주변 외세의 간섭과 힘에 좌우되어 왔다는 논리이다. 한국사는 그 형성에서부터 중국 등의 식민 지배에서 출발하였다고 보았는데, 이는 한민족의 적극적이고 자율적인 성향을 부정하고, 타율적인 부분만을 강조하는 주장이다. 이러한 논리는 한민족의 부수된 주변성으로 대표되는 반도적 성격론과 사대주의론에 관한 주장으로 더욱 강조되었다.

이와 함께 당파성론도 제기되었다. 이 주장은 조선의 문화수준이 낮다는 것을 전제로 하고, 이처럼 발전하지 못한 까닭은 잘못된 민족성을 지닌 탓으로 자신의 이익을 위하여 파벌을 만들어 싸웠기 때문이라고 주장하면서 당쟁과 사화를 그 예로 들었다.

일제는 한국인을 '충성스러운 천황의 신민'으로 만들려 했다. 조선사편수회의 『조선사』가 고대 조선사를 부정하고, 타율성과 정체성을 강조한 이유가 여기에 있다. 일제의 한국사 왜곡은 핵심 주장을 6가지 정도로 정리할 수 있다.

첫째, 한국은 지정학적으로 대륙세력과 해양세력의 가운데 끼어 있어 불가피하게 어느 한쪽의 지배를 받아야 했다.

둘째, 한국민족사는 중국으로부터 유래한 기자와 위만, 그리고 한사군의 지배로부터 시작되었다.

셋째, 고대 한 · 중 국경선인 패수浿水는 대동강이며, 한사군의 중심이었던 낙랑군은 평양에 있었다.

넷째, 고대 조선사(단군조선)는 역사를 끌어올리기 위해 가공된 허구의 역사요, 신화일 뿐이다.

다섯째, 한민족은 천성적으로 서로 싸우고 분열하는 당파성이 강하다.

여섯째, 한반도의 남부는 임나일본부의 지배를 받았기 때문에, 일본의 한국 지배는 침략이 아닌 역사의 복원이다.

두 번째, 세 번째 주장은 고대 조선(고조선), 고구려, 발해가 자기들의 지방정부였다는 중국의 동북공정 논리에 그대로 이어지고 있다. 우리 민족혼을 말살을 위한 일제의 식민사관과 식민교육은 대성공을 거두었다. 그들이 심어놓은 식민사관이 광복 후에도 수정되지 않고 면면히 이어져왔을 뿐 아니라 한국 사회에서 여전히 주류로 버젓이 행세하고 있기 때문이다.

중 · 고등학교 국사 시간을 되살려보자. 고조선과 한사군에 대해 배울 때 우리가 달달 외워야 하고 시험에 꼭 나왔던 것이 한나라가 고조선 땅에 설치했다는 한사군의 위치였다. 왜 우리 국사 교과서는 반만년 역사 중에 불과 몇십 년, 길어야 몇백 년 존속했던 한사군을 그토록 중시해야만 했을까?

고조선 대신 한사군을 그토록 강조한 것은 항일기 조선총독부의 기획이다. 그들의 노림수는 우리 민족이 자체 발전 능력이 없으며, '선진문물'을 가진 중국(漢)의 문화를 받아들여야 비로소 발전할 수 있었다고 하는 것이다. 즉 우리 민족의 근원을 뿌리째 뒤흔드는 어처구니없는 주장을 하기 위해서였다. 말하자면, 식민통치의 일환으로 일제가 택한 전략이 우리 역사의 축소와 왜곡이라는 것이다.

또한 지금까지 학교에서 배워왔던 역사 지식이 전혀 근거가 없거나, 심지어 사료를 조작하여 만들어낸 '소설' 수준의 왜곡이라는 놀라운 사실이며, 초 · 중 · 고 교과서에서 우리는 일제가 꾸민 역사 사기극의 잔재를 쉽게 찾아볼 수 있다.

예컨대 황하문명보다 수천 년 빠른 홍산문화와 동이족의 은나라에 대한 기술은 전혀 보이지 않고, 단지 고조선을 족장이 다스리던 부족사회였다고 서술한다. 고등학교 『국사』 교과서에는 고조선의 출현에 대해 "족장사회에서 가장 먼저 국가로 발전한 것은 고조선이다."라고 하면서 "『삼국유사』와 『동국통감』의 기록에 따르면, 단군왕검이 고조선을 건국하였다."라고 서술하고 있다.

얼핏 보아도 너무나 싱거운 "단군왕검이 고조선을 건국하였다."라는 이 서술은, 우리 역사를 찾으려는 뜻있는 사람들의 노력으로 2009년에야 어렵사리 개정된 내용이다. 그전까지는 "건국되었다고 한다." 또는 "건국하였다고 한다."라고 하여 남의 나라 역사를 말하듯이, 설사 우리 역사라 해도 완전히 신뢰할 수 없다는 듯 서술하였다.

더불어 우리의 국조인 단군의 고조선 건국을 신화로 매도하고 있고, 그것이 아직도 버젓이 정설화되고 있다는 것이다. '단군신화'가 아니라 '고조선 건국사'라든가 '건국사화', '단군사'라는 명칭으로 불려야 한다.

일제 식민사학자들이 단군의 고조선 건국을 신화로 격하시키며 역사로 취급하지 않은 것은 그들의 치밀한 노림수가 있기 때문이다. B.C. 24세기에 건국한 단군조선이 실제로 존재하였다는 사실을 아직도 많은 강단의 사학자들이 부정하고, 부인하고 있다. 그 이유는 고조선은 아무리 빨라야 B.C. 15세기 이전에 건국될 수 없으며, 실제 역사상에 제 모습을 드러내는 것은 B.C. 3세기부터라는 것이다. 이는 무엇을 뜻하는 것인가? 단군조선은 존재하지 않았으며, 기자조선의 실재는 부인되니, 사실상 위만조선만 실재했다고 인식하고 있는 것이다. 이 경우 우리 역사의 시작은 연나라에서 망명한 위만으로부터 시작하게 된다. 이 얼마나 어처구니없는 이야기인가.

이러한 내용들이 비단 학교 교과서뿐 아니라 국가공무원 수험서, 육 · 해 · 공군의 역사 교재, 아동용 역사책에 이르기까지 이 땅에 만연하고 있음에도 불구하고 대부분의 사람들이 그것은 인지하지 못하고 있다.

또 다른 예를 든다. 그 대표적인 것이 『삼국사기』의 초기 기록을 믿을 수 없다는 '삼국사기 초기 기록 불신론' 이다. 우리의 가장 오래된 사서인 『삼국사기』의 기록을 아무런 이유 없이 믿을 수 없다고 하여, 우리의 역사를 A.D. 300년 이후로 낮춰놓았다. 일제 식민사학자들은 『삼국사기』 초기 기록, 즉 백제의 경우 시조 온조왕에서 12대 계왕까지, 신라는 시조 박혁거세에서 17대 내물왕 이전까지, 고구려는 시조 주몽부터 10대 산상왕까지의 기록을 전부 허구라며 믿을 수 없다고 주장했다. 더 나아가 신라의 경우 23대 법흥왕 이전 기

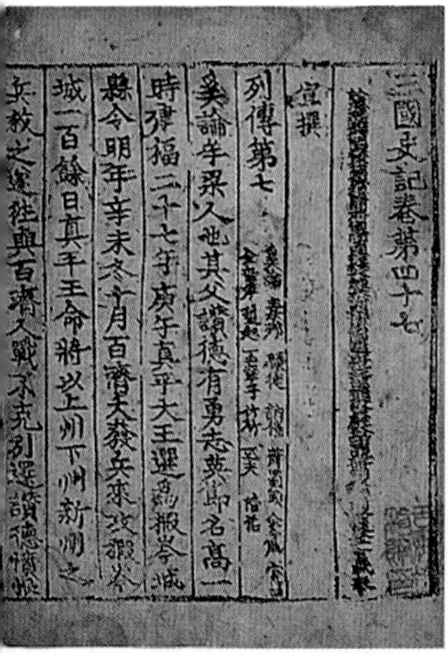
三國史記卷第四十七
宣撰
列傳第七
奚論牟梁人也其父讚德有勇志英節名高一
時建福二十七年庚午真平大王選爲椵岑城
縣令明年辛未冬十月百濟大發兵來攻椵岑
城一百餘日真平王命將以上州下州新州之
兵救之遂往與百濟人戰不克引還讚德憤

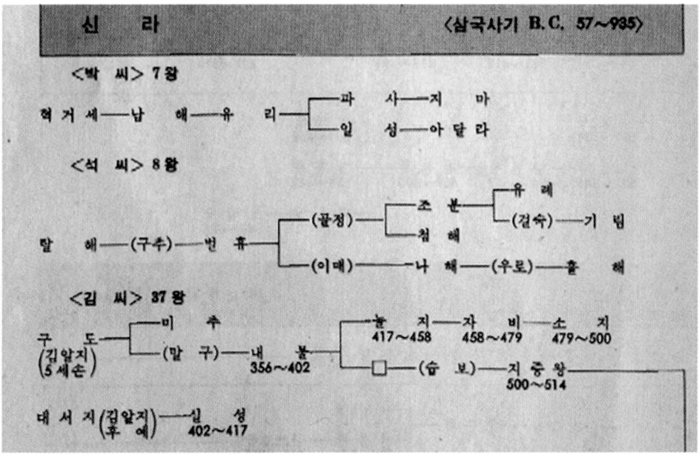

초기 기록이 불신당하고 있는 우리나라 최고의 사서인 『삼국사기』와 삼국시대 초기 왕들의 재임 기간이 적혀 있지 않았던 2000년 초기까지의 교과서

록이 날조라는 주장까지 있었다. 이러한 주장은 지금까지도 이어져 내려와 현재 사학계의 원로라고 하는 교수가 저술과 강단에서 공공연히 주장하고 있다.

이 주장은 『일본서기』의 '신공왕후' 의 신라 · 삼한 정복설, 고대 일본의 '임나일 본부' 경영, 백제 지배 주장을 정당화하기 위하여 견강부회한 것이다. 이러한 삼국 초기 기록의 불신은 많은 고고학적 유물의 발굴과 학자들의 노력에 의하여 극복되었는줄 알았으나, 아직도 이러한 설을 주장하는 이들이 많이 있어 안타까움을 금할 수 없다.

그들은 『삼국사기』는 신라의 건국 연대를 B.C. 57년, 고구려는 B.C. 37년, 백제는 B.C. 18년으로 기록하고 있음에도 불구하고 못 믿겠다는 것이다. 7차 교과과정의 『국사』부터는 그 이전 왕들의 재

국립중앙박물관에는 「원삼국실原三國室」이 아직도 남아있어 식민사관의 잔재가 깊음을 보여주고 있다.

위 년대도 수록했지만 주류 사학계가 자신들의 고대사 인식의 문제점을 반성하고 넣은 결과가 아니다. 한일 역사공동연구위원회에 참여했던 교육부 관료들이 이 문제에 대한 문제의식을 느끼고 강력히 요구한 결과 마지못해 수용한 결과였다.

이 과정에서 초기 왕들의 재위 연대를 누락시킨 채 인쇄했던 일부 『국사』 교과서를 폐기 처분하는 소동까지 있었다. 이런 소동을 거쳐 현행 『국사』 교과서의 부록에는 삼국 초기 국왕들의 재위 연대가 들어갔지만 본문 서술에서는 여전히 초기 국왕들의 존재가 부인된다. 고구려는 태조왕, 백제는 고이왕, 신라는 내물왕 때 사실상 건국했다고 서술하고 있는 것이다.

현재 국립중앙박물관의 고고관에는 '원삼국실' 이란 전시실이 있다. 『한국민족문화대백과사전』은 원삼국시대에 대해 "서력기원을 전후로 한 시기부터 300년경까지 약 3세기 간을 이른다." 고 설명하고 있다. 이 기간 동안 삼국은 존재하지 않거나 아주 작은 부락 단위에 불과했다고 보는 것이다. 그래서 해당 시기의 유물이 출토되면 삼국의 유물이라고 하지 않고 원삼국이라고 분류하는 것이다. 곧 서력기원전에 건국한 삼국의 존재는 부정되고 있는 것이다.

『삼국사기』 초기 기록 불신론의 고고학판이 국립중앙박물관의 원삼국실로서 이어져오고 있는 것이다. 아직도 우리는 일제의 식민사관에서 벗어나지 못하고 항일기가 계속되고 있는 듯한 착각을 들게 한다.

2019년 12월 10일 중앙일보는 「연천 민통선서 고인돌 무더기 발견 "원형 가장 잘 간직"」이라는 제목 하에 경기도 연천군 민통선 안에서 다수의 고인돌과 선돌 등을 발견했다고 단독 보도했다. 기사는,

> 경기도 연천군 중면 민통선 지역에서 2500~2700년 전 청동기시대에 조성돼 현재까지 원형이 보존된 고인돌이 최근 무더기로 발견됐다. 이곳은 민간인 출입이 금지된 곳으로, 조성 양식은 대부분 남방식 고인돌인 '무지석無支石 지석묘支石墓(돌기둥이 없고 바닥에 작은 돌을 깐 고인돌)'로 확인됐다. 이 정도 보존상태라면 고인돌 아래에 석검 · 석촉 등 청동기시대 부장품이 그대로 묻혀 있을 것으로 보인다. 형태로 볼 때 2500여 년 전인 기원전 4~5세기 청동기시대의 족장 무덤으로 추정된다.

라고 흥분을 감추지 않았다. 그런데 기사를 자세히 읽어 보면, 연천 고인돌의 연대가 2500~2700년 전이라고 못을 박고 있다. 곧 B.C.

500~B.C. 700년이라는 말인데, 이 시대까지 우리는 변변한 문명도 없고 국가도 이루지 못한 원시시대 수준의 역사였다는 것을 은연중에 심어주고 있는 것이다. 당연히 단군조선은 존재할 수 없다. 황하문명을 수천 년 앞선 홍산문명도 있을 수 없다. 우리 민족을 그저 원시시대에 돌도끼 들고 다니던 미개민족으로 만들어 놓았다.

2500~2700년 전이라면 중국에서는 이미 한참 역사시대로 접어든 춘추전국시대다. 제자백가들의 고도로 발달된 철학 사상들이 자웅을 겨루는 시기다. 한자를 만들고 찬란한 청동기 문화와 철기문화를 꽃피웠던 우리의 조상 동이족이 세운 은나라가 주나라에게 패망한 것이 B.C. 1046년경이다. 지금으로부터 3000년 전이다. 진시황이 그 거대한 진시황릉과 병마용갱을 만들고 있을 때 우리 한민족은 고인돌에 석검 · 석촉을 넣는 수준이었다는 것이다.

이 기사는 그 당시 한반도에서는 국가조차도 변변히 꾸리지 못하고 있는 미개 원시시대라는 것을 독자들에게 심어주고 있는 것이다. 그러니 선진문물인 중화문명을 받아들여 우리가 미개에서 문명으로 개화되었다는 논리가 성립된다. 한민족의 타율성이 강조된 것이다. 현행 국사교과서가 이런 논리로 구성되어 있다. 부언하면, 교과서에는 청동기시대가 B.C. 2000년부터 B.C. 1500년이라고 규정하고 있다.

우리는 일본이 의도한 대로 "셋만 모이면 단합이 아니라 분열하는 민족"이 되었다. 이러한 모습들을 보면, 아직도 조선총독부가 살아있다고 해도 과언이 아닐 것이다. 그렇다면 언제 식민사관을 극복하고 우리 민족의 바른 역사를 가르치고 배울 수 있을까?

중국의 동북공정을 무너뜨리려면 일제 식민사학의 잔재부터 청산해야 한다. 일제의 식민사관과 중국의 동북공정이 한 덩어리가 되어 한국사의 뿌리를 뽑기 때문이다. 러시아의 사학자 U.M 푸틴은 다음과 같이 우리의 역사관에 대하여 신랄하게 비판하고 있다.

> "동북아 고대사에서 단군조선을 제외하면 아시아 역사는 이해할 수가 없다. 그만큼 단군조선은 아시아 고대사에 중요한 위치를 차지한다. 그런데 한국은 어째서 그처럼 중요한 고대사를 부인하는지 이해할 수가 없다. 일본이나 중국은 없는 역사도 만들어 내는데, 당신들 한국인은 어째서 있는 역사도 없다고 그러는지 도대체 알 수 없는 나라이다."

1부

白塔落穗

1-1
우리나라는 단일민족單一民族이 아니다

翩翩黃鳥　펄펄 나는 저 꾀꼬리
雌雄相依　암수 서로 정답구나.
念我之獨　외로워라 이 내 몸은
誰其與歸　뉘와 함께 돌아갈꼬.

이 시는 「공무도하가公無渡河歌」와 함께 현전하는 우리나라 최고의 서정시라고 하는 고구려 제2대 왕인 유리왕의 「황조가黃鳥歌」이다. 『삼국사기』에 의하면, 유리왕은 왕비 송씨松氏가 죽자, 골천 사람의 딸 화희禾姬와 한인漢人의 딸 치희雉姬를 계실로 얻었다고 한다. 그러나 두 여자가 사랑을 다투어 서로 화목하지 않자, 왕은 양곡涼谷의 동서에 두 궁을 짓고 각기 살게 하였다. 어느 날 왕이 사냥을 나간 사이에 두 여자가 서로 싸우게 되었는데, 화희가 치희에게 "너는 한가漢家의 비첩으로 어찌 무례함이 심한가?"라고 꾸짖으니, 치희가 부끄러워 원한을 품고 도망쳐 돌아갔다. 왕이 이를 듣고 말을 달려 쫓아갔으나 치희는 돌아오지 않았고, 지친 왕은 나무 밑에 쉬

한국 국적 수여식 모습

면서 꾀꼬리가 날아 모이는 것을 보고 이 시를 지었다고 한다.

왕의 두 여인의 주도권 쟁탈전은 당시 고구려의 토착세력과 외래 세력 간의 권력 다툼, 즉 국내파와 해외파의 다툼을 묘사한 것이라고 해석하기도 하고, 화희와 치희의 이름이 '禾(벼 화)' 자와 '雉(꿩 치)' 자에 주목해 농경 세력과 수렵 세력 간의 갈등으로 보기도 한다.

그런데 새롭게 주목해야 할 것은, 이 시에 우리나라 최초의 국제결혼, 다문화가정의 모습이 나타나고 있다는 것이다. 고구려 사람 유리琉璃와 한인의 딸 치희雉姬의 결혼은 현대를 살고 있는 우리들의 모습을 투영하고 있다. 다문화가정이 이제는 우리 사회에 흔한 모습으로 자리잡고 있기 때문이다.

현재 전 세계적으로 1년에 1억 명 이상의 인구가 다른 나라로 이주하고 있고, 우리나라에 거주하는 외국인도 전체 인구의 4%를 차지한다. 또 21개 이상 나라의 여성들이 국제결혼으로 우리나라에 들어오고 있다. 이처럼 이주민과 국제결혼의 급증과, 그에 따른 새

아라비아 상인으로 신라에 이주하였던 처용處容이 주인공인 처용무

로운 성씨의 출현은 더 빠른 속도의 변화를 예고한다. 하지만 그들을 맞는 우리의 시선은 과연 어떠한가?

사실 귀화인을 포함하여 외국인을 대하는 우리의 태도에는 고정관념과 편견이 심하다. 저 멀리 외국에 있는 교포들은 '해외동포'라는 말로 감싸면서, 엄연히 대한민국 국적을 갖고 있는 우리나라 사람인데도, 이들을 언제나 이방인 취급을 한다.

2003년 일본국립유전자협회가 발표한 한국인의 DNA 분석 결과는 흥미롭다. 한국인과 중국인, 그리고 일본인(본토 일본인, 오키나와인, 아이누인)으로 이루어진 3개의 집단 29,300명의 시료를 채취, 미토콘드리아 DNA의 염기서열 데이터를 분석한 결과, 한국인 고유의 DNA 타입은 40.6%에 그쳤다는 것이다. 나머지는 중국인(21.9%) · 오키나와인(17.4%) · 아이누인(1.6%)의 DNA를 지녔다고 한다. 이는 한국인에게 주로 중국인과 일본 오키나와 및 아이누인의 피가 섞였다는 얘기이다. 더 재미있는 사실은 '불분명한 DNA'도 18.5%에 달한다는 것인데, 한마디로 출처를 알 수 없는 다양한 피가 한국인에게 흐른다는 것이다.

한편 2015년 통계청의 인구주택 총 조사 결과 발표를 보면, 귀화歸化 성씨의 폭증세가 놀랍다. 2000년에는 전체 성씨 728개 중 귀화 성씨가 442개로 파악되었는데, 15년이 지난 2015년에는 주민등록상 전체 성씨가 5,582개에 이르고, 그중 '한자가 없는' 성씨만 4,074개에 달했다. 2018년에는 성씨가 더 늘어 7,769개로 증가하였다. 이는 2000년대 이후 귀화자가 부쩍 늘어나고, 2008년 호주제 폐지 후 법원이 특별한 결격사유가 없으면 창성창본創姓創本을 허가해주기 때문으로 풀이된다.

일단 '한자 없는 성씨'의 절대다수가 귀화인일 가능성이 짙다고 보아야 할 것이다. 예를 들면, 자신의 외국 성을 한글로 두타 · 무크라니 · 뮬러 · 스룬 · 알렉산더 클라이브대한 · 잉드린카 · 즈엉 · 코이 · 타블로 · 파피오나 · 프라이인 드로스테쭈젠덴 · 하질린 · 가또 · 가루시아 · 짠투이 · 코비 · 와비린 · 마치 · 레지나 · 즈엉 · 리샤 · 오안 · 핏 등으로 썼다. 또 본인 이름 중 하나의 글자를 성씨로 깡 · 곰 · 굳 · 귤 · 길 · 떵 · 란 · 레 · 벌 · 에 · 짱 · 쩐 · 팜 · 흰 등으로 등록하고 있어 낯설지만 한국 사회의 성씨가 되었다.

귀화인이 한자 성과 본적을 쓰는 경우도 있는데, 한국관광공사 사장을 지낸 이참李參(베른하르트 크반트)은 독일 이씨, 국제변호사인 하일河一(로버트 할리)은 영도 하씨, 축구선수 출신인 신의손申宜孫(발레리 사리체프)도 구리 신씨의 시조가 되었다.

또 초등학교 한자교육을 적극 지지하고 있는 인요한印曜翰 연세대 교수도 한국인이다. 케냐 출신인 청양군 소속 마라토너 에루페는 '오직 한국을 위해 달린다'는 의미로, 오주한吳走韓이라고 개명하며 본관을 청양으로 정했으며, 몇 년 전 나건아羅健兒로 개명한 미국 출신 국가대표 남자농구선수 리카르도 라틀리프는 성의 첫 글자 '라'를 성씨로 삼고, 본관은 용인으로 했다. 귀화 신청 당시 소속팀이 용인에 있었기 때문이었다. 조선족이 많이 모여 사는 구로와 영등포를 본관으로 삼은 김씨는 2015년 기준 각각 110명, 99명에 달했다. 이 밖에도 태국 태씨, 몽골 김씨, 대마도 윤씨, 길림 사씨 등도 있다. 아예 서촌西村, 석원石原, 신곡新谷 같은 일본 성씨를 그대로 등록하는 경우도 있다.

인도인이라고 하는 수로왕비首露王妃 허황옥許黃玉

경주 용강동 고분에서 나온 토용土俑. 전형적인 서역인西域人의 모습이다.

우리는 어려서부터 우리 민족은 단일민족이라고 주입식으로 교육받아왔다. 그러나 과연 우리 민족은 단일민족일까? 당장 「황조가黃鳥歌」에서처럼 가정불화가 일어나면 언제나 국경을 넘어 본국으로 돌아갈 수 있는 정도로 국가 간, 민족 간의 교류는 쉬었다고 볼 수 있다.

이는 당시에는 지금처럼 국경선에 철조망이 가로놓여 출입을 통제하지 않아 교통수단의 차이가 있을 뿐이지, 지금의 생각보다는 훨씬 교류가 자유로웠기 때문이다. 우리 조상들의 역사적 기록을 살펴보면, 옛 선조들은 외국에서 들어오는 이들을 포용하기 위해 적극적인 동화책을 썼음을 알 수 있다. 지금의 우리보다 더 넓은 마음으로, 열린 마음으로 그들과 하나 되어 조화를 이루어 온 것이다. 우리의 역사를 귀감 삼아 현재를 살펴보자.

반만년 역사 속에 많은 귀화인들이 있었고, 또 귀화 성씨들이 꾸준히 만들어졌다. 1486년(성종 17)에 완성된 『동국여지승람』에 기록된, 277개 성씨 가운데 절반쯤인 130여 개 성씨가 귀화 성씨인데, 신라 때 40개, 고려 때 60개, 조선 때 30개 정도가 귀화하였다고 한다.

중국의 혼란기, 즉 위진남북조 시대, 당나라와 발해, 송나라가 멸망할 때, 임진왜란과 명·청 교체기에 대규모 귀화가 있었다고 한다. 중국 외에도 나라에서도 이런저런 사연을 안고 찾아온 이들이 있었다. 가장 오래된 귀화 성씨는 고조선으로 거슬러 올라간다. 『삼국사기』와 『삼국유사』에는 동이족의 나라인 은나라가 멸망한 후 은말삼현殷末三賢이라 부르던 기자箕子를 따라 많은 사람들이 고조선으로 건너왔다는 기록이 있다. 『청주한씨세보淸州韓氏世譜』에 따르면, 기자箕子의 후손인 마한馬韓 원왕元王의 세 아들 우성友誠 · 우평友平 · 우량友諒이 각각 행주기씨幸州箕氏, 청주한씨淸州韓氏, 태원선우씨太原鮮于氏가 됐다고 한다.

서기 42년, 금관가야를 건국한 김수로왕金首露王은 바다를 건너온 아유타국阿踰陀國의 공주 허황옥許黃玉을 배필로 맞는다. 학자들은 인도 북쪽의 아요디아국이 아유타국일 것으로 추정한다. 이들 부부는 10남 2녀를 두었는데, 2명의 아들이 어머니 성을 따라 김해허씨가 됐다. 그래서 김수로의 후손인 김해김씨와 김해허씨는 성이 달라도 혼인을 하지 않는 전통을 지켜오고 있다. 신라의 4대왕 석탈해昔脫解의 설화도 그가 귀화인임을 암시한다. 『삼국유사』에는 석탈해가 용성국龍城國에서 건너온 배의 알에서 깨어났다고 기록돼 있는데, 사가史家들은 용성국을 일본 원주민 아이누족의 부족국가였을 것으로 추정하는 이도 있다. 월정석씨月城昔氏는 석탈해를 시조로 한다.

화산이씨들은 매년 3월 15일 베트남을 방문하여 우의를 돈독히 하는 행사를 연다.

베트남에서 이주한 왕족도 있다. 13세기 이왕조李王朝의 마지막 왕자 리롱뜨엉은 베트남의 왕조 교체기에 고려로 망명했다. 그가 몽골군의 침입을 막아내는 공로를 세우자, 고종은 지금의 황해도 금천군 지역인 화산花山 땅을 식읍食邑으로 내려주고 화산군花山君으로 봉했다. 그는 이름을 이용상李龍相으로 바꾸고 화산이씨의 시조가 됐다. 화산이씨 종친회 대표들은 해마다 베트남의 초청을 받아 방문한다고 한다.

덕수장씨德水張氏의 시조 장순룡張舜龍의 본래 이름은 셍게(三可)로 회회인回回人(위구르 지역의 이슬람교도)으로 원元나라 세조 때 필도치必闍赤라는 벼슬을 지냈는데, 1275년(충렬왕1), 충렬왕비인 제국대장공주를 따라 고려에 왔다가 높은 벼슬을 지내며 덕수현德水縣을 식읍으로 받아 그곳에 살았다. 그래서 후손들이 덕수德水를 본관으로 하였다. 한문 4대가 중 한 사람인 계곡谿谷 장유張維가 덕수장씨이다.

홍건적의 난을 피해온 설손偰遜(경주설씨)과 이현李玄(임천이씨)은 위구르계이며, 몽골족 출신인 인후印侯 역시 제국대장공주를 따라 노비 신분으로 왔다가 관직을 받고 귀화하여 연안인씨의 시조가 되었다. 신수愼脩는 송宋나라 개봉부의 사람으로, 고려 문종文宗 때 귀화하여 거창신씨居昌愼氏의 시조가 되었는데, 거창신씨는 조선시대 많은 명신을 배출하였다.

고려시대에 특히 귀화 성씨가 많은 것은 고려시대가 우리 역사상 가장 두드러지게 외부에 개방적이었음을 나타낸다. 고려는 '내자부거來者不拒(오는 사람은 거절하지 않는다.)' 라 해서 개방과 포용정책을 썼기에, 나라 이름도 코리아(Korea)로 알려지게 됐다.

조선왕조 개국공신에 여진인이 있는데, 그가 바로 퉁두란이다. 그의 본명은 성이 퉁, 이름은 쿠룬투란티무르(古倫豆蘭木兒)으로 이성계李成桂와 결의형제를 맺은 인물인데, 본래 여진족의 풍습에 따라 모성母性을 따서 퉁두란(佟豆蘭)이라고 하다가, 1371년(공민왕恭愍王 20) 이두란李豆蘭이라고 개성改姓했고, 조선 개국 후 이지란李之蘭이라고 개명하였다. 청해이씨青海李氏의 시조가 된 이지란은 이성계가 왜구들과 벌인 전투에서 숱한 전공을 세우는가 하면, 위화도회군 때도 1등 공신으로 뽑혀 조선 건국에 한몫했다.

임진왜란 때 가등청정加籐淸正이 이끄는 부대의 선봉장으로 참전한 사야가沙也可는 부산포에 상륙하자마자 부하들을 이끌고 조선에 귀순하였다. 평소 학문과 도덕을 숭상하는 조선을 흠모했고, 임진왜란을 명분 없는 침략전쟁으로 판단한 결단이었다. 그가 조선에 조총과 화포를 다루는 법을 가르쳐 주고 의병의 일원으로 왜군을 무찌르자, 조정은 종2품의 벼슬을 내리고 김충선金忠善이라는 성과 이름을 하사하였다. 대구 우록리에 집성촌을 이루고 있는 그의 후손들이 우록김씨友鹿金氏다. 이들은 김해김씨라고도 하는데, 김수로를 시조로 하는 김해김씨와 구별해 나라에서 성을 하사했다는 뜻으로, 사성賜姓 김해김씨라고 부른다.

일장이었던 사야가沙也可는 귀화를 하여 김충선金忠善이 되었다. 녹동서원鹿洞書院은 김충선을 모시는 곳이다.

충남 서산과 태안에 많이 살고 있는 소주가씨蘇州賈氏는 중국 명明나라 때 병부상서를 지낸 가유약賈維鑰을 시조로 하고 있다. 그는 중국 소주蘇州 사람으로, 1592년(선조 25) 임진왜란 때 계요도찰사薊遼都察使로 이여송李如松과 함께 원병을 이끌고 와 큰 공을 세웠고, 정유재란 때 다시 아들 가상賈祥과 함께 다시 와서 남원 등지에서 왜군을 크게 무찔렀으며, 1600년(선조 33) 부산 싸움에서 아들과 함께 전사하였다. 그의 손자 가침賈琛이 할아버지와 아버지의 시신을 거두고 경남 울산에 무덤을 만들고 살다가 후에 태안으로 터를 옮겨 정착하였다.

병자호란 때 청淸나라 수도 심양에 인질로 끌려갔던 봉림대군鳳林大君(효종)은 명나라 사람 9명을 데리고 귀국한다. 장차 청나라에 복수할 때 길잡이로 쓸 작정이었던 것이다. 이들은 효종과 함께 북벌 계획을 짜다가 효종이 승하하자 명나라 복원과 귀향의 꿈을 접고 조선에 눌러앉는다. 임구풍씨臨朐馮氏 풍삼사馮三仕, 통주양씨通州楊氏 양복길楊福吉, 항주황씨杭州黃氏 황공黃功, 낭야정씨瑯琊鄭氏 정선갑鄭先甲, 제남왕씨濟南王氏 왕이문王以文 등을 일컬어 구의사九義士라고 한다.

1627년 조선 땅에 표착했다가 정착한 박연朴堧(벨테브레)의 원산박씨, 그보다 26년 늦게 발을 디딘 하멜 일행 중 한 명이 시조인 것으로 알려진 병영兵營 남씨南氏는 네덜란드계 귀화 성씨다.

인류의 역사를 살펴보면, 전 세계를 호령하였던 몇몇 나라들의 공통점을 찾을 수 있을 것이다. 알렉산더대왕과 로마제국, 중국의 당나라, 칭기즈칸의 몽골제국, 그리고 현대의 미국의 공통점은 항상 문호를 열어 놓고 외부에서 들어오는 문화와 사람들을 차별하지 않았다는데 있다.

로마제국의 식민지인들은 스스로 로마인이라고 불렀다. 로마의

북아프리카 출신으로 로마 황제가 된 셉티미우스 세베루스

동화정책 때문이다. 로마는 어떤 지역의 사람이라도 로마제국에 공功이 있다고 판단되면, 로마시민권을 줬다. 그리고 원로원의 의석도 보장하였고, 로마에 거주할 필요도 없었다. 식민지인 자신의 거주지에서 이런 권리를 가졌다는 것이다. 유럽인들이 지금도 자랑스럽게 자신들을 로마의 후손이라고 밝히는 이유가 여기에 있다. 시민권이 있으면 황제도 될 수가 있었는데, 최초의 속주 출신 황제인 트라야누스, 최초의 북아프리카 출신 황제인 셉티미우스 세베루스, 트라키아 출신인 막시미누스 트락스, 아랍 출신 황제 필리푸스 아라부스 등이 대표적이다.

칭기즈칸의 몽골제국은 상이한 여러 민족들이 서로 만나고 뒤섞이며 살아가던 '다민족'의 제국이었다. 제국이 형성되던 시기에 대규모 정복전으로 인해 좋든 싫든 수많은 사람들이 이동할 수밖에 없었다. 그러한 미증유의 인적교류와 이동은 각 지역의 문화들이 자연스럽게 교류되는 결과를 낳았는데, 몽골인들은 자신들의 고유한 문화와 풍습을 복속민들에게 강요하지 않았다.

칭기즈칸은 잔인하게 많은 사람을 죽여서 '악마', '저주받은 자'라고도 불렀다. 반면에 칭기즈칸은 전쟁의 포로들을 포용했고, 다

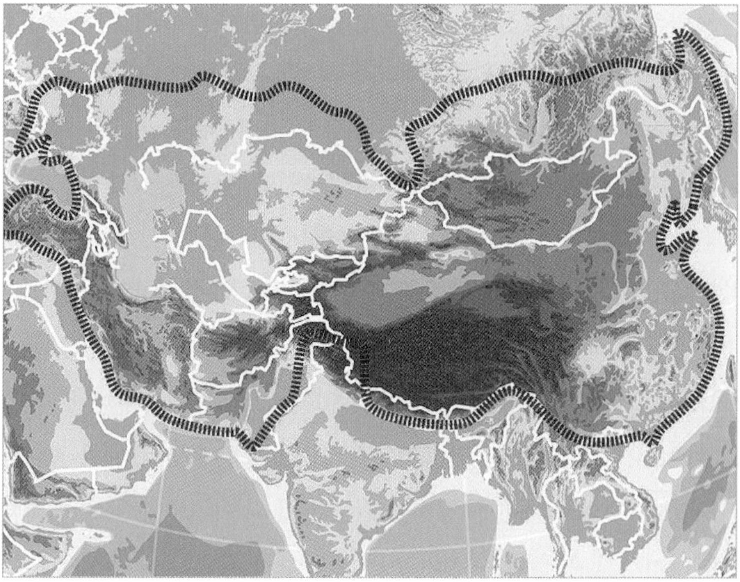

유라시아 대부분을 정복하였던 몽골제국의 열린 정책으로 제국을 지배하였다.

른 나라의 종교를 인정하였다. 칭기즈칸이 위대한 전사로 일컬어지는 데는, 전사로서의 용맹함과 함께 이런 포용력을 갖추고 있었기 때문이다. 그는 전쟁에서 승리할 때마다 기술자들을 따로 골라내고, 부족한 군사들을 현지에 충원하는 방식으로 항상 인력 풀을 운용했다. 또한 석공, 건축가, 공예인, 도공 등 각종 기술자와 학자, 상인, 예술인들을 죽이지 않고 활용, 그들의 능력을 몽골제국의 발전에 도움이 되게 했다. '적에게도 배운다.' 는 열린 자세를 엿보게 한다.

실제로 금金나라의 신하였다가 칭기즈칸 휘하 무장의 노예가 된 거란족 출신 야율초재耶律楚材라는 인물의 능력을 알아보고 중용하여 후에 재상까지 오르게 하는 등 포용정책이 몽골제국의 기틀을 마련케 한 것이다.

로마와 몽고의 발전 공식이 오늘날 세계국가 '미국'에도 적용된다. 이민정책을 통해 세계의 두뇌들을 받아들인데 따른 것이다. 즉 미국은 1800년대부터 유럽인들이 대규모로 이주해옴으로써 미국 사회의 주류를 이루는 백인 사회를 형성하였고, 흑인은 남부의 노예제 대농장이 팽창하던 시기부터 이미 유입되어 있었으며, 동양계 및 중남미계의 대규모 이민은 제한이 풀어진 1960년대 이후에 나타난다.

미국은 해외 이민을 적극적으로 받아들여 개인의 다양성을 존중하는 문화와 포용정책을 구축했다. 이를 바탕으로 사회와 경제 각 분야에서 혁신을 거듭했고, 경제 강국이 된 것이다. 미국의 적극적인 이민정책이 해외 우수 인재를 끌어들였고, 이들의 다양한 경험과 아이디어가 모여 결국 미국의 발전 원동력이 되었다.

만약 어떤 이유로 미국이 몰락한다면, 아마도 그것은 이민법移民法을 강화하고, 이민자들을 박해하면서 이뤄질 것이 자명하다. 다양성을 인정해야 국가 발전에 도움이 돼 우리나라가 오래전부터 글로벌 국가이자 다문화 사회였다고 해도 지나친 비약은 아닐 성싶다. 분명 생김새가 달랐을 터이고, 언어가 달랐음에도 불구하고 차별이나 배제 없이 정치적 활동을 했다는 점에서 오늘날보다 더 개방적 사회였음이 분명하다.

단일민족의 강조는 항일기를 거치면서 형성되었는지 모른다. 항일기, 그리고 6·25를 거치면서 가난과 독재 시기에 우리는 열등의식을 덮기 위해서 민족적 자부심을 고취해야 했다. 그 속에서 민족의 지고지순至高至順을 강조하는 경향이 있었음을 부인하기 어렵다. 이 기간에 일선 교육현장에 영향을 미쳐 이 시대를 살아가는 우리는 모두 단일민족의 이데올로기에 젖어 있고, 타인에 대한 배척과

따돌림이 우리 역사의 그 어느 시기보다도 더 강하게 발휘되고 있는지도 모른다.

21세기 한국 사회는 다양한 인종적, 문화적 배경을 가진 구성원들로 이루어진 다문화 사회로 빠르게 진입하고 있다. 출산율 하락과 내국인의 3D 업종 기피로 인한 인력 부족으로 외국인 노동자는 지속적으로 증가하고 있다. 이외에도 탈북 주민과 외국인 유학생 등과 같이 다양한 문화적 배경을 가진 이주민들도 계속 증가하는 추세에 있다.

단일민족으로 구성된 국가로 여겨져 왔던 한국은 이제 다양한 인종, 종교, 문화를 가진 사람들이 공존하는 다문화 사회로 변화하고 있는 것이다. 출산율이 매우 낮은 우리나라가 인구가 5,000만 명을 넘어선 것은 다문화가정의 증가 덕분이다. 2020년 우리나라의 다문화가정 수는 26만여 가구이며, 전체 인구의 5.5% 정도가 될 것으로 예상하고 있다.

'민족民族' 이란, 보통 "동일한 언어를 사용하고, 같은 문화와 역사를 지니면서 상대적으로 유전적 동질성이 높은 집단을 의미" 한다. 그럼 점에서 우리 대한민국은 비교적 민족의 정체성이 높은 편이다. 피부색이 거의 같고 외모나 언어 · 풍습 등이 크게 다르지 않다. 그러나 앞서 얘기했듯, 우리 민족의 구성은 결코 단일하지 않고 다양한 출신의 구성원으로 이루어져 있음을 알 수 있다. 또 '국가와 민족이 과연 같은 개념인가?' 라는 점에 대해서도 심각하게 고민해봐야 한다.

서양에서는 민족과 국가의 개념이 일치하지 않는다. 중국에 사는 '조선족' 과 옛 소련 지역에 사는 '카레이스키' 들은 중국과 러시아 · 카자흐스탄 · 우즈베키스탄에 동화된 한민족으로 그들의 국적은 바로 지금 살고 있는 나라이다.

하지만 우리의 경우 '國家=民族' 이라는 도식적 개념이 고정관념으로 남아 있다. '국가=민족' 이라는 생각은 시대에 뒤떨어진, 빛바래고 낡은 개념이다. 이제는 우리도 우리나라에 들어온 국적과 출신지, 피부색이 다른 다양한 인종의 귀화인들을 '한국인' 으로 인정해야 한다. 우리도 더욱 개방돼 외국인과 귀화인을 포용하는 문화가 자리 잡혀야 한다. 다양성을 인정하고 여러 문화를 융합하는 사회 분위기가 형성돼야 국가 발전에 도움이 된다.

1-2

우리의 성姓 90%는 가짜다!!

— 어느 누가 자신의 조상을 노비라고 말하겠는가 —

지금은 구분하지 않고 붙여서 쓰고 있지만, 처음에는 성姓과 씨氏는 달리 쓰였다. 그럼 성은 무엇이고, 씨는 무엇인가? '성씨姓氏' 라고 하는 것은, 사람의 혈족 관계를 나타내기 위해 이름 앞에 붙이는 칭호라고 정의할 수 있다. '姓' 은 혈족을 나타내며, '氏' 는 그 성의 계통을 표시하는 말이다. 오늘날에는 성과 씨의 구분이 없어져 성씨가 성을 높여서 나타내는 말로 쓰인다. 하지만 초기 발생 단계에서 성과 씨는 엄격히 구분된 개념이었다.

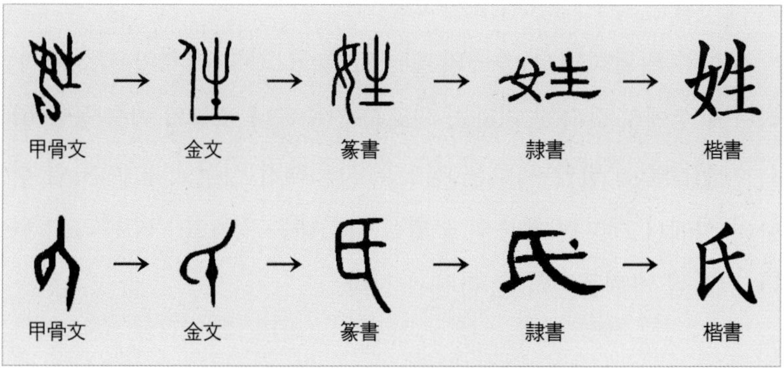

〈'성姓' 과 '씨氏' 자의 자형 변천〉

'姓' 은 여자(女)가 낳은(生) 아이에게 자신의 성을 따르게 한 모계사회에서 유래한 글자이다. 곧 성이 먼저 나타나고, 뒤에 씨의 구별이 나타났는데, 성은 '여자(女)가 낳은(生) 자녀들' 이라는 글자의 의미처럼 모계 씨족사회에서 동일한 모계 혈족을 구분하기 위해 나타났다.

최초로 나타난 성들은 모두가 '계집 녀(女)' 를 부수로 사용한다. 주周나라 왕실의 성이라 하는 희姬를 비롯해서 강姜, 규嬀, 사姒, 요姚, 길姞 등이다. '姬' 는 황제의 어머니가 희수姬水라는 곳에서 자식을 낳은 데서 비롯하였으며, '姜' 은 신농씨의 어머니가 강수姜水에서 자식을 낳았으므로 '姜' 을 성으로 삼았고, '姚' 는 우순虞舜의 어머니가 요허姚墟에 살았으므로, 이를 성으로 한 것이다.

강씨에게 무슨 강씨냐고 물으면, 흔히 '제비 강씨' 라고 한다. 그럼 '제비' 가 뭐냐고 물으면, 대부분 '姜' 자가 제비같이 생겨서 '제비 강' 이라고 칭하는 것 같다고 얼버무리는데, 예전에 황제의 증손으로 제곡帝嚳이라고 하는 임금이 있었는데, 그 제곡의 비妃가 강원姜嫄이어서 '제곡帝嚳의 비妃' 라는 뜻에서 '제비帝妃 강姜' 이지, 새의 제비와는 아무 상관이 없다고 한다.

사회가 발달하면서 종족의 인구가 늘고 거주 지역이 확산되자, 하나의 성에서 갈라진 지파는 새로운 거주지나 조상의 이름 등을 따서 자신들을 구별할 새로운 칭호를 사용하기 시작했다. 이처럼 하나의 성에서 갈라진 계통의 구별을 나타내는 칭호를 '씨氏' 라고 한다. '氏' 를 자원풀이하면, 다음과 같다.

3,400년 전에 만들어진 갑골문에서 '氏' 에 대한 자형을 찾아

보면 '' 와 같이 씨(종자)에서 뿌리가 나온 뒤에 싹이 나온 모양을 그대로 그린 상형문자이다. 주周나라 때 금문金文, 곧 청동기에 새긴 글자에서는 '' 와 같이 자형이 변형되고, 진秦나라 때 소전小篆에서는 '' 와 같이 변형되어 오늘날 우리가 쓰고 있는 '氏' 의 자형으로 변천된 것이다.

그런데 여기서 중요한 것은, 중국에서는 식물의 종자種子에 대하여 '씨' 라는 발음의 말이 없으나, 우리말에는 이른 시대부터 '씨(종자)' 라는 말이 면면히 쓰여 오고 있는 것이다. 비록 고어에서는 'ᄡᅵ' 로 표기되었지만, 그 어근이 '씨' 임은 부정할 수 없다. 이렇게 볼 때 이른 시대의 '' 와 같이 글자를 만든 민족이 어떤 민족일 것인가? '씨(종자)' 라는 말을 지금까지 면면히 쓰고 있는 우리의 조상인 동이족이 만들었음을 부정할 수 없는 사실이다.〈진태하, 『한자는 우리의 조상 동이족이 만들었다』〉

이러한 성과 씨의 구별은 하夏, 은殷, 주周 삼대와 춘추전국시대에 이르기까지 뚜렷하게 나타났는데, 당시 귀족들은 분봉 받은 국읍의 지명이나 관직, 조상의 자字나 시호, 작위, 거처 등을 씨로 하는 경우가 많았다. 그러다 보니 한 사람이 성과 씨가 다르게 기록되기도 하고, 부자 사이에도 성은 같지만 씨가 다른 경우가 생겼고, 성이 다른데도 씨는 같은 경우도 나타났다.

예컨대 우리의 조상이 세운 은殷나라를 멸하고 주周나라를 세우는데 큰 공을 세운 사람으로, 흔히 낚시꾼들의 별칭인 강태공이 있다. 그는 강상姜尙이라고도 하고 여상呂尙이라고도 하는데, '강姜' 은 성이고, '여呂' 는 씨이며, 이름은 '상尙' 이다. '강姜' 성을 가진 그의 조상 중에 여呂 땅의 제후로 봉해진 이의 후손이어서 '呂' 를 씨로 가지게 된 것이다. '태공망太公望' 이라고도 불리는데, 이는 태공太公(주문왕의 아버지)이 그토록 간절히 바라던(望) 사람이란 뜻이며, 주周나라 건국 후에 제齊나라 왕으로 봉해진 뒤에는 '제태공齊太公' 또는 '여망呂望' 이라 기록되기도 하였다.

「이소離騷」라는 작품으로 널리 알려진, 전국시대 말기 초楚의 문인 굴원屈原은 초무왕楚武王 웅통熊通의 아들 굴하屈瑕(?~B.C. 699)의 후손으로 굴屈은 씨이고, 성은 미芈이다. 초의 왕들은 무왕처럼 대대로 '熊' 씨가 계승했지만, 성은 마찬가지로 '芈' 였다. 때문에 진 말기에 항우가 서초를 세우면서 옹립한 의제義帝의 이름이 기록에 따라 '미심芈心' 이나 '웅심熊心' 으로 달리 표기되기도 한다.

중국 고대 성씨의 유래를 밝혀주는 책들이 있다. 5세기에 나온 『위서魏書』 관씨지官氏志, 12세기에 나온 『통지通志』가 그것이다. 이러한 책들에는 성씨의 연원을 소개하고 있는데, 국명, 지명, 관직명 등에서 씨의 글자, 즉 성씨가 된 것이 많았다. 정鄭, 조趙, 한韓, 오吳, 신申, 조曹, 정丁, 성成, 서徐, 황黃, 노魯, 송宋, 주朱, 진陳, 양梁 등이 나라 이름에

위수渭水 반계磻溪에서 곧은 낚시를 하고 있는 강태공 여상呂尙

서 취한 성씨이고, 백白, 배裵, 노盧, 방方, 소蘇, 신辛, 양楊, 고高, 유劉, 원元 등은 식읍食邑(나라에서 공신에게 내려준 지역)에서 따온 성씨다. 강姜, 하河, 임林, 유柳, 지地, 천千 등은 지명과 관련한 성씨이며, 벼슬 이름, 즉 관직에서 따온 성은 장張, 윤尹, 최崔, 홍洪, 차車, 추秋, 사史 등이다. 자와 시호에서 유래한 성씨도 있는데, 손孫, 문文, 민閔, 남南, 공孔, 유兪, 전田 등이 이에 해당한다.

그러나 춘추전국시대에 이르러 종법宗法 제도가 무너지면서 결국 진秦, 한漢 시대 이후에는 성과 씨의 구별이 점차 사라져 하나의 의미로 쓰였으며, '백성百姓'이 민중을 통칭하는 개념으로 자리잡았다.

우리나라의 성씨에 대해서 알아보기로 하자. 한국인의 성씨 기원을 김부식의 『삼국사기』를 통하여 살펴보면, 신라는 잘 알려진 6촌의 성씨가 있었다. 그들 성씨는 최崔, 정鄭, 이李, 손孫, 배裵, 설薛이다. 그리고 왕족으로 박朴, 석昔, 김金이 있다. 현 한국인의 성씨들 중에는 신라에서 등장한 성씨가 인구수로 주류를 이루고 있다. 『삼국사기』에 나타나는 고구려나 백제계 성씨는 오늘날 거의 찾아볼 수 없다. 역사는 승자의 기록이기 때문이다. 패자는 성씨도 남기지 못하고 멸족한 것이다.

고구려는 장수왕 때부터 중국에 보내는 국서에 '고高' 씨로 표시하고, 백제는 건국시조인 온조溫祚의 조상이 부여 출신임을 나타기 위하여 근초고왕近肖古王 때부터 '여餘' 씨로 표시하다가, 무왕 때부터 '부여扶餘' 씨로 고친 듯하다. 신라의 법흥왕을 『양서梁書』, 『남사南史』, 『통전通典』 등에는 성은 모募, 이름은 진秦으로 기록하여 신라 왕실의 성을 '모募'로 쓰고 있으며, 『북제서北齊書』에 진흥왕

眞興王(540~576)을 김진흥金眞興, 진평왕眞平王을 김진평金眞平으로 기록했으니, 이때 비로소 '김金'이 보인다.

통상 고씨高氏는 우리의 역사에서 먼저 고구려의 건국시조 고주몽高朱蒙을 떠올린다. 그러나 오늘날 한국의 고씨는 고구려 고씨가 아니라 탐라耽羅(제주도)에 기원을 두고 있다. 재미있는 것은 『삼국사기』에 언급된 백제와 고구려인의 성은 상당수가 두 글자로 된 복성複姓이라는 점이다. 고구려에는 소실少室, 중실仲室, 을지乙支 등의 성을 가진 인물들이 나오고, 백제에도 사마司馬, 수미首彌, 조미祖彌, 고이古爾, 고협木劦 등의 성을 가진 인물들이 기록되어 있다. 물론 단성單姓도 있었다.

신라 말에는 국가가 관리해야 할 중요 인물에게 성씨를 하사함으로써 통치의 수단으로 활용했으며, 고려 초에도 개국공신들에게 성씨를 주어 통치 및 국가 지배 구조의 근간으로 활용했다. 이렇게 사성賜姓은 국가 통치 및 씨족사회의 행정관리의 수단으로 활용되기도 했다. 앞서 말한 것처럼, 고구려 · 백제 · 신라에서 부족들에게 성씨를 부여하고 관리한 것을 보아도 알 수 있다. 이는 향鄕 · 소所 · 부곡部曲 등 일정한 신분에 따라 성씨와 주거지를 주어 거주케 한 사례를 통해서도 그것은 확인된다. 이런 과정을 통해 성씨가 형성되었기에 성씨는 신분질서와 떼려야 뗄 수 없는 관계가 되었다.

그래서 사람들은 성씨를 통해서 그 사람의 신분적 지위는 물론 혈통관계를 파악하고 있다. 이 때문에 자신의 성씨를 더욱 돋보이게 하려고 노력하고 있으며, 또 어떤 조상에서 출발하게 되었는지에 대해 깊은 관심을 갖게 된 것이다. 다시 말해, 성씨는 집단적 신분을 나타내는 징표 역할을 하고 있는 것이다. 그 후 왕에 의해 사성을 받은 귀족층이나 중국과 왕래가 빈번했던 승려, 유학자, 무역상 등에서 중국식 한자 성을 사용하게 되었다고 보아야 할 것이다.

그러던 것이 고려 초에 성씨 제도에서 두 가지의 중요한 변화가 일어났다. 하나는 고려 태조 왕건이 각 지역 토호들의 힘을 활용하는 전략으로 결혼과 사성을 행한 것이다. 왕건은 27명에 달하는 왕비를 두었고, 또 수많은 공신들과 호족들의 협력을 얻어내기 위해 성씨를 하사했다. 그에 따라 수많은 성씨와 본관들이 생겨났다.

그 후 성씨는 고려 문종 때 들어와서 또 한 번 엄청난 변화를 겪게 된다. 문종이 9년(1055년)에 성을 붙이지 않은 사람은 과거에서 급제를 할 수 없다는 법령을 내린 것이다. 그래서 지금도 고려 문종 이후의 사람을 시조始祖(또는 중시조)로 하는 성씨들이 많은 것이다.

고려가 망하고 조선이 건국하면서 우리나라의 성씨는 또 한 번 커다란 변화를 맞게 된다. 즉, 조선 건국의 중심세력이 고려 문벌귀족 출신이 아니라 향리에서 일어난 신흥사대부들이 주축을 이뤘기 때문이다. 따라서 중앙 문벌에 비해 초라할 수밖에 없었던 신흥사대부들 사이에서 가계 위

북한산의 진흥왕순수비眞興王巡狩碑에 인명으로 쓰인 '사훼沙喙 굴정차屈丁次 내말奈末'의 사훼는 거주지, 굴정차는 이름, 내말은 벼슬을 나타낸 것이다.

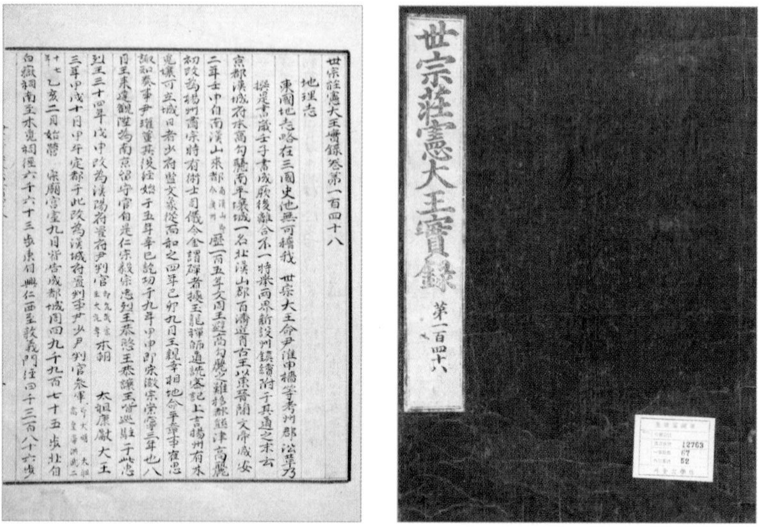

세종실록지리지世宗實錄地理志에는 우리나라의 성이 250개

상을 높이기 위해 중국에서 전래한 가계로 둔갑시키는 예가 많았다.

특히 왕족 또는 삼한공신과 연결시키지 못한 가계를 중심으로 중국 전래를 내세웠다. 그러다 보니 현재 전해져 오는 일부 가문의 족보에서도 시조와 이를 계승하는 가계도가 역사적 사실과 부합하지 않는 경우도 있으며, 『고려사』 등 역사서에 나타난 벼슬이나 실제 행적에 비해 과대포장된 경우가 적지 않다.

우리 성씨를 집계한 문헌은 여러 가지가 있지만, 그중 『세종실록』 지리지에는 우리나라의 성이 250개, 성종 때 노사신盧思愼 등이 엮은 『동국여지승람』에는 277개, 영조 때 이의현李宜顯이 지은 『도곡총설』에는 298개가 보인다. 또 1908년에 나온 『증보문헌비고』에는 496개로 되어 있으나, 이는 옛 문헌에 있는 것을 모조리 넣었기 때문이다. 그러나 우리나라의 성씨는 전통적으로 270여 성으로 보고 있다.

그런데 1960년 인구조사에서 집계된 258성 중에는 60퍼센트가 넘는 159성이 동음이성同音異姓으로 되어 있으니, 문제는 바로 여기에 있는 것이다. 한자를 알지 못하는 요즈음 한글세대는 성명을 한글로만 썼을 때 성을 구별할 수 없다. 한글 종친이 많이 생길 수밖에 없다. 다시금 한자교육의 필요성을 강조하는 바이다. 그 159성을 가나다 순대로 음을 적고, 괄호 안에 한자로 표시해 보면, 다음과 같다.

강(姜 康 强 彊 剛)	견(堅 甄)	경(慶 景)	공(孔 公)
구(具 丘 邱)	국(鞠 國 菊)	기(奇 箕)	내(乃 奈)
노(盧 魯 路)	뇌(雷 賴)	단(段 單 端)	도(都 道 陶)
돈(頓 敦)	마(馬 麻)	모(牟 毛)	반(潘 班)
방(方 房 龐 邦 旁)	범(范 凡)	변(卞 邊)	봉(奉 鳳)
빈(賓 彬)	사(史 謝 舍)	서(徐 西)	석(石 昔 碩)
선(宣 先)	설(薛 偰)	성(成 星)	소(蘇 邵)
수(洙 水)	순(荀 舜 順 淳)	승(承 昇)	시(施 柴)
신(申 辛 愼)	양(梁 楊 襄 樑)	여(呂 余 汝)	연(延 連 燕)
염(廉 濂 閻)	옹(邕 雍)	우(禹 于)	운(雲 芸)
원(元 袁)	위(魏 韋)	유(柳 劉 兪 庾)	은(殷 恩)
이(李 伊 異)	임(林 任)	장(張 蔣 章 莊)	전(全 田 錢)
정(鄭 丁 程)	조(趙 曺)	종(鍾 宗)	주(朱 周)
지(池 智)	진(陳 秦 晋 眞)	창(昌 倉)	채(蔡 采 菜)
천(千 天)	초(楚 肖)	추(秋 鄒)	편(片 扁)
포(包 鮑)	하(河 夏)	한(韓 漢)	호(扈 胡)

또 복성인 경우도 한글로만 쓰면 남궁南宮씨는 남南씨와 동방東方씨는 동董씨와 사공司空씨는 사史·사謝·사舍씨와, 서문西門씨는 서徐·서西씨와 선우鮮于씨는 선宣·선先씨와 제갈諸葛씨는 제諸씨와 황보皇甫씨는 황黃씨와 헷갈리기 쉬운 성씨이다. 전체 258성 중 음으로 헷갈리지 않는 성은 92성이다.

현재 우리나라 사람들의 90% 이상은 가짜 성씨와 가짜 족보를 갖고 있다. 이는 조선시대 성씨가 어떻게 만들어졌고, 당시 신분 계층별 비율이 어떠했었는지를 생각해 보면 쉽게 짐작할 수 있는 부분이기도 하다.

애초에 조선 초기에는 성을 가진 사람들은 왕족과 일부 권문세가 등에 국한되어 그 수는 매우 적었다. 물론 고려시대 때 쓰던 성씨를 계속 쓰던 이들도 있었지만, 당시 조선은 고려를 멸조시키는 과정에서 고려 왕족의 성씨인 왕王씨를 비롯하여, 고려시대 득세했던 권문세족들을 대거 숙청했기 때문에 이전 시기 득세했던 귀족들의 성씨가 상당수 사멸하게 된다.

이를 피해 왕씨가 획을 더 추가해서 '옥玉, 전全, 전田, 금琴' 씨로 고치는 경우도 있었다고 하지만, 아예 성을 쓰지 않았던 경우가 더 일반적이었다. 따라서 조선 초기 성씨를 가진 이들은 매우 적었다. 『조선왕조실록』의 성종실록에 나타난 이름들을 보면, '자을미者乙未·중산中山·유공有孔·길동吉同·가을근加乙斤·장명長命·오을미吾乙未·벌개伐介·동질김同叱金' 등의 이름이 나오는데, 모두 한자 이름이었지만 성이 없었다. 그저 어느 고을에 사는 '춘삼이, 막동이, 일남이, 이남이, 돌쇠, 개똥이, 오월이, 사월이' 그런 식으로 불리고 살았다.

1606년의 단성현丹城縣(지금의 경남 산청군 단성면) 호적대장. 64.4%가 노비로 나타나고 있다.

16세기 후반까지만 해도 조선의 전체 인구 중 성씨를 가진 이들은 10% 남짓한 수준이었다. 10% 미만이라는 수치는 당시 왕족과 관리들, 족보를 가진 양반들의 수를 모두 합한 것이다. 조선시대인 1609년의 울산부蔚山府 호적에서 인구의 47%가 노비였고, 산음현山陰縣 호적에는 1606년에는 41%, 1630년에는 34.5%가 노비였으며, 1606년의 단성현丹城縣(지금의 경남 산청군 단성면) 호적에서는 무려 64.4%가 노비였다. 즉 조선시대 인구의 50%는 사람으로 대하지 않는 재산과 동일한 노비였고, 이들은 성이 없었다.

하지만 임진왜란 이후로 갑자기 성씨를 가진 이들이 증가하기 시작한다. 이유는? 바로 '공명첩空名帖' 때문이다. 여기서 공명첩이란 돈을 내고 벼슬을 사는 것으로서, 광해군 때 임진왜란으로 피폐해진 나라의 재정 확보를 위해 공공연히 공명첩을 뿌렸다. 때문에 돈만 내면 천민도 양반이 되고, 벼슬자리까지 얻게 되던 시기였다. 물론 고려시대부터 이런 매관매직은 있어 왔지만, 본격적인 시기는 광해군 때 들어서였다.

당시 상황이 이러했으니, 당연히 논 팔고 살림 팔아서 성을 얻는 자가 늘어났다. 이때 국가는 3년마다 호적을 정리했는데, 그때마다 성을 가진 인구들이 부쩍 증가하여 17세기 후반에는 20%가 성씨를 가졌고, 19세기 초에는 50%를 넘고, 19세기 후반에는 70%를 넘게 된다. 즉 19세기 후반에는 전체 인구의 70%가 양반이 되는 것이다.

그러다가 전 국민이 성씨를 가지게 된 것은, 정조 때의 공노비 해방을 거쳐 1909년 일제가 실시한 「민적법民籍法」에 의해서였다. 식민통치 정책의 일환으로 수탈할 수 있는 자원의 통계가 필요하였기 때문에 인구조사는 당연하였다. 그때 일제가 성이 없던 전 국민에게 성씨를 준 것은 조선의 양반들이 씨족별로 단결하는 것을 방해하

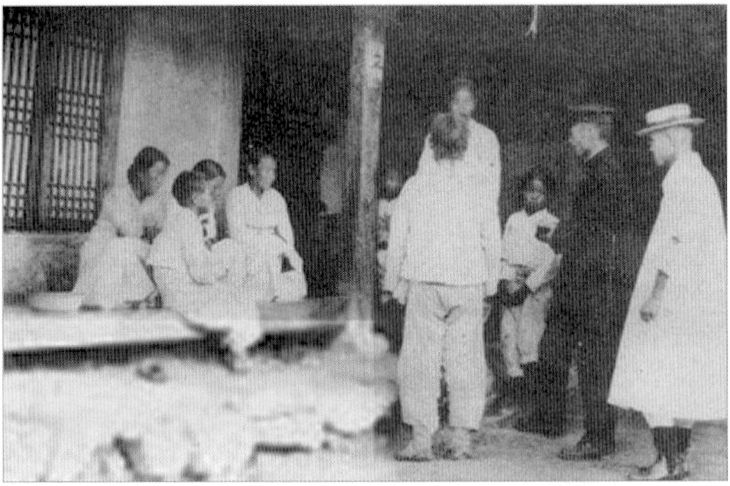

1909년 「민적법民籍法」으로 인구조사 실시. 이때부터 전 국민이 성을 가지게 되었다.

기 위해 나온 것이고, 기록에 잡히지 않은 수탈 자원을 양성화 양민화시켜서 수탈의 대상을 늘이기 위함이었다.

당시 순사들은 각 집을 돌면서 원하는 대로 성씨 신청을 받았고, 이때 성이 없는 사람들은 모두 가짜 성을 만들었다. 성이 없던 사람들은 새 성을 만들어야 하는데, 호적 담당 관리나 경찰이 임의로 성을 지어주기도 하였다. 그 결과 자신의 신분을 숨기기 쉽고 인구가 많은 흔한 성씨로 편입되면서, 특정 성씨에 인구가 치중되는 결과를 낳았다.

전 국민이 성씨를 가진 때는 1909년부터 이때부터 '김' 씨, '이' 씨들이 급증한 것이다. 아무튼 역사적 기록을 봐도 딱히 우리나라에 김, 이씨가 유달리 많았던 적은 없었고, 그런 근거도 부족하다. 김씨, 이씨가 많아진 진짜 원인은, 그만큼 가짜 성씨로 인기가 높았기 때문이다. 당시 조선에서 가장 인기가 있었던 것은 김金씨였고, 그 다음이 이李, 박朴, 최崔, 정鄭씨의 순이었던 것이다. 최근 통계자료도 이렇다.

우리나라 10대 성씨의 인구 비율은 2000년 64.1%, 2015년 63.9%이다. 2015년 기준 성씨 비중은 김金(21.5%), 이李(14.7%), 박朴(8.4%), 최崔(4.7%), 정鄭(4.3%), 강姜(2.4%), 조趙(2.1%), 윤尹(2.1%), 장張(2.0%), 임林(1.7%) 순이었다. 성씨 본관별로 따지면, 김해김씨金海金氏(446만), 밀양박씨密陽朴氏(310만), 전주이씨全州李氏(263만), 경주김씨慶州金氏(180만), 경주이씨慶州李氏(139만), 진주강씨晉州姜氏(97만), 경주최씨慶州崔氏(95만), 광산김씨光山金氏(93만), 파평윤씨坡平尹氏(77만), 청주한씨淸州韓氏(75만) 순이었다. 10대 성씨 본관이 차지하는 비율은 35.7%, 20대 성씨 본관의 비율은 46.4%였다.

대한민국 사람들 중 21.5% 정도가 金씨인데, 총 1,000만 명이다. 李씨는 약 680만 명 정도로 14.7% 정도다. 이 두 성씨를 합하면, 전 인구의 36%가 김씨나 이씨라는 얘기다. 그렇다면 이걸 보고 왜 가짜라고 말하는 것일까? 이유는 간단하다.

원래 성이 없던 사람이 성을 새로 가지려면 최근의 귀화인들의 예처럼 새롭게 성을 만들어야 한다. 이게 상식이다. 그런데 우리나라 사람들은 대부분이 이미 있는 다른 성씨 속에 은근슬쩍 들어가버린 것이다. 그러니 가짜일 수밖에 없는 것이다.

그렇다면 왜 대부분 김씨와 이씨를 선택했을까? 그것은 당시 성을 신고하던 시기와 무관하지 않다. 일단 조선은 '전주이씨全州李氏'가 세운 나라였다. 그리고 세도가 '안동김씨安東金氏'의 힘이 상당했다. 이왕 선택하는 성씨인데, 가급적이면 괜찮은 걸 택하고 싶은 건 사람들의 본능 아니겠는가! 그래도 너무 뻔히 보이는 짓이라고 생각해서 몰락한 왕가의 성씨를 택하는 사람들도 많았으니, 그래서 인기였던 성씨가 옛 가야의 왕족이었던 '김해김씨金海金氏'와 신라의 왕족인 '밀양박씨密陽朴氏', '경주김씨慶州金氏'였다.

매우 유감스러운 말이지만, 위에 나타난 상위권 본관의 경우 가짜 성씨를 가진 사람들이 매우 많을 것으로 생각된다. 우리보다 40년 먼저 전 국민 성씨 갖기를 추진했던 일본의 경우, 1억 3천만 인구 중 가장 많은 성씨가 '사토(佐藤)'씨로 총인구는 45만 명에 불과하다. 그런데 우리나라는 일본의 40% 수준의 인구로, 본관 순위 20위까지 모두 40만 명을 넘고 있으니, 이는 누가 봐도 수상쩍다.

우리나라 시골에 보면 유독 '집성촌'들이 많은데, 여기에는 이런 비밀이 있다. 가령 낙향한 가난한 양반이 한 집 있으면, 그 고을의 성씨가 없던 부락민들이 돈이나 양식을 주면서 부탁하여 같은 성씨로 입문을 하곤 했다. 심지어 마을의 의견을 모아 부락 전체가 통째로 같은 성씨가 된 경우도 있었다. 그런가 하면, 노비들이 통째로 주인의 성을 따르기도 했다. 조선시대에는 기본적으로 노비는 상전을 부모와 같이 취급해야 했기 때문에 노비들이 면천해 주는 주인의 성을 따르는 경우가 많았던 것이다.

이런 엉터리 성씨와 함께 조선의 폐쇄적 잔재를 입증하는 또 하나의 실체로 '족보族譜'이다. 요즘 집집마다 족보가 있고, 대한민국 사람이면 누구나 왕가의 후손이요 명문가의 자손들인데, 이 중에 진짜 족보는 10%도 안 되는 게 현실이다. 족보에 나와 있는 조상들 중

최근 종친회를 사칭해 가짜 족보를 팔아 수십억 원을 챙긴 일당이 경찰에 체포되었다.(2017년 11월)

에 5, 6대 이상이 자신의 실제 선조일 가능성은 10%도 안 된다는 뜻이다.

당시 족보를 변조하던 전문 사기꾼이 특정 족보를 입수해서 판본으로 만들어서 대량 찍어냈는데, 이런 판본이 있으면 사기 족보는 대단히 만들기 쉬웠다. 이름 하나만 추가시키면 됐기 때문이다. 우

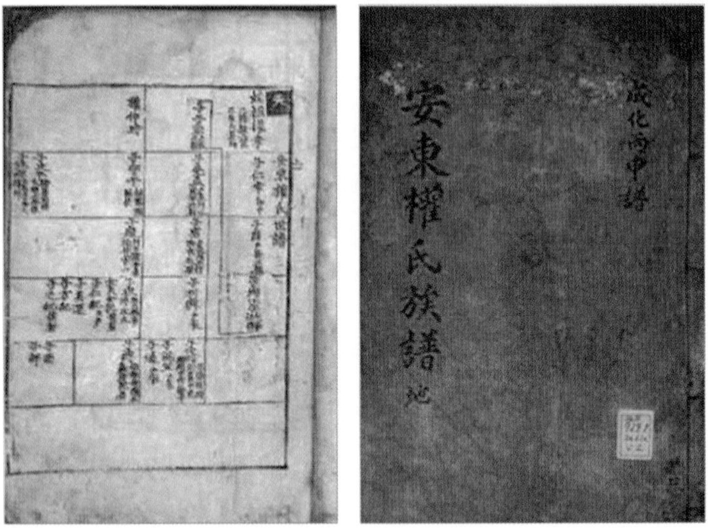

우리나라 최고의 족보인 『안동권씨성화보安東權氏成化譜』(1476년)

리나라에서는 광복 직후까지 이런 가짜 족보를 만들어주고, 한 재산 모았던 중개인(브로커)들이 많았는데, 이런 것은 원본 족보와 대조해 보면 금방 밝혀지지만, 실제로 그렇게까지 하는 사람이 없다. 그리고 하도 가짜가 난립하다 보니, 어느 게 진짜인지도 나중에는 분간이 어려워졌다.

우리나라에 가장 오래된 족보 중에 제대로 된 족보는 1476년(성종成宗 7)에 간행된 『안동권씨성화보安東權氏成化譜』이다. 다시 말하면, 성종 이전의 족보는 없다는 것이다. 그 이전엔 주로 한 인물과 집안을 중심으로 하는 가전家傳, 족보族圖, 세계도世系圖가 전부였다.

100여 년 '쌍놈들' 이 지금은 제사와 차례를 지내 우리나라 사람이라면 누구나 "무슨 무슨 정승, 판서의 몇 대손" 이 되어 버렸고, 오로지 양반의 후손만이 존재하는 나라가 되었다. 불과 100여 년 전만 해도 "성도 없는 쌍놈들" 은 제사고 차례고 지낼 수가 없었는데, 요즈음은 집집마다 모두 명절날 차례를 지낸다.

조선시대 양반집 법도는 엄격한 유교의 윤리로 교육되어 우리가 알고 있는 양반으로 행세하기는 행동거지가 참으로 어렵고 엄하였다. 따라서 천민은 흉내 낼 수도, 낼 필요성도 느끼지 못하는 사회였다. 현재 윤리와 품성과는 관계없이 성씨로 양반입네 떠드는 사람들은 어느 양반집의 '돌쇠' 이었거나, 그 마을 '개똥이' 였을 확률이 높은 것은 아닐까?

양반은 항상 따르는 권속들에 대한 책임감과 가문의 명예를 위해 중압감을 느끼며 생활하였으며, 자신의 행동이 가문과 직결되었기 때문에 오늘 같은 막된 행동이나 막말을 할 수가 없었다. 지역사회에서 한번 '쌍놈의 집안' 으로 찍혀지면, 자녀들의 혼사에 막대한 문제가 발생하기 때문에 성씨가 그 사람의 품행을 구속할 수밖에 없었다고 한다. 법도와 예를 생명같이 여기고 살아간 이유도 여기에 있다.

대한제국 시절 일본의 압력 덕분에 호적에 성씨란 것을 처음으로 만들었던 사람들은 그 사실은 언제까지나 '가문의 비밀' 로 숨겨 두어야 했다. 성씨의 유무와 관련한 성씨의 위력을 누구보다도 잘 알고 있었던 우리 백성들은 양반제도가 비록 법적으로 폐지되었다고는 하지만, 이 어렵게 얻은 '양반의 성씨' 만큼은 절대로 놓치고 싶지 않았을 것이다.

한국인은 성씨에 대한 집착이 유별나다. 강하게 부정할 때 "그렇다면 내가 성을 간다."는 표현을 쓴다. 오늘날 한국 사람이면 누구나 다 족보를 가진 양반가의 후예를 자처하고 있다.

한번 생각해보자. 17세기 당시 조선의 전체 인구 중 60%가 노비였는데, 현재 어느 누가 자신의 조상을 노비라고 말할 수 있을까.

1-3

이름(名)보다 많이 불리는 자字와 호號

내가 그의 이름을 불러 주기 전에는
그는 다만
하나의 몸짓에 지나지 않았다.

내가 그의 이름을 불러 주었을 때
그는 나에게로 와서
꽃이 되었다. - 김춘수 「꽃」 -

누구나 공감할 수 있는 내용으로 한국인이 가장 잘 아는 시 중 하나인 김춘수의 「꽃」이라는 시이다. 존재의 본질과 의미, 그리고 이름이 가지는 상징성을 탐구하는 시로, 동시에 인식되고 싶은 인간의 갈망을 보여주고 있다. 한마디로 모든 것은 이름을 가짐으로써 그것으로 인식된다는, 어쩌면 당연한 사실을 보여준다.

이름은 성 아래에 붙여 다른 사람과 구별하는 명칭이다. 넓게는 성과 이름을 모두 합쳐 이름이라고도 한다. 수수께끼에서는 "자기 것인데 남이 더 많이 쓰는 것"으로 언급하기도 한다. 우리나라에서는 사람의 이름은 성과 이름으로 구분된다. 오늘날은 보통 한 사람이 하나의 이름을 가지고 살아간다.

그러나 한자문화권에 살면서 한자로 문자생활을 하였던 우리의 조상들은 일생 동안에 여러 가지 이름을 사용하였다. 어릴 때 지어 부르는 아명兒名이 있었고, 어느 정도 성장을 한 뒤에 짓는 본명本名이 있으며, 본명을 바꾸어 부르는 자字가 있었다. 이러한 이름은 부모나 스승이나 친구들이 지어 주었다. 그리고 나이가 들어 독자적인 가치관을 가지게 되고, 사회 활동의 범위가 넓어지면 호號를 지었다. 호는 명名이나 자字를 대체하기 위하여 주로 자신이 지었다. 친구 사이에서는 자字를 사용하였고, 손윗사람을 부를 때에는 호를 사용하였다. 이 밖에도 죽은 뒤에 나라에서 내리는 시호諡號가 있다. 시호는 대상 인물을 나라에서 공식적으로 평가한 의미를 담고 있다. 이를테면, 정약용丁若鏞(1762~1836)은 본 이름 이외에 별명, 자, 호, 별호, 헌호(당호), 시호를 지녔다.

명名 : 약용若鏞
별명別名 : 용鏞
자字 : 미용美鏞
호號 : 여유병옹與猶病翁, 사암俟菴, 다산茶山, 탁옹籜翁, 태수苔叟, 자하도인紫霞道人, 철마산인鐵馬山人
별호別號 : 열수洌叟, 열수옹洌水翁, 열초洌樵, 열상노인洌上老人
헌호軒號(당호) : 여유당與猶堂, 균암筠菴
시호諡號 : 문도文度

정약용의 호 '철마산인鐵馬山人'은 고향 부근 철마산鐵馬山(천마

다산茶山선생의 유적지에 복원해 놓은 여유당與猶堂

산)의 이름을 딴 것이며, 자서전에서 밝힌 호는 '사암俟菴' 이다. 『중용』의 "군자는 평이한 도리를 행하면서 천명을 기다린다.(君子居易以俟命.)" 에서 뜻을 따온 것이다. 그리고 서재를 '여유당與猶堂' 이라고 명명하여 사후 출간된 문집을 『여유당전서與猶堂全書』라고 하였다. 또 태어나고 살던 마재馬峴 마을이 한강 가에 있어 한강의 옛 이름을 '열수洌水' 로 고증하고, 호로 '열수洌叟', '열수옹洌水翁', '열초洌樵', '열상노인洌上老人' 이라고 하였다. 귀양지 강진에서는 다산초당에 거처하면서 '다산茶山' 을 사용하였으며, 강진이 대나무가 울창하였으므로 대나무의 곧고 바른 품성을 사랑해서 '탁옹籜翁', '균암筠菴' 이라고 하였다. 탁籜과 균筠은 대나무를 가리킨다.

이렇듯 우리나라에서는 한자를 이용하여 사람의 이름에 특별한 의미를 부여하고, 이름 이외에 자와 호로 타인을 호명하는 문화가 오랫동안 존재하였다. 한자로 명名을 짓는 문화는 계승되고 있지만, 현재는 한자의 교육이 이루어지고 있지 않고, 그로 인한 한맹漢盲의 증가로 인하여 명名이 지닌 의미를 반추하는 일이 드물게 되었다.

위의 다산의 예와 같이 여러 가지 이름들은 태어난 뒤에 지어지는 것인데, 태어나기 전부터 이미 정해져 있는 이름이 성이다. 성은 다른 글에서 다루어졌으므로, 이 글에서는 명과 자, 그리고 호를 중심으로 살펴보기로 한다.

(1) 명名

명名은 후한대 허신의 『설문해자』에는 "자명야自命也 종구종석从口从夕. 석자명야夕者冥也. 명부상견冥不相見 고이구자명故以口自名."이라 하였으며, 이는 "저녁(夕)이 되어 어두워지면 입(口)으로 이름(名)을 불러 서로를 분간한 데에서 이름이란 뜻이다."라고 풀이하였다.

사람이 출생하면 이름을 짓는다. 부모나 조부모가 길상한 한자를 가려서 이름을 짓는다. 그러나 옛적에는 아이 때는 누구나 이름을 부를 수 있지만, 성인이 되면 군君·사師·부父만이 이름을 부를 수 있었다. 성인이 되었는데도 맨이름을 부르는 것은 그를 업신여기는 것으로 생각하였다. 본인이 자기 이름을 부르는 경우는 극히 겸손하게 자기를 낮추는 경우에만 불렀다.

아명兒名은 부형이 지어 주는 이름이다. 부모나 가족이 꾼 태몽과 관련하여 짓거나 액땜을 하기를 바라는 마음에서 천한 이름으로 짓는 경우가 많다. 박제가朴齊家는 「외종제개명설外從弟改名說」이라는 글에서 "명名은 나와 더불어 평생을 함께 하는 것이다. 태어난 지 석 달 만에 부모가 명名을 지어 주는데, 이것을 소명小名이라고 한다. 오늘날 사랑하는 자식일수록 반드시 천한 이름을 붙여주는데, 이와 같이 하는 것은 액을 막으려는 것이니, 그 의도가 구차하다. 네 이름이 돼지[豚]인데 올해 11살이니, 거의 4천 날을 돼지 행세를 한 셈이다. 해괴한 일이 아니냐?"고 하였다.

어느 정도 별 탈 없이 성장을 하면 아명을 바꾸어 본명을 짓는다. 본명은 부형이 지어 주는, 개인에 대한 정식 이름이다. 좋은 글자를 가려서 이름을 짓고, 이름이 함유하고 있는 뜻을 생각하며, 인격수양에 힘쓰기를 바라는 말이 '고명사의顧名思義'다. 요즈음은 한자로 이름을 짓지 않고, 우리 고유어로 이름을 짓는 경우가 있다. 고유어로 이름을 지어도 이름을 아름답게 지으려고 노력하는 것은, 역시 고명사의顧名思義의 정신이라고 볼 수 있다.

호적에 올라가 있는 이름을 관명官名이라고 하는데, 이것이 본인의 공적 이름이다. 호적명이라고 할 만하다. 관명은 항렬에 따라서 짓고, 이 이름이 족보에도 올라간다.

이름을 호칭할 때는 살아있는 윗사람에게는 함자銜字라고 하고, 죽으면 휘자諱字라고 한다. 어른의 이름을 묻고 답할 때, 어른이 생존해 있으면 "자네 어른의 함자銜字는?" "저희 아버지의 함자는 ○자 ○자입니다." 어른이 사망하였을 때는 "자네 어른의 휘자는?" "저희 아버지의 휘자는 ○자○자입니다."라고 한다.

우리나라에서는 아이들이 어른의 함자를 맞바로 부르는 것이 허용되지 않았다. 말하자면, 기휘忌諱한 것이다. 이 점을 역이용하여 함부로 남의 부모 함자를 불러대는 것이 하나의 욕으로 여겼던 것이

문패門牌

다. 그래서 문패를 한글로 붙여 놓으면 조무래기들이 함부로 큰 소리로 입에 올리는 것을 기휘하기 위해 한자로 써서 달기도 하였다고 한다. 자기 존속에게 편지를 보낼 때는 피휘해서 편지를 보내는 사람이 자기 이름을 쓰고, 이름 밑에 '본제입납本第入納' 또는 '본가입납本家入納' 이라고 쓴다.

예전에는 임금의 이름자에 사용된 글자는 민간에서 함부로 쓰지 못했다. 가령 조선조 태조의 휘諱가 '단旦' 이므로, 민간에서는 '원단元旦' 을 '원조元朝' 라도 바꿔 썼다. 지금은 시대가 달라졌지만 전주 이씨는 '원조元朝' 를 고수하고 있다. 배천조씨白川趙氏 중시조에 숙위공肅魏公 '조반趙胖' 이란 분이 있다. 그 집안에서는 조반朝飯을 조식朝食으로 바꿔 말한다.

한자 이름은 재주에 따라 정하기도 하였다. 후한 때에 반고班固가 편찬한 『백호통白虎通』에 따르면, 남보다 재주가 갑절이면 무茂, 열 사람 중에 빼어나면 선選, 선의 갑절이면 준俊, 천千 사람 중에서 빼어나면 영英, 영의 갑절이면 현賢, 만萬 사람 중에서 빼어나면 걸傑, 걸의 갑절이면 성聖이라 부른다고 하였다. 이름에 금수禽獸나 질병의 이름, 악惡 · 약弱 등의 글자를 사용하지 않는 것은 옛날이나 지금이나 같다. 본래 인仁 · 효孝 · 충忠 · 경敬 · 복福 · 수壽 등 길상어도 잘 사용하지 않았으나, 조선시대에 들어와 언제부터인가 많이 쓰게 되었다. 또 조선시대에는 아름다운 의미를 지닌 글자를 많이 썼으나, 융融·랑朗·질秩·치熾 등은 쓰지 않았다.

(2) 자字

한자문화권에서는 한 사람이 성인이 되는 것을 기념하여 관례冠禮를 올렸고, 이때 본명과는 별도의 이름인 자字를 받았다. 관례를 원복元服이라고도 한다. 元은 머리의 뜻이고, 服은 '입는다, 쓴다'의 뜻이므로, 머리에 관을 쓴다는 뜻이다. 여자는 비녀를 꽂는 계례笄禮를 행하였다. 사대부의 남자는 20세, 왕공은 15세에 관례를 하였고, 여자는 15세에 계례를 하였다. 후대에는 사대부의 남자는 대개 15세에 하고, 세자와 대군은 그보다 빨리하였다.

그런데 『예기禮記』에 "관례를 행하면서 자字를 지어 주는 것은 그 이름을 공경하기 위한 것이다.(冠而字之, 敬其名也.)"라고 하였으니, 자字는 명名을 '피하려고' 사용하는 것임을 알 수 있다. 청나라 때의 백과사전인 『연감류함淵鑑類函』에는 "임금이 신하에 대해서, 선생이 그의 문인들에 대해서는 명名을 부르고, 같은 관직에 있는 동료들 사이이거나, 성이 같은 형제들 사이이거나, 같은 스승 밑에서 공부하는 벗들 사이에서는 자字를 부른다."라고 하였으며, "명名은 자字의 본本이고, 자字는 명名의 말末이다."라고 하였다. 곧 자字는 명名에 대체하여 부르는 이름이라는 것이다.

공자의 이름은 구丘, 자는 중니仲尼이다. 그의 부친 숙량흘叔梁紇이 니산尼山에 기도하여 공자를 얻었으므로 尼를 자에 사용하고, 산의 뜻을 지닌 丘를 본 이름에 사용한 것이다. 공자 아들 리鯉는 자가 백어伯魚이다. 그가 태어났을 때 군주로부터 잉어를 선사받은 사실

관례冠禮와 계례笄禮

을 기념한 이름이라고 전한다. 그런데 공자의 제자들은 자字에 자子라는 글자를 사용하였다. 본래 자는 우리의 조상 동이족이 만든 은殷나라에서 왕자의 신분을 나타내던 칭호이었는데, 그 상속 순위에 따라 대자大子, 중자中子, 소자小子라고 불렀다. 은나라의 왕자들은 영지를 부여받아 분가하였으므로, 지명을 아래에 붙여 자정子鄭 자작子雀과 같은 식으로 일컬었다. 그 후손들은 영지와의 관계가 없어진 뒤에도 남자의 자字에 그러한 호칭 방법을 사용하였다. 영지와의 관계가 없어진 뒤에는 본명과 관계있는 말을 선정하였다.

우리나라에서는 삼국시대부터 이 습속이 있었던 것으로 보이는데, 이는 설총薛聰의 자가 총지聰智였던 것으로 알 수 있다. 하지만 이 시기에는 자字의 사용이 보편화되지는 않았던 것 같다. 설총의 아버지인 원효元曉는 자를 찾아볼 수 없기 때문이다.

조선시대에는 혼례 직전에 관례나 계례를 올렸는데, 대개 15세부터 20세 사이의 정월에 올렸다. 남자는 총각의 머리를 풀어 상투를 하고, 옷과 갓[冠]을 세 번 갈아입히는 삼가례三加禮를 행하였다. 시가始加는 치포관緇布冠을 씌웠고, 재가再加는 정자관丁子冠을 씌웠으며, 삼가三加는 갓을 씌웠다. 관례를 거쳐 성년이 된 사람은 관명을 가졌다. 이것을 자字라고도 하였다. 단, 관명은 반드시 항렬을 고려해 지었지만, 자字(관명)는 항렬을 고려할 수도 있고 그렇지 않을 수도 있었다.

자字는 명名을 대신하여 부르는 이름이고, 직접적이거나 간접적이거나 간에 명名과 깊은 관계가 있다. 곧 자字는 명名에 근거하여 항시 마음에 새기고 행동으로 실천해야 할 덕목이 함유되도록 짓는 것이므로, 자는 명의 의미를 확충하거나, 명과 의미가 동일하게 짓거나, 명의 의미가 한쪽으로 편중된 경우, 이를 보완하는 뜻을 지니도록 짓는 것이 일반적인 자를 짓는 경향이었다.

이순신李舜臣(1545~1598)의 이름은 '순임금의 신하' 란 뜻이다. 이순신의 형제는 희신羲臣 · 요신堯臣 · 순신舜臣 · 우신禹臣 등 넷이다. 각각 복희伏羲 · 요堯 · 순舜 · 우禹 등과 같은 성군의 신하가 되라는 말이다. 이순신의 자는 '여해汝諧' 이다. 『서경書經』에 순임금이 "너희가 그들과 잘 화합해서 하라[汝諧]."라고 한 데서 따왔다.

또한 유득공柳得恭의 자 '혜풍惠風' 은 『맹자孟子』에 나오는 "유하혜지풍柳下惠之風"과 관련이 있고, 김시습金時習의 자인 '열경悅卿' 은 『논어論語』의 "학이시습지學而時習之 불역설호不亦說乎"와 관련이 있다. '설說' 은 '열悅' 의 뜻이다. 허균許筠의 누이 허난설헌許蘭雪軒은 난설헌蘭雪軒이 호號이고, 명名은 초희楚姬이며, 자字는 경번景樊이다. 중국 초나라 장왕莊王의 훌륭한 부인이 번희樊姬였는데,

명名과 자字를 여기서 따다가 쓴 것이다. 이와 같이 자字는 거의 예외 없이 명名의 뜻을 부연 설명하거나 보완하거나 같은 뜻을 가진 글자를 쓰거나 하여, 명名과 짝이 되게 짓는 이름이다.

그러므로 이름을 보면 곧 자字를 알 수 있고, 자字를 보면 곧 이름을 헤아릴 수 있다고 한다. 이것이 후일 이름과 자를 동격으로 생각하게 되었고, 다시 자字를 피하는 경향으로 이어져 호가 필요하게 되었다.

(3) 호號

자字와 명名을 피휘避諱하게 되니, 호號를 지어서 부르게 되었다. 호는 명이나 자 외에 누구나 허물없이 부를 수 있도록 지은 칭호로써, 영어의 pen name과 유사한 의미다. 호는 누구나 부를 수가 있기 때문이다. 호는 자기가 지을 수도 있고, 친구나 스승, 제자가 지을 수도 있다. 호는 예술가들이 자기 작품에 이름 대신에 쓰기 시작하여 문인, 정치가 등 사회활동을 하는 지식인과 저명인사들이 호를 지어서 사용했다.

호는 아호雅號와 당호堂號로 나누어, 아호란 예술가들이 시문이나 서화 등에 쓰는 본명 외의 우아한 호란 뜻이고, 당호는 본래 당자堂宇(집이나 방)의 명칭이지만, 뒤에는 호와 같은 의미로 쓰였다. 광의의 호 속에는 별호別號, 택호宅號, 시호諡號, 불교의 법명法名, 가톨릭의 세례명洗禮名 등도 포함된다.

중국의 경우 호는 당나라 때부터 사용되었으며, 송나라 때에 이르러 보편화되었다. 당나라의 대표적인 시인인 이태백李太白이나 송나라의 문장가 소동파蘇東坡는 그의 본 이름인 이백이나 소식蘇軾

보다도 호가 널리 알려진 경우이다.

우리나라는 삼국시대부터 나타나기 시작했다. 원효元曉의 호는 '소성거사小性居士', 효자인 성각聖覺의 호는 '거사居士', 낭산狼山 아래 살던 음악가의 호는 '백결선생百結先生'이라 했다는 기록으로 보아 알 수 있다. 고려 후기의 대표적인 문신 이규보李奎報의 경우는, 초기에는 시詩·술·거문고 세 가지를 좋아하여 삼혹호선생三酷好先生이라 호하였다가, 나중에는 구름에 묻혀 있는 자신의 처지를 좋아하여 백운거사白雲居士로 호를 바꾸기도 했다. 이규보李奎報는 그의 저서 『동국이상국집東國李相國集』에 거처하는 장소, 기르는 바의 사물, 터득하여 깨달은 이치나 도달한 경지, 뜻을 두고 살아가는 삶의 지표 등이 호를 짓는 자료가 된다는 것을 설명하고 있다.

호의 사용이 정착된 것은 조선시대에 이르러 학자들 간에 학문적 교류와 편지 교환이 일반화되면서 본 이름보다는 호를 사용하는 것이 예의를 차리는 것으로 인식되었기 때문이었다. 조선 중기 이후로 호의 사용은 더욱 확대되었으며, 주로 자신이 학문을 배우고 가르친 곳을 호로 하는 경우가 많았다. 이황李滉의 퇴계退溪, 이이李珥의 율곡栗谷, 서경덕徐敬德의 화담花潭 등이 대표적이다.

재호齋號나 당호堂號 등과 같이 자신의 서실 이름으로 호를 삼는 경우도 있고, 지명이나 산천의 이름을 따다가 호를 삼는 경우도 있으며, 자신이 지향하는 삶의 목표이거나 터득한 철학적인 개념을 가지고 호를 삼는 경우도 있다. 재齋·당堂·암菴·곡谷·계溪·헌軒·정亭·촌村·암巖·은隱 등 끝에 붙는 글자는 큰 의미가 없고, 그 앞에 붙는 글자가 호의 뜻을 담은 글자이다. 지명이나 서실 이름 등을 호로 사용하는 경우는 자신을 간접적으로 지칭하는 것이고, 옹

翁 · 거사居士 · 자子 등의 글자가 뒤에 붙는 호는 자신을 직접 지칭할 때 주로 사용하였다.

율곡栗谷 이이李珥와 교산蛟山 허균許筠, 연암燕巖 박지원朴趾源은 자신이 좋아하는 지명을 호로 삼았다. 퇴계退溪 이황李滉과 초정楚亭 박제가朴齊家, 순암順菴 안정복安鼎福은 마음에 품고 있는 뜻과 의지를 호로 표현하였으며, 취금헌醉琴軒 박팽년朴彭年과 매월당梅月堂 김시습金時習은 자신의 기호나 취향을 좇아 호를 지었고, 단원檀園 김홍도金弘道와 완당阮堂 김정희金正喜, 존경하거나 본받고자 하는 인물의 이름 혹은 호를 따서 호로 삼았다. 조선 후기의 화가 오원吾園 장승업張承業은 100여 년 가량 앞선 단원檀園 김홍도金弘道와 혜원蕙園 신윤복申潤福처럼 '나도(吾) 원(園)' 이라고 작호한 것이다.

장승업張承業은 단원檀園과 혜원蕙園만 화가가 아니고, 나도 화가라는 의미로 오원吾園이라 칭하였다.

호는 거소나 지향하는 뜻과, 좋아하는 물건을 대상으로 한 경우가 많아서 때때로 호가 달리 사용되어 늘어나게 마련이었다. 호가 가장 많았던 사람은, 조선 후기의 추사秋史 김정희金正喜로서, 알려진 것만 해도 약 500여 개가 된다. 김정희가 많은 호를 사용한 것은 시

詩·서書·화畵에 두루 능하였던 예술인이었기 때문인 것으로 생각되는데, 그의 대표적인 호는 추사秋史·완당阮堂·예당禮堂·시암詩庵·선객仙客·불노佛奴·방외도인方外道人 등으로서 유불도儒佛道 사상을 망라하는 호를 사용한 것이 주목된다.

또 이덕무李德懋(1741~1793)도 젊은 시절에 많은 호를 사용하였다. 그의 호로는 형암烔庵·아정雅亭·청장관靑莊館 등의 호가 비교적 잘 알려져 있다. 하지만 1779년 규장각奎章閣 검서관檢書官으로 발탁되기 이전에 벌써 삼호거사三湖居士·경재敬齋·팔분당八分堂·선귤헌蟬橘軒·정암亭巖·을엄乙广·형암烔菴·영처嬰處·감감자憨憨子·범재거사汎齋居士 등의 호를 사용하였다. 이밖에도 그는 청음관靑飮館·탑좌인塔左人·재래도인睟睞道人·매탕罧宕·단좌헌端坐軒·주충어재注蟲魚齋·학초목당學草木堂·향초원香草園 등의 호를 지니고 있었다.

신숙주申叔舟의 손자인 신종호申從護는 호를 삼괴당三魁堂이라 하였는데, 괴魁는 '우두머리' 혹은 '으뜸'을 뜻하는 것이니 '삼괴三魁'라 함은 세 가지의 으뜸을 이룬 일을 말한다. 진사시, 식년문과 그리고 문과중시에 모두 장원급제하여 스스로 삼괴당이라는 호를 지었다. 또 사림파 학자의 한 사람인 정여창鄭汝昌은 일두一蠹라는 호를 사용했는데, 두蠹는 좀벌레로 자신을 좀벌레라고 부르는 겸손한 마음가짐이 엿보이기도 하고, 좀벌레가 오랜 시간을 나무나 책을 갉아먹듯이 꾸준히 학문을 연구하겠다는 각오가 느껴지기도 하는 재미있는 아호다.

『시경詩經』의 대아大雅 증민편蒸民編에 보면, "숙야비해夙夜匪解(새벽부터 밤까지 게으름없이), 이사일인以事一人(천자 한 분만을 섬기

비해당匪懈堂 안평대군安平大君의 집이 있던 인왕산의 수성동 계곡

네).”라는 구절이 나온다. 세종대왕은 그 셋째 아들 안평대군安平大君이 집을 새로 지었을 때, 게으르지 말라는 뜻으로 ‘비해당匪懈堂’이라는 당호를 내려주었다. 그 집터는 지금의 종로구 옥인동의 수성동水聲洞 계곡이다. 맏형인 병약한 태자太子(문종)를 다음 임금으로 잘 섬겨 왕통을 보존하라는 대왕의 속뜻이 담겨져 있음을 알 수 있다.

시인 정지용鄭芝溶은 연못의 용이 하늘로 올라가는 태몽을 꾸었다고 해서 아명을 지룡池龍이라고 하였고, 이름도 지용芝溶이며, 아호는 이름 그대로 한글로 옮긴 ‘지용’이다. 소설가 전영택田榮澤은 ‘늘봄’이며, ‘이상李箱’의 본명은 김해경金海卿이다. 그리고 단편 『표본실의 청개구리』로 널리 알려진 소설가 염상섭廉想涉은 술을 마셨다 하면 옆으로 기는 게걸음이었다고 해서 동료들이 지어준 호가 ‘횡보橫步’이고, 골초로 이름 높았던 오상순吳相淳은 호가 공초空

超이다. 독립운동가이자 시인인 '이육사李陸史'는 본명은 이활李活이며, 개명 전 이름은 이원록李源祿이었으며, 자는 태경台卿이었다. 이육사라는 호는 대구형무소 수감생활 중 수감번호인 264를 아호로 썼다.

> 창랑滄浪, 지금 우리 당의 구심점은 해공海公과 유석維石이야, 상산常山과 해위海葦, 그리고 운석雲石의 뜻은 어떤지? 운재芸齋, 옥계玉溪, 해암海岩도 의견을 말씀해 보시오.

얼마 전 우리나라의 정치권 인사들이 다방에서 나누는 대화 내용이 이런 식이었다. 창랑滄浪은 국무총리 장택상張澤相의 호이고, 해공海公은 국회의장 신익희申翼熙의 호이며, 유석維石은 민주당 대통령 후보 조병옥趙炳玉 박사이며, 상산常山은 김도연金度演 선생, 해위海葦

경기도 파주의 율곡리에 있는 화석정花石亭. 이이李珥 선생은 여기에서 따 호를 율곡栗谷이라 하였다.

는 윤보선尹潽善 전 대통령 호이고, 운석雲石은 장면張勉 전 총리이고, 운재芸齋는 윤제술尹濟述 선생, 옥계玉溪는 유진산柳珍山 전 신민당 당수, 해암海岩은 박순천朴順天 여사의 호이며, 60년대 말 70년대 초에 우리나라 정치를 좌지우지하던 분들이다.

이러던 문화가 신문이나 잡지에서 정치인 등을 부를 때 당사자에게 호가 있음에도 불구하고 DJ(후광後廣), YS(거산巨山), JP(운정雲庭) 등 영어의 머리글자로 표기하는 태도가 너무 시류에 영합하는 것이 아닌가 한다.

한자문화권 속에서 생활하는 사람들은 일찍부터 한 인간의 상징인 개개인의 이름을 존중하는 경명사상敬名思想을 가지고 있어서 남의 이름을 함부로 부르지 못하고 피명避名하게 되자 자字를 짓게 되고, 자字는 명名을 보완, 보충하는 제2의 호칭이 되었다. 차츰 명名과 자字를 동일시하는 경향이 생기게 됨에 따라 다시 아무나 부담 없이 부르게 할 호號가 필요하게 되었으며, 호를 부를 때는 존칭을 생략할 수 있었다.

호는 스스로 지었든지, 다른 사람이 주었던지, 반드시 의미와 연유가 있었다. 그 의미와 연유는 그 본인의 생애와 유관했고 인생관의 표현이기도 했다. 또 일자다의一字多義의 의미를 가진 한자로 구성되어 어느 의미를 취할 것인가는 본인의 의사를 물어보기 전에는 자字와 달리 알 수 없는 것이다.

이미 우리 사회는 이름(名)을 부르는 사회이다. 이 문화를 바꾸기란 쉽지 않다. 그러나 디지털 시대에 사는 우리는 대부분이 이미 아호를 사용하고 있다고 할 수 있다. 인터넷상에서 사용하고 있는 소위 닉네임이나 ID 같은 것이 그것이다. 그렇다면 그것을 더 보편화하여 서로가 불러주면 더 좋겠다는 생각이 든다.

부르지 않는 이름일지라도 자나 호를 짓는 문화를 만들어 보자. 성인이 되는 아들딸에게 부모님의 바람이 담긴 자를 지어주고, 스스로는 자신의 삶을 어떠한 태도와 자세로 살아갈 것인지 생각할 수 있는 기회를 주도록 하자. 나에게, 그리고 가까운 친구에게 호를 지어주어 옛 선인의 풍류를 오늘에 즐겨보자.

그러면, 비록 이름으로 살아가더라도 오늘 한번 자字를 생각하고, 내일 한번 호를 생각하면서 '부모님이 바라는 나', '내가 바라는 나'를 생각할 수 있는 우리들이 될 수 있었으면 한다.

그전에 한자교육이 실시되어야 한다. 아무리 좋은 자나 호가 있어도 읽지 못하면 말짱 도루묵이다.

1-4

고구려 유민 이정기李正己를 아시나요

— 중국에는 있고, 우리는 없는 치청왕국淄青王國 —

멸망한 나라의 살아남은 백성, 즉 망해 없어진 나라의 백성을 우리는 유민遺民이라고 부른다. 서기 668년, 평양성이 함락된 뒤 중국으로 끌려간 고구려 유민들은 20만 명이었다. 그들은 어떻게 됐을까? 왕조와 사직의 운명이 그랬듯, 그들 역시 역사의 뒤안길에 소리 없이 사라지고 말았을까?

나라는 망했지만 백성은 그 땅에 남겨진 채 살아가야만 했었다. 유민들은 나라가 없는 설움을 당하였고, 그래서 다시 나라를 세우기로 결심했다. 고구려의 유민들은 발해라고 알고 있는 해동성국海東盛國 대진국大震國을 세워 고구려보다 더 넓은 땅을 지배하였다. 그리고 또 고구려 유민들은 원수 당唐나라의 심장부 산동반도 일대를 장악하고 4대에 걸쳐 55년 동안 당과 대립했던 치청왕국淄青王國 제齊나라를 세웠다.

그러나 우리는 치청왕국 제나라를 세운 고구려의 영웅 이정기李正己(732~781, 재위 765~781) 장군을 알지 못한다. 어찌하여 이같이 찬란했던 민족의 영웅이 1,200년간 역사의 저편에 묻혀 있었는가? 왜 우리는 우리의 후손들에게 고구려의 영웅을 가르치지 않았는가?

사대주의가 만연하였던 고려와 조선시대에도, 근대와 현대를 지나면서도 교육하지 않았다. 모화慕華사상으로 얼룩져 소중화小中華라는 미망에 빠져 허우적대던 사대주의와 수천 번의 외침에 시달리면서도 한 번도 외국을 침공하지 못했던 민족이기에 숙명적으로 일본의 지배를 받을 수밖에 없다고 한 식민사관과는 헤어질 때가 지났다.

나라를 잃은 유민 이정기李正己, 원수의 나라에서 펼쳐지는 광대무변한 그의 일대기를 살펴보자.

668년, 900년간 동북아의 패자로 군림해 온 대제국 고구려가 멸망했다. 그동안 고구려는 주몽朱蒙, 을파소乙巴素, 대무신왕大武神王, 을지문덕乙支文德, 연개소문淵蓋蘇文, 양만춘楊萬春 등 불세출의 영웅들이 대륙을 호령할 때마다, 고구려를 침략한 수백만 중국인의 뼈가 고구려의 산하에 묻혔다. 이러한 고구려가 연개소문 사후 어이없게도 자중지란이 일어나 허무하게 무너져 버렸다. 그리고 20만 명의 고구려 사람들이 당나라로 끌려갔다. 다시는 고구려와 같은 강국이 생겨나지 못하게 하고자 함이었으리라.

이정기는 고구려가 패망한 지 64년이 지난 732년에 당나라 평로절도사平盧節度使의 치소인 영주營州에서 태어났다. 영주는 지금의 요녕성遼寧省 조양시朝陽市로 요하 서쪽에 있으며, 이곳은 옛 고구려와 가까워 당나라에 끌려온 유민들이 많이 거주하고 있었다. 그의 선대에 대한 기록은 없지만, 고구려 패망 당시 당으로 끌려 간 20여만 명의 유민들 중 일부였거나, 이전부터 영주에 정착해온 고구려인인 것으로 보인다. 그는 『삼국사기』나 『삼국유사』 같은 한국 사서보다 중국의 기록에 더 많이 등장한다. 『구당서舊唐書』, 『신당서新唐

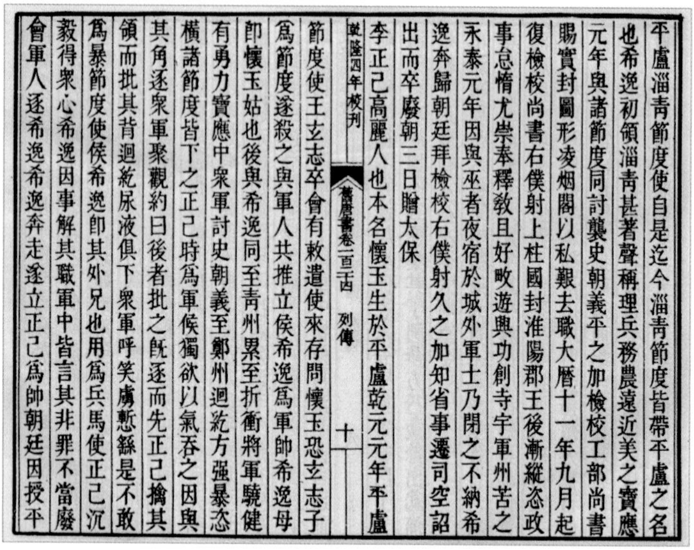
平盧淄青節度使自是迄今淄青節度皆帶平盧之名
也希逸初領淄青甚著聲稱理兵務農遠近美之寶應
元年與諸節度同討襲史朝義平之加檢校工部尚書
賜實封圖形淩烟閣以私艱去職大曆十一年九月起
復檢校尚書右僕射上柱國封淮陽郡王後漸縱恣政
事怠惰尤崇奉釋敎且好畋遊興功創寺宇軍州苦之
永泰元年因與巫者夜宿於城外軍士乃閉之不納希
逸奔歸朝廷拜檢校右僕射久之加知省事遷司空詔
出而卒廢朝三日贈太保
李正己高麗人也本名懷玉生於平盧乾元元年平盧
乾隆四年校刊　舊唐書卷一百廿四　列傳　十
節度使王玄志卒會有敕遣使來存問懷玉恐玄志子
爲節度遂殺之與軍人共推立侯希逸爲軍帥希逸母
卽懷玉姑也後與希逸同至青州累至折衝將軍驍健
有勇力寶應中衆軍討史朝義至鄭州迴紇方強暴恣
橫諸節度皆下之正己時爲軍候獨欲以氣吞之因與
其角逐衆軍聚觀約曰後者批之旣逐而先正己擒其
領而批其背迴紇尿液俱下衆軍呼笑虜慙繇是不敢
爲暴節度使侯希逸卽其外兄也用爲兵馬使正己沉
毅得衆心希逸因事解其職軍中皆言其非罪不當廢
會軍人逐希逸希逸奔走遂立正己爲帥朝廷因授平

『구당서舊唐書』 권124, 열전74, 이정기전李正己傳

書』, 『자치통감資治通鑑』, 『책부원귀册府元龜』, 『문헌통고文獻通考』 등등. 모두가 8세기 중원대륙을 지배했던 당나라 때의 문헌들이다.

이정기는 고려 사람이다. 본명은 회옥懷玉이며, 평로平盧에서 태어났다. 건원 원년(758)에 평로절도사平盧節度使 왕현지王玄志가 졸卒하였다. 마침 사신을 파견해 조문하라는 칙敕이 있었다. 회옥懷玉은 현지玄志의 아들을 절도사로 삼을까 걱정하여 바로 그를 죽이고, 군사들과 함께 후희일侯希逸을 추대하여 군수軍帥로 삼았다. 후희일의 어머니는 바로 회옥의 고모였다.(李正己 高麗人也. 本名懷玉 生於平盧. 乾元元年, 平盧節度使王玄志卒, 會有敕遣使來存問, 懷玉恐玄志子爲節度, 遂殺之, 與軍人共推立侯希逸爲軍帥. 希逸母卽懷玉姑也.)〈『구당사』 권124, 열전74, 이정기〉

이 사료는 중국의 정사인 25史 중 『구당서舊唐書』의 이정기열전李正己列傳의 첫 부분이다. 만주벌판에서 말 타고 달렸던 고구려인들에게 당에서의 유일한 신분상승의 길은 군인이 되는 것이었고, 이정기 일가도 예외일 수 없었다. 고구려 유민들 가운데에는 파미르고원을 넘어 두 차례에 걸쳐 서역을 정벌했던 고선지高仙芝 장군과 당의 최전성기 개원지치開元之治였던 현종의 시대를 열었던 왕모중王毛仲이 모두 군인 출신이었다.

이정기는 처음에 영주부장營州部將의 직책에 있었는데, 그가 23살이던 755년 안록산의 난이 발생하였다. 전쟁과 내란은 군인에게 죽음을 가져다주기도 하지만, 출세의 길을 열어주기도 한다. 이정기는 고모의 아들인 후희일과 함께 토벌군으로 참전하였다.

758년 평로군절도사 왕현지王玄志가 병사하자, 당 조정은 왕현지의 아들에게 절도사 자리를 물려주려 했다. 그러자 이정기는 왕현지의 아들을 죽이고 후희일을 평로군수平盧軍帥로 추대하였고, 당 조정은 내란 수습을 위해 어쩔 수 없이 후희일을 인정했다. 중국 동북부에 주둔하던 평로군은 고구려 유민들을 주력부대로 구성하고 있었는데, 북방의 해족奚族의 강력한 공격으로 거점이 흔들리자, 후희일과 이정기의 지휘로 배를 타고 산동반도로 건너갔다.

당 조정은 후희일에게 치주淄州(지금의 산동성 치박시), 청주青州(지금의 산동성 청주시) 등 6개 주를 관장하게 하고, 평로치청절도사平盧淄青節度使의 관직을 주었다. 이정기는 후희일을 돕는 부장이었다. 하지만 후희일은 당 조정의 신임에 만족해 정치에 태만하게 되고, 불교사원 건축 등에 힘을 써 통치구역의 경제가 흔들리게 되었다.

반면에 이정기의 인기는 높아갔기에, 후희일은 이정기를 두려워

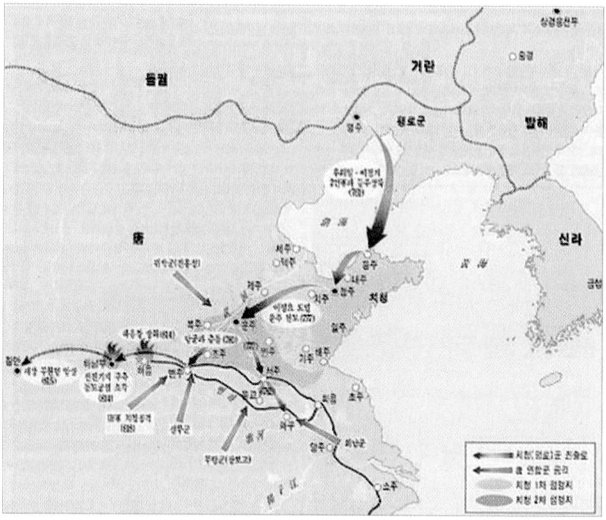

이정기 세력 확장도

하고 시기하여 그를 부장 자리에서 해임하였다. 765년, 이정기는 부하들의 지지를 얻어 후희일을 쫓아내고 스스로 절도사 자리에 올랐다. 군인들이 추대하는 형식을 취했지만, 실제로는 하극상을 일으켜 절도사 자리를 채어간 것이다. 당 조정은 반란에 의해 지방정권을 장악한 이정기를 인정할 수밖에 없었다. 지방의 절도사들이 군벌을 형성해 독자적인 세력을 형성하였고, 당시 최대의 영토와 고구려 유민으로 이루어진 강병을 확보한 이정기를 자신의 편으로 끌어들여야 했기 때문이다.

당 황제는 이정기에게 「평로치청절도관찰사平盧淄青節度觀察使 해운압신라발해양번사海運押新羅渤海兩蕃使 검교공부상서檢校工部尙書 어사대부御史大夫 청주자사青州刺史」라는 긴 이름의 벼슬을 내렸다. 아울러 당 황제는 그에게 '정기正己'라는 이름을 하사했다.

이때 이정기가 받은 '압신라발해양번사押新羅渤海兩蕃使'라는 관직은 당과 신라 · 발해의 모든 사신과 교류를 관장하는 직책이었다. 이러한 사실은 이정기가 이 지역에 대한 강한 통치권을 가지고 있었기 때문에 가능한 것이기도 하지만, 한편 이를 통해 신라와 발해와의 사이에서 해상교통의 독점권을 가지고 엄청난 이윤을 축적할 수 있었다.

당시 발해와 신라의 조공과 교역은 서해 해상로를 통해 이정기의 지배 영역인 산동반도와 연결되었다. 서해 교역을 통해 부를 축적한 이정기는 군사력을 확대해 차츰 산동 일대를 복속시켜 치淄·청青·제齊·해海·등登·래萊·기沂·밀密·덕德·체棣 10주를 확보하였으며, 775년에는 이웃한 절도사들의 반란에 토벌군으로 나서 당나라 요충지인 서주徐州를 비롯한 조曹·복濮·연兗·운鄆 5주를 더 얻어 15개 주를 차지했다. 이정기는 당시 주변 절도사들의 군사보다 많은 10만 이상의 군사와 540만 명에 달하는 인구를 확보해 번진의 절도사로는 최고 강력한 군벌을 형성했다.

『신당서』에는 치청지역의 정치가 엄정하고 법령이 일치하고 부세가 가벼우며 형벌이 엄중했다고 적혀 있다. 이정기가 통치했던 15개 주의 영역은, 지금의 산동성 일대와 안휘성·강소성의 일부까지 포괄하여 현재의 한반도보다 넓었다. 인구도 패망 당시의 고구려 인구보다 많았다. 당시 고구려의 호구가 69만이었고, 치청의 호구는 84만(540만 명)이었으니, 치청의 규모를 실감할 수 있다.

안록산과 사사명의 반란이 일어난 후 당나라 말기에 절도사는 관할 구역에서 군사, 재정, 행정, 사법 등의 모든 권력을 장악했다. 절도사들은 차츰 자립의 움직임을 보였고, 지위를 세습하면서, 영내에서 세금을 걷어 중앙정부에 바치지 않고 자립경제를 꾸려 나갔다. 이정기가 지배하고 있던 산동반도도 마찬가지였다. 당시 산동반도는 당나라 전체 소금 생산량의 절반에 차지하는 거대한 염전이 조성되어 있었으며, 당 전체 곡물 생산량의 10%를 차지할 정도의 비옥한 농토가 있었다. 게다가 신라와 발해와의 무역 이익도 누리고 있었다. 이러한 경제력이 이정기 세력을 더욱 강력하게 했다.

그 사이 이정기의 벼슬은 정2품인 검교상서우복야檢校尙書右僕射를 거쳐 776년 마침내 정1품인 동평장사사도겸태자태보겸어사대부요양군왕同平章事司徒兼太子太保兼御史大夫饒陽郡王에 이르렀다. 778년에는 당나라 대종에게 자신을 황실 호적에 올려줄 것을 요구하여 허락받았는데, 이는 절도사로서 유일한 것이었다.

그러나 건중建中(780~783) 연간 후에는 조정으로부터 감시를 받아 편하지 못하였다. 왜냐하면 그가 자신의 거처를 낙양과 매우 가까운 지역인 운주로 옮겼기 때문이다. 이에 당 조정은 변주성을 축조하였고, 이에 대한 대응으로 이정기 역시 군대를 제음으로 이동시키고 전투태세를 강화함으로써 당에 대한 반란을 일으켰다. 이에 당황한 唐 역시 병사 92,000명을 이정기가 위치한 세력 인근 지역으로 전진 배치시키는 등 이정기의 공격에 대비하였다.

781년, 이정기는 절도사들과 연합하여 서주 근처의 강변 요지인 용교埇橋와 와구渦口를 점령하여 당나라의 대운하 영제거永濟渠를 차단하였다. 대운하는 강남의 풍부한 물자를 낙양과 장안으로 이동시키는 당나라의 대동맥이었다. 그런데 이 대운하를 이정기가 점령해 버리니 장안의 당나라 정부는 크게 당황하였다. 이정기 군은 당나라 수도 장안을 향하여 20만의 대군으로 총 진격을 개시하였다. 고구려의 유민이 당 황제와 건곤일척 천하를 놓고 대결을 벌이기 시작한 것이다.

그러나 천명은 어찌할 수 없는 것인가? 승승장구하여 변주의 20만 군대를 무찔러 성에 고립시키고 낙양으로 진격하려던 순간, 이정기의 수명이 다하였다. 당나라 마지막 거점지인 낙양과 장안을 눈

앞에 남겨두고, 이정기는 49세의 나이로 갑작스런 죽음을 맞이하였다. 비통함을 삼키며 이정기 군은 퇴각하였다. 장안에 이 소식이 알려지자, 당나라 덕종 이하 문무관원들은 기쁨에 겨워 3일 동안이나 잔치를 벌였다고 한다.

이정기는 그의 아들 이납李納에게 모든 지위를 물려주었다. 절도사 자리는 황제가 임명하는 것이다. 그런데도 이정기는 아들에게 물려준 것은 산동반도가 자신의 영토였기 때문이었다. 당나라는 이납李納의 절도사 지위 계승을 인정하지 않았다. 이에 이납은 당나라와 전투를 벌였고, 그리고 782년 11월, 이납은 국호를 「齊」라 칭하고 왕위에 올랐다. 사실상 독립을 선언한 셈이다.

대담하고 지혜로운 이납은 아버지가 못다 이룬 대업을 완수하기 위하여 다시 한번 운하를 끊고 변주를 공격하였다. 그러나 황하를 도강하기 위해 만들어둔 배 3천여 척이 때아닌 가을장마에 떠내려가 버렸다. 또 한 번 중원 정복의 꿈이 좌절된 것이다. 그 후 이납은 꿋꿋이 치청왕국 제나라를 잘 지켜 나갔지만 불과 35세의 나이로 단명하였다. 때는 792년으로, 사망원인은 그의 아버지 이정기와 같은 악성 종양이었다.

당 조정은 3일 간 정사를 폐지시켰다. 표면적인 이유는 '왕王'의 죽음을 애도하기 위한 것이었지만, 실질적인 까닭은 이납의 군사력을 두려워했기 때문이었다. 왕으로서 이납의 권위는 확고했던 것 같다. 이 이유는 『자치통감』을 쓴 사마광도 이납의 죽음을 '졸卒'이라 하지 않고, 임금의 죽음을 일컫는 '훙薨'으로 표현하였고, 『구당서』도 마찬가지로 이납의 죽음을 '훙薨'이라 적으며, 그의 죽음에 예를 표한 것으로 짐작할 수 있다.

이납의 아들 이사고李師古는 왕위에 오르자 부국강병책을 써 나라와 백성을 부유하게 했다. 그는 왕위에 있는 동안 꾸준히 통치기반을 확보하는 데 주력하였다. 망명자나 범죄자 중 능력 있는 자들을 모아 요직에 임명하고 후대하였으며, 정부가 실시하고 있던 소금 전매제도에 맞서 독자적으로 소금 산지의 확보에 나서 경제력을 강화해 갔다. 그리하여 그의 번진은 당시 여러 번진 중에서 최대의 강성을 자랑하였으며, 당나라 중앙정부에 대해서는 독립적인 태도로 임하였다.

그러나 그도 명이 짧았다. 겨우 14년간 왕위에 있다가 젊은 나이에 죽었고, 그 뒤를 이사고의 이복동생 이사도李師道가 이었다. 이사도는 이납李納이 중국인 후처에게서 얻은 아들이었다. 그래서 그의 아내도 어머니가 정해준 중국 여인 위씨魏氏였다. 그런데 그녀는 왕국의 대소사에 관여하기 시작하더니 자신의 친척인 중국인들을 데려다 요직에 앉혔다. 이사도의 말년에는 정무와 군무까지 독단하다시피 하였다.

이사도는 당 헌종이 치청왕국 제나라를 침략하기 위하여 준비한 하음전운원河陰轉運院이라는 150칸이나 되는 큰 창고의 200만 섬의 군량미를 불질러버렸다. 그리고 낙양성을 기습하여 궁궐을 불살라버렸다. 또한 하남 이곳저곳에 산책山柵을 만들어 당나라의 후방을 교란시키는 게릴라전도 감행하는 등 많은 전과를 올리기도 하였다.

그러나 말년에 이르러 중국인들이 요직을 차지해 가면서 점차 나라의 기강과 고구려의 정신마저 서서히 병들어갔다. 왕국이 사양길로 접어들자, 당 헌종은 지방의 여러 절도사에게 치청왕국 공격을 명하였다. 당시 조정의 토벌군 선봉은 신라인 장보고張保皐가 군중소장軍中小將으로 속해 있던 무녕군武寧軍이었다. 816년, 치청淄青의 평음平陰까지 무녕군의 선봉장 왕지흥王智興에게 점령당하고 만다.

또 당나라는 바다 건너 신라에게까지 원군을 요청하여 818년 7월, 당과 신라의 연합군이 치청왕국 제나라를 총 공격하였다.

『삼국사기』에 이런 기록이 있다.

> 당唐나라 운주절도사 이사도가 반란을 일으켰다. 헌종이 이를 토벌하기 위하여 양주절도사 조공을 보내 우리 병마의 출동을 요구하였다. 왕은 이에 따라 순천군장군 김웅원으로 하여금 군사 3만을 거느리고 가서 그들을 돕게 하였다.(唐鄆州節度使李師道叛. 憲宗將欲討平, 詔遣楊州節度使趙恭, 徵發我兵馬, 王奉勑旨, 命順天軍將軍金雄元, 率甲兵三萬以助之.)〈『삼국사기』 신라본기, 헌덕왕 11년(819년)〉

신라가 파병한 3만이란 군대는 당시로는 엄청난 것이었다. 660년, 신라가 백제를 멸하러 황산벌로 달려갔을 때 동원한 군사는 5만 명이었으며, 그해 일본이 백제를 도우러 파병했다가 백강전투白江戰鬪에서 전멸한 군사가 4만 명이었다. 전시도 아닌 평화기였기 때문에 3만 명의 병사는 신라로선 최대로 동원할 수 있는 병력이었을 것으로 보인다.

여러 절도사들의 협공을 받던 이사도는 같은 해 당 연합군의 주력군인 위박魏博의 전홍정田弘正에게 운주鄆州와 동아東阿에서 잇따라 패하고, 군사 8만 명을 잃게 된다. 한때 치청과 동맹관계였던 군벌들까지도 당 연합군에 참가했던 것이다. 연합군 수십 만이 사방에서 협공하니 한 점 섬처럼 고립된 고구려인의 치청왕국은 더 이상 버틸 수 없었다.

장보고張保皐

819년, 치청왕국 내부에서 반란이 일어나, 이사도는 배신자에 의해 죽었다. 그리고 이정기와 그의 후손이 지켜온 치청왕국은 멸망하고 당에게 넘어갔다. 헌종은 안록산·사사명의 난 이후 독립적인 지방의 절도사 군벌을 완전하게 제압해 일시적으로 중흥기를 맞았다.

이 시점에서 주목할 인물은, 신라의 산동반도 출병 이후에 서해 해상을 장악한 이가 있었으니, 바로 장보고張保皐(?~846)다. 장보고는 일찍이 당나라 서주로 건너가 무녕군 소장을 지냈으며, 당에서 돌아온 후에 828년 흥덕왕에게 청원해 해적 소탕을 명분으로 오늘의 완도에 1만 명의 병사로 청해진淸海鎭을 설치하였다. 장보고는 서해와 남해를 장악해 해적을 소탕하고 서남부 해안의 해상권을 장악했는데, 당시 신라의 해군력이 대단했음을 보여준다. 앞서 신라가 3만의 군사를 서해 건너 산동반도로 출병한 것이 장보고의 제해권 장악에 밑거름을 형성했을 것이다.

그리고 다시 10년의 세월이 지난 838년, 일본의 승려 엔닌(圓仁)이 구법을 위해 장보고 휘하의 배를 타고 중국의 산동지방으로 건너갔다. 그는 그곳에서 "고구려 백성들이 그때까지도 중국인으로 동화하지 않고, 마을을 이루고 독자적으로 사는 것을 보고는 놀라지 않을 수 없었다."고 그의 『입당구법순례행기入唐求法巡禮行記』에서 밝히고 있다.

고구려인들이 건설한 이 치청왕국 제나라는 제1대 이정기李正己(765~781), 제2대 이납李納(781~792), 제3대 이사고李師古(792~806), 제4대 이사도李師道(806~819)로 4대를 이어갔다. 고구려 멸망 100년 후인 765년부터 819년까지, 고구려인 이정기와 그의 후손들은 55년간에 걸쳐 중국의 심장부인 산동반도에 독립된 국가를 세우고 장안의 당 황제와 대립한 것이다.

이정기의 치청왕국은 우리 역사에 정식적으로 포함되지는 않는다. 하지만 그가 고구려 후손이었고, 고구려 유민들이 그와 합세했다는 점에서 굳이 우리 역사에서 외면할 일은 아니다.

역사는 그 민족의 혼이다. 민족의 후예는 선조의 얼을 이어 새 역사를 창조해간다. 그런데 우리의 역사는 오늘날 얼마나 사실대로 전해지고 있는가? 이정기는 고구려 유민의 아들로 태어났다. 이정기는 패망한 고구려의 유민들이 당나라 사람들에게 갖은 모욕을 당하는 모습을 어려서부터 지켜보았다. 그래서 자연히 옛 고구려의 영광을 재현하고자 하는 웅대한 뜻을 키워나갔을 것이다.

『신당서』와 『구당서』는 당나라 역사를 이해하는 데 가장 기본이 되는 자료이다. 이 두 책 모두에 나와 있는 기록이라면, 사실이라고 볼 수 있다. 고구려에게 혼쭐이 난 당나라의 당시 분위기는 중국에서는 고구려 유민의 업적을 비하하는 경향이 있었다. 그럼에도 불구하고 그런 기록이 두 『당서』에 나와 있다면 사실로 받아들여도 무리가 없을 것이다. 평로치청절도사 이정기의 치청왕국淄靑王國 제齊나라 역사는 결코 만들어낸 이야기가 아니다.

알지 못하면 스스로를 도울 수 없고, 따라서 하늘의 도움도 받을 수 없을 것이다. 이정기의 치청왕국을 우리 민족이 활동한 역사로 인정하자는 의논이 아직 미풍이지만 태풍이 되었으면 좋겠다. 우리 역사를 바로 찾고, 바로 알고, 바로 지키는 것이, 우리 겨레가 웅비하는데 크나큰 힘이 될 것이라는 것을 명심해야겠다.

1-5

원 황제 쿠빌라이의 외손자, 고려의 왕이 되다!!

— 최초의 혼혈왕인 충선왕忠宣王의 영榮과 욕辱 —

중조重祚 혹은 재조再祚.

아마도 들어본 적이 없는 용어일 것이다. 이 단어는 퇴위하거나 폐위된 임금이 다시 왕이 된 경우를 가리킨다. 우리나라는 고려高麗의 원종元宗, 충렬왕忠烈王, 충선왕忠宣王, 충숙왕忠肅王, 충혜왕忠惠王 다섯 명이 여기에 해당한다. 고려의 24~28대 군주들로, 연이어 중조重祚가 벌어졌다는 것은 이 시기가 상당히 혼란했다는 의미다.

충선왕忠宣王

흔히 권력은 나눌 수 없는 것이라고 말한다. 아무리 왕王과 세자世子가 부자간이라지만 '현재 권력'인 왕의 입장에서 '미래 권력'인 세자는 왕권을 위협하는 경쟁자가 될 수 있다. 그래서 세자를 의심하고 견제하며, 심지어 제거하려 들기도 한다. 조선의 인조仁祖는 청淸나라를 등에 업은 소현세자昭顯世子가 자신의 왕위를 노린다고 의심한 끝에 그를 죽게 만들었다는 의혹을 사고 있다. 반대로 부친을 살해했다고 알려진 수隋나라의 양제煬帝도 있다. 그렇다면 두 가지가 동시에 이루어진 사례도 있을까? 아버지와 아들이 왕좌를 놓고 혈투를 벌인, 바로 충렬왕忠烈王과 충선왕忠宣王이다.

충렬왕으로 시작해 충선왕, 충숙왕, 충혜왕으로 이어지는 원元 간섭기는 고려 역사상 유례없는 암흑기였다. 왕을 교체하고 결혼까지 간섭하는 등 내정간섭의 정도도 극심하였다. 그중에서도 고려 충선왕은 공민왕恭愍王의 개혁정치가 시작되기 전까지 암흑기의 한가운데 살았던 비운의 왕이었다.

태생적으로 몽골과 고려 두 집단에 온전히 속하지 못한 경계인이었으면서, 부왕父王과 갈등하고, 아들인 세자를 죽이는 막장 드라마를 연출하다가 사라진 인물이다. 그의 파란만장한 삶의 궤적을 따라가 보자.

몽골을 통일한 칭기즈칸이 인근의 서하西夏를 점령하고 서쪽으로 나가 지금의 아프가니스탄과 이란인 호라즘왕국을 차지한 후 몽골제국을 세우고 금金나라를 공격하기에 앞서 고려를 침공했다. 1231년이었다. 당시 고려의 무신정권은 바다를 두려워하는 몽골기병의 약점을 알고 예성강을 따라 내려와 강화도로 천도, 저항했다. 고려 조정은 그 후 30여 년간 버텼지만 전 국토는 몽골기병의 말발굽 아래 초토화되고 있었다.

그때 금나라를 멸망시킨 몽골제국은 남송南宋과의 전쟁도 치루

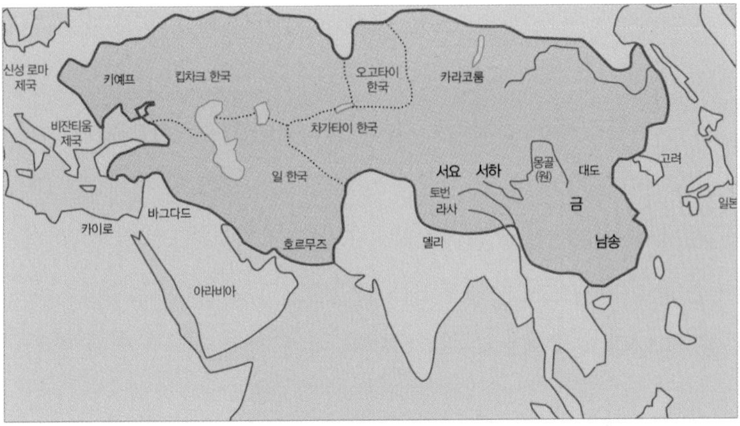

몽골제국의 영역과 고려

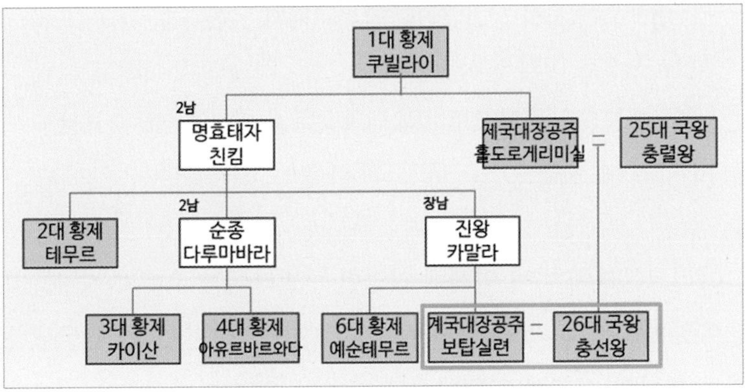

원元 황실皇室과 고려高麗 왕실의 가계도

고 있었기에 고려와 화해가 필요하였다. 그래서 4대 칸 몽케는 국왕 대신 태자의 입조入朝로 항복 조건을 완화하여, 당시 고려의 고종高宗은 강화사절로 태자太子(후에 원종元宗)를 몽골로 보냈다. 그런데 중간에 몽케 칸이 병사했다는 소식이 전해졌다. 참으로 당황스러웠을 것이다. 항복을 하러 갔는데 항복을 받아줄 몽골의 칸이 죽어버린 것이다. 그 후 몽골은 후계자 문제로 몽케의 동생인 쿠빌라이와

아리크부카가 대립하게 된다. 태자는 여기서 아주 중요한 결단을 내린다.

황위 쟁탈전에서 쿠빌라이가 더 유리하다고 판단한 태자는 아예 쿠빌라이가 주둔하고 있던 중국 남쪽의 악양岳陽 땅까지 6천 리 길을 걸어서 쿠빌라이를 찾아갔다. 자기를 지지하며 그 먼 길을 달려와 준 고려 왕자에게 쿠빌라이는 정말로 감동하였다. 쿠빌라이는 태자를 한 나라의 국왕으로 대접하면서 자기 진영에 머물게 하였다.

> 세조가 놀라고 기뻐하며 말하기를, 고려는 만리 밖에 있는 나라로, 당태종이 친히 정벌했어도 굴복시키지 못했는데, 지금 그 세자가 스스로 내게 돌아왔으니, 이것은 하늘의 뜻이라고 하였다.(世祖驚喜曰 高麗萬里之國 自唐太宗 親征而不能服 今其世子自來歸我 此天意也.)〈『고려사절요高麗史節要』 권18, 원종원년元宗元年〉

아리크부카에 비해 열세에 있었던 쿠빌라이는 고려의 지지를 바탕으로 1264년 내전에서 승리하였고, 1271년 대원大元을 건국했다. 고려 태자의 선택이 쿠빌라이와 고려의 운명을 바꿔놓은 것이다. 고려 태자는 대도大都에 체류 중 부왕 고종高宗이 죽자 귀국해 원종元宗이 되었다.

쿠빌라이는 고려에 대한 고마움으로 특별히 국호와 왕실을 유지할 수 있게 허락했고, 고려의 풍습을 고치지 않아도 된다고 조칙을 내렸다. 중국을 포함 몽골제국의 지배를 받는 수많은 민족들에게 변발辮髮이 강요됐지만 고려만은 예외로 한 것이다. 또 고려의 왕실을 보전해준 것은 물론이고 아예 고려 왕실과 사돈을 맺는다. 바로 고려 원종의 아들과 자신의 딸을 혼인시키기로 한 것이다. 당시 몽골의 지배를 받았던 나라 중에 유일하게 받은 예외적 조치였다.

제국대장공주齊國大長公主

이렇게 해서 고려의 세자인 왕심王諶과 원元 세조世祖 쿠빌라이의 딸 제국대장공주齊國大長公主〔몽골 이름은 쿠두루칼리미쉬(忽都魯揭迷述矢)〕가 1274년 元나라 황궁에서 성대한 혼인식을 치르게 되었다. 당시 왕심王諶은 이미 39세의 기혼남이었고, 제국대장공주는 16세의 어린 처녀였다. 왕심은 결혼 직후 원종이 세상을 떠나자 고려로 돌아와 왕위에 올랐으니, 그가 고려 제25대 왕인 충렬왕忠烈王이다.

충렬왕은 쿠빌라이의 사위였으므로 원나라 내에서 정치적 위상이 대단히 높았다. 원元 황실이 연회를 열 경우 서열에 따라 자리에 앉게 되는데 당시 충렬왕의 서열은 7위였다. 쿠빌라이의 아들이 12명이었으니까, 충렬왕의 지위는 일반 신하는 물론이거니와 쿠빌라이의 웬만한 아들들보다 더 높았던 것이다. 쿠빌라이가 죽고 원元 성종成宗(테무르)이 황위에 오르자 충렬왕의 서열은 4위로 뛰어오른다. 성종은 충렬왕의 왕비인 제국대장공주의 조카였으니, 충렬왕은 원元 성종의 고모부가 되는 것이다. 그리고 충렬왕과 제국대장공주와의 사이에 혼혈왕자 장璋이 태어났다. 그가 바로 충선왕忠宣王이다.

충선왕(忠宣王, 1275~1325, 재위 1298, 1308~1313)의 이름은 장璋, 초명은 원謜, 몽골명은 이질예보하(益知禮普花)이며 자字는 중앙仲昻이다. 비妃는 원나라 진왕晋王 감마라(甘麻剌)의 딸 계국대장공주薊國大長公主〔몽골명은 보다시리(寶塔實憐)〕와 몽골 여인으로 의비懿妃, 서원후西原侯 왕영王瑛의 딸 정비靜妃, 홍규洪奎의 딸 순화원비順和院妃, 조인규趙仁規의 딸 조비趙妃, 허공許珙의 딸 순비順妃이다. 이외에 충렬왕이 사망한 후 그의 부인이었던 김량감金良鑑의 딸 숙창원비淑昌院妃를 맞이해 숙비淑妃로 삼았다. 자녀는 몽골 여인 의비懿妃 소생의 세자 왕감王鑑과 충숙왕忠肅王이 있었고, 그 어머니를 분명히 알 수 없는 덕흥군德興君이 있다. 그는 두 차례나 왕위에 오르는 흔치 않은 경험을 치러야 했다. 그럼에도 그 두 번 모두를 합쳐도 재위 기간이 채 6년이 안될 만큼 짧다. 그만큼 그의 국왕으로서의 삶은 험난했음을 말한다.

충선왕은 출생한지 2년이 못된 1277년(충렬왕 3) 1월, 세자로 책봉될 정도로 고려 왕실과 몽골 황실의 혈족이라는 성분은 그를 출생부터 매우 중요한 존재로 만들었다. 그의 몽골명 이질보하의 '이질'은 '쌍雙' 혹은 '똑같다'이고, '보하'는 '황소'라는 뜻이다. 이 이름은 그의 외할아버지인 세조 쿠빌라이가 직접 지어주었다. 칭기즈칸의 후손 또는 혈족을 '알탕 오라그', 즉 황금씨족이라고 한다. 원의 입장에서 볼 때, 충선왕은 원 황실의 정통 왕족인 칭기즈칸의 직계를 이어받은 정통 황금씨족이었다.

충선왕은 세자로서 15세 때까지는 고려에서 성장하였다. 그러나 이때에도 제국대장공주의 아들이자 쿠빌라이의 외손자라는 지위를

원元 세조世祖 쿠빌라이칸

쿠빌라이칸 수렵도

바탕으로 부모를 따라 자주 원元에 행차하였다. 4세 때에 2번, 10세 때에 1번, 13세 때의 행차 중 귀환, 15세에 1번 등 적지 않게 元에 갔다. 국가의 주요 인사들도 가기 어려운 연경燕京 나들이를 2~3년 간격으로 다녀왔다. 그러나 이때까지는 대부분 짧은 출행이었다. 하지만 16세 이후 충선왕의 삶은 대부분 몽골인으로서의 삶을 살았다고 해도 과언이 아닐 만큼 원元에서 많이 거주하였다.

세자 시절 차기 집권자로서의 자질과 덕성을 구비한 것으로 일찍부터 속망받았다. 그는 어려서부터 임금의 역할이 무엇인지 분명히 인식하고 있었다. 예컨대 사냥에 빠진 충렬왕이 사냥을 나가려하자 곤궁한 백성들의 생활을 거론하며 이를 외면하고 사냥을 나가는 부왕을 눈물로 원망했다는 일화는 이를 증명하는 대표적인 예이다.

원元 세조世祖(쿠빌라이) : (왕을 침전寢殿으로 불러들여) 무슨 책을 읽는가?

세자世子 원謜(충선왕忠宣王) : 『통감通鑑』을 읽습니다.

원 세조 : 역대 제왕들 중에서 누가 제일 현명하냐?

세자 원 : 한고조漢高祖와 당태종唐太宗입니다.

원 세조 : 한고조와 당태종이 나와 비교하면 어떠한가?

세자 원 : 제가 나이 어리니 어찌 알겠습니까?

원 세조 : 그럴 것이다. 재상들에게 물어 가지고 오라!

〈『고려사高麗史』 세가世家 권33, 충선왕원년. 충렬왕 18년 10월〉

침전으로까지 불러들여 외손자의 정치가적 자질을 키우고 평가하고자 하는 자상한 외할아버지 쿠빌라이와 손자 충선왕 사이를 엿보게 하는 대목이다.

1290년 만주 일대에서 원나라에 반란을 일으켰던 합단적哈丹賊이 원나라 군에 패해 고려를 침범해온 사건이 벌어졌다. 충렬왕은 적이 쳐들어오자 강화도로 피난을 가고, 자신은 늙었다며 적과 맞서 싸울 생각을 하지 않았다. 반면 원나라에 있던 왕장王璋은 자신을 총애하는 외할아버지 세조에게 요청하여 1만 구원군을 얻어 합단적을 물리치는 데 공을 세웠다. 1292년 고려로 귀국할 때 그는 아버지에게 몸을 굽혀 마중을 나오라는 이야기를 전했다. 아버지를 능가하는 권력을 갖고 있던 그는 고려에서 이미 왕처럼 행동했다. 이 사건을 계기로 부자지간의 사이는 더욱 나빠지기 시작했다.

1296년 계국대장공주薊國大長公主를 제1비로 맞아들이게 되는데 원나라에서 정해준 것이었다. 계국대장공주는 훗날 충선왕이 황제의 자리에 오르도록 도와주는 3대 무종武宗과 4대 인종仁宗의 사촌이며, 6대 황제인 진종晉宗의 누나였다. 자기 어머니인 제국대장공주의 오빠 칭김(眞金)의 손녀였기 때문에 외가 기준으로 5촌 당조카와 결혼한 셈이 된다.

충선왕은 계국대장공주와 혼인 이전에 왕영王瑛의 딸, 홍규洪奎의 딸, 조인규趙仁規의 딸을 이미 아내로 맞은 상태였다. 그리고 충숙왕忠肅王의 생모인 몽골여인 의비懿妃와 혼인한 시기가 계국대장공주와 혼인한 시기보다 이전이라는 추측도 있다. 어쨌든 일찍이 충선왕과 결혼한 고려인 3명은 몽골인이 아니라는 이유로 계국대장공주와 의비보다 서열이 뒤로 밀렸다.

1297년 5월 계국대장공주가 갑자기 사망했다. 부부 사이가 안 좋은 충렬왕은 사냥을 자주 나가 애첩愛妾인 무비無比와 즐겨 놀았다. 충렬왕의 방탕한 생활에 속 상했던 탓인지 그녀는 39살의 젊은 나이에 죽었다. 원나라에서 서둘러 귀국한 왕장王璋은 어머니 죽음에 무관심한 아버지의 처사에 분개했다. 세자는 어머니가 사망한 원인이 충렬왕의 측근 세력에 있다고 판단하여 충렬왕의 총애를 받았던 궁인 무비無比와 환관 도성기陶成器, 최세연崔世延, 전숙全淑 등을 죽이고, 그 일당 40명을 귀양 보냈다. 그리고 세 차례 인사를 주도하면서 충렬왕 측근세력들을 새로운 인물들로 교체했다. 이에 충렬왕은 10월에 왕위를 세자에게 넘길 것을 몽골에 청했다. 이때의 표문은 세자의 사부로 임명되었던 정가신鄭可臣이 작성한 것이었는데, 그가 작성한 표문 내용 중 충렬왕의 본의가 아닌 것이 있었다고 하는 것으로 보아 당시 내외적인 상황에서 강요된 것이었다고 할 수 있다.

1298년 1월, 세자가 귀국하여 왕위에 올라 충선왕이 되었다. 그러나 즉위 후 7개월 만에 충선왕은 몽골에 의해 폐위되어 몽골로 소환되었다. 여기에는 크게 두 가지가 원인이 있었다.

첫 번째는 그가 즉위 후 단행한 개혁의 문제이다. 이러한 개혁 작업에는 몽골 지배의 폐해를 걷어 내려는 많은 것들이 포함될 수밖에 없었다. 충선왕은 이러한 개혁을 위해 이승휴李承休를 비롯한 친위 세력을 등장시켰다. 또한 장인 조인규趙仁規를 비롯해 문장가인 정가신鄭可臣, 학자 안향安珦 등도 여기에 포함하였다. 충선왕은 사림원詞林院에 가서 학자들에게 손수 술을 따라주고 밤늦게까지 토론하였고, 그리고 촛불을 들려 학자들을 집까지 바래다주게까지 하였다.

이는 다분히 반원적인 개혁이었다. 그리고 개혁은 항상 수구세력들의 반발을 불러오게 마련이다. 발등에 불이 떨어진 것은 몽골과 끈을 맺으면서 새로 부상했던 부원세력附元勢力들이었다. 이들은 충선왕의 개혁 작업을 공격하면서 몽골 조정에 그 부당성을 주장하는 등 기득권을 잃지 않으려고 맞섰다. 그들 가운데는 아예 고려에 행성行省(行中書省)을 세워 아예 고려를 몽골의 영토로 편입시키자는 이른바 입성론을 들고 나오는 사람까지 있었다.

충선왕은 대대적인 관제 개편을 단행했는데, 이는 충렬왕이 개편한 관제를 대상으로 한 것이었다. 그런데 이 과정에서 충렬왕 시절에 제후국의 관제로서 참월僭越하다 하여 격하시켰던 관제들을 복구하거나, 몽골의 관제와 같은 것이 나타나게 되었다. 이는 몽골의 입장에서 참월僭越한 것으로 인식될 수 있는 소지를 갖고 있었다.

폐위의 두 번째 요인은 조비무고사건趙妃誣告事件으로 표출된 충선왕과 계국대장공주의 불화이다. 충선왕은 원 세조의 손녀인 부타시리(薊國大長公主)와 결혼을 했다. 하지만 이들의 부부 관계도 매우 나빴다. 충선왕은 어머니를 속상하게 한 아버지를 비난했지만,

그 역시 충렬왕과 마찬가지로 몽골 공주를 놔두고 여러 후궁들을 거느렸다. 충선왕은 여러 부인 가운데 조비趙妃를 가장 총애하고, 공주를 멀리했다. 그러자 조비가 충선왕으로 하여금 공주를 사랑하지 못하도록 음모를 꾸민다는 소문이 돌았다. 궁궐 문에는 조비의 아버지 조인규의 아내가 무당을 시켜 왕이 공주를 사랑하지 않도록 저주하게 했다는 글이 나붙기도 했다. 질투심에 화가 치민 공주가 이를 몽골에 고자질함으로써 조인규와 그의 부인, 조비 등이 몽골로 소환되고 수차례 사신이 오간 끝에 결국 충선왕은 폐위되었다. 몽골은 충선왕을 폐위시켜 몽골로 소환해 숙위宿衛생활을 하도록 하고 충렬왕을 복위시켰다.

그런데 이 과정을 거치면서 고려 국왕과 신료들은 몽골과의 관계 속에서 충렬왕이 복위한 후에도 다시 폐위될 수 있음을, 충선왕이 다시 복위할 수도 있음을 인지하게 되었다.

충선왕이 폐위되자, 고려 정계에서는 충렬왕 세력과 충선왕 세력 사이에 갈등이 벌어졌다. 권력을 잡게 된 충렬왕 세력은 젊은 충선왕이 다시 복위될 것을 우려하여 놀라운 공작을 펼쳤다. 그것은 계국대장공주를 충선왕과 이혼시켜 개가改嫁하게 하고, 그녀의 새 남편을 고려왕으로 받들자는 것이었다.

공주의 새 남편감으로는 충렬왕의 처남의 아들이자 24대 원종元宗(1260~1274)의 손자인 서흥후瑞興侯 전典이 선택되었다. 서흥후를 후계자로 삼으려는 전략에 충렬왕도 동의했다. 대단한 미남인 서흥후와 공주가 자주 만나면서 공주도 마음이 흔들렸다.

자칫 이혼 당하고 왕위 복귀마저 어려워질 상황에 놓인 충선왕이었지만, 그에게도 반전의 기회가 생겼다. 1307년 원나라 2대 성종

충선왕忠宣王에 의해 옹립된 원元 무종武宗

테무르가 사망하면서, 차기 황위를 놓고 元나라 황실이 일대 혼란에 빠진 것이다. 성종의 사촌 아난다와 성종의 조카 아유르바르와다가 유력한 후보였다. 충렬왕은 아난다를, 충선왕은 아유르바르와다를 지지했다.

그해 2월 아난다가 원나라 수도인 연경에 입성하자, 아유르바르와다 일파가 정변을 일으켜 그를 체포했다. 아난다를 옹립하려는 세력을 단죄하는 일은 충선왕이 맡았다. 아유르바르와다의 형 카이샨이 먼저 황위皇位에 올라 3대 무종이 되었고, 1311년에는 아유르바르와다가 4대 인종으로 즉위했다.

충선왕은 두 형제와 어린 시절부터 친밀한 사이였다. 게다가 정변에서도 정적을 제거하는 데 큰 공을 세웠으니, 충선왕은 두 형제의 재위 기간 동안 큰 권력을 누릴 수 있었다. 충선왕은 무종을 황제에 옹립한 공으로 고려 국왕보다 위계가 높은 심양왕瀋陽王 작위를 받았다.

번양瀋陽은 한때 봉천奉天이라고 불려지던 곳으로 청나라를 세운 누루하치가 도읍으로 삼았던 곳이기도 하다. 옛 고구려의 전략적 요충지이기도 하고 항일기에 독립운동의 활동무대로 이용되기도 했던 이 도시는 한민족과 인연이 깊다. 당시에도 심양을 중심으로 한 요녕성遼寧省에는 고려의 전쟁 포로와 유민들이 많아 고려의 영토와 같은 특수지역이었다. 그래서 충선왕을 심양왕으로 봉한 뒤 통치권을 대폭 확대해줬다. 이는 무종이 충선왕을 지방의 왕으로 인정할 만큼 서로의 관계가 밀접했다는 점도 있겠지만, 이면에는 고려왕과의 대립을 조장해 고려 왕실을 약화시키려던 이이제이以夷制夷 전략을 구사한 측면도 있었다.

이렇게 원나라에서 그의 권력이 강해진 반면, 충렬왕 세력은 완전히 궤멸되었다. 결국 공주의 개가를 추진한 사람들은 연경에서 처형당했다. 황제를 옹립한 공으로 권력이 막강해진 충선왕은 국왕인 충렬왕을 제치고 고려 정치를 직접 관장했다. 1308년 7월 충렬왕이 죽자 충선왕은 고려 국왕으로 복위했다. 10년만의 복위였다.

10년 만에 왕의 자리로 돌아온 충선왕은 첫 번째 왕위에 올랐을 때와 마찬가지로 의욕적으로 혁신정치를 들고 나왔다. 공평한 세금 부과, 인재 등용의 개방, 귀족 횡포의 엄단, 동성결혼의 엄단 등이 그것으로, 고려는 새로운 전환기를 맞은듯했다. 그렇지만 근본적으로 충선왕은 즉위 당시와 다른 현실 인식의 바탕 위에서 정치를 펼쳐갔다. 우선 원元 황제와 고려국왕 사이의 상하관계가 보다 분명한 형태로 나타났으며, 자신의 권력 유지와 강화를 위해 황제와의 관계를 강화해야 했다는 점이다. 이는 즉위 당시와는 전혀 다른 현실 상황이었다. 이에 이번에는 충선왕 스스로가 왕의 역할을 숙부인 제안군齊安君 왕숙王淑에게 대행시키고 두 달 만에 대도大都로 돌아가 버리고 말았다.

이후 '전지傳旨' 정치라는 기묘한 형태로 국정이 운영됐다. 멀리 있는 왕이 전달자를 통해 신하들에게 교지를 내려서 하는 정치가 바로 전지정치傳旨政治다. 다른 나라에 머물면서 지시하는 이러한 국정운영방식에 현실감이 있을 리 없었고 자연히 개혁정치는 무산돼 버렸다. 반면에 본국에서 해마다 쌀 4천 곡과 포 10만 필을 비롯한 수많은 물자가 왕의 대도大都 생활을 위해 수레로 실려 갔으니 폐해가 극심했다.

신하들이 고려로 돌아올 것을 종용했지만 그는 말을 듣지 않았다. 그러자 조정에서는 세자 鑑을 왕으로 옹립하려는 움직임이 일어났다. 충선왕은 곧 자신의 맏아들인 세자 감鑑과 그 측근들을 대도로 불러 들여 죽여버렸다. 자신도 아버지와 사이가 좋지 않았다는 것을 생각하면 3대가 부자 간의 악연으로 얽혀버린 막장 드라마를 찍은 셈이다. 그래도 환국 요청이 계속 이어지자 둘째 아들 왕도王燾에게 왕의 자리를 물려줬다. 그가 바로 충숙왕이다. 그럴 거면 큰아들은 왜 죽였는지 이해할 수 없는 조치이다.

그리고 자신은 상왕으로 물러앉았다. 자신의 자리를 노리는 것은 묵과하지 않으면서 고려로 돌아가기는 싫었던 그는 자신의 손으로 후계자를 지명하는 방법을 택했던 것이다. 양위한 후에도 충선왕은 계속해서 전지를 보내 국정에 간섭함으로써 고려 정치를 더욱 혼란스럽게 했다. 충렬왕이 그랬던 것처럼, 그 역시 자신의 아들을 믿지 않았다.

왕위를 양위한 후에도 충선왕은 여전히 심왕瀋王의 직위를 유지하고 있었다. 그런데 그는 1316년 심왕의 지위를 충숙왕이 아니라, 연안군延安君 고暠에게 물려주었다. 연안군 고暠는 충렬왕의 첫 번째 부인인 정화궁주 왕씨가 낳은 강양공江陽公 자滋의 아들이었다. 충선왕은 조카인 고暠를 양자로 키우며 총애했었다. 친아들보다 그를 더 총애할 정도였다.

충선왕이 가진 두 개의 왕위를 두 사람에게 나누어 준 사건은, 이후 원나라의 고려에 대한 이이제이以夷制夷 정책에도 이용되었다. 번왕瀋王 고暠가 고려 왕위마저 넘보는 사건이 벌어져, 고려 정치가 더욱 혼란에 빠진 것이었다. 고려 내부에도 번왕 고暠를 따르는 무리들이 넘쳐났는데, 이는 충선왕이 고려에 남긴 재앙의 씨앗 때문이었다.

번왕의 자리에서 물러나자, 원나라 인종은 그에게 수상 자리를 맡기고자 했다. 하지만 그는 이를 마다하고 대도大都의 자신의 집에다 독서당인 「만권당萬券堂」을 세웠다. 이 일은 학문을 좋아하는 충선왕의 구미에 꼭 맞는 일이었다. 상왕의 자리에 있어서 입장도 자유로웠고 재정이 비교적 넉넉한데다 몽골 황실과의 관계도 좋았기 때문에 만권당을 운영하는 일은 순조로웠다. 충선왕은 당시 중국 땅에서 이름난 학자인 조맹부趙孟頫와 원명선元明善, 염복閻復 등을 이곳으로 초대해 깊은 교류를 가졌다.

물론 고려의 학자들도 불러들여 그들과 교류하게 함으로써 고려 학문의 바탕을 닦도록 만들었다. 고려 때 성리학자 백이정白頤正은 바로 이 만권당에서 10년 동안 원나라 학자들과 교류하면서 성리학의 바탕을 닦고 체계를 잡았다. 그리고 고려로 돌아가 많은 제자를 길러내면서 주자학이 조선시대 들어 활짝 꽃피울 수 있는 바탕을 마련했다.

충선왕이 부른 또 한사람의 학자는 『역옹패설櫟翁稗說』의 작가 이제현李齊賢이다. 백이정에서 이제현으로 이어진 학문은 고려 말에 이색李穡 등 삼은三隱으로 불리는 학자들에게 전수되면서 성리학

이제현李齊賢 초상

의 체계가 이루어졌다.

그러던 중 1320년 원 인종이 죽고 그의 아들 영종이 즉위했다. 충선왕은 고려 출신 환관宦官 임빠이엔토쿠스(任伯顏禿古思)의 모략으로 토번吐蕃에 유배되었다. 대도大都에서 15,000리의 티베트 라싸에서도 다시 400km 서쪽 사캬라는 지방의 사찰에 유배된 것이다. 충선왕은 쿠빌라이의 외손자로 한때 황제의 자녀들과 다름없는 부귀영화를 누렸지만 이 모든 것을 잃고 6개월 걸려 소수의 수행원으로 중국 대륙을 횡단하는 고난의 여행을 했고, 고지대 티베트에서 2년 6개월간의 고통스러운 유배생활을 견뎌냈다. 충선왕이 히말라야 산자락의 오지 티베트에서 어떻게 보냈는지는 이제현이 충선왕 구명을 위해 몽골황실의 고위 인사에게 보낸 청원서에서 엿볼 수 있다.

우리 연로한 심왕瀋王(충선왕忠宣王)께서는 바로 제국대장공주의 아들이며 세조의 친 외손자입니다. … 다만 공을 이루고 물러나지 않았다가 방심한 탓에 변고가 생겨서 형체를 무너뜨리고 죄인의 의복으로 바꿔 입고 멀리 티베트[토번吐蕃] 땅으로 유배가게 되었습니다. 고국에서 10,000여 리나 떨어진 곳인데, 깎아

충선왕忠宣王의 유배길

충선왕忠宣王이 유배되었던 사꺄의 사원

> 세운 듯한 벼랑이 몹시 험하여 열 걸음에 아홉 번 굽이치고 겹겹이 쌓인 얼음과 눈이 사시사철 한결같으며, 안개같이 피어오르는 독기는 찌는 듯하고 도적들은 몰래 나타났습니다. 가죽배로 강을 건너고 외양간에서 노숙하며 험한 길을 간 지 반 년만에야 그 지역에 도착하였습니다. 보릿가루를 먹고 토담집에 거처하니 모진 고통이 만 가지 형상이라 다 적을 수조차 없습니다.〈『고려사高麗史』 이제현열전李齊賢列傳〉

이제현은 먼 서역 땅을 마다하지 않고 유배 중인 충선왕을 찾아가 어려움을 함께 나누기도 했다. 이제현의 간절한 상소가 먹혀 계국대장공주의 남동생인 원 진종晉宗이 풀어줘 3년 후에 돌아왔다. 유배에서 풀려나기는 하였지만 진종(태정제泰定帝)은 누나와 충선왕의 사이가 나빴던 것을 감안하여 충선왕을 중용하지는 않았고, 결국 이로 인해 충선왕은 원나라 정계에 영원히 진출하지 못한다. 그 후 원나라 수도 대도에서 소일만 하다가 1325년 5월에 사망했다. 이

티베트의 포탈라궁

때 그의 나이 향년 51세. 후대의 조선 왕조 임금들의 평균 수명이 47세였고 고려는 평균 42세였으니 당시 기준에선 무난하게 장수하였다.

충선왕의 삶에는 여인들의 얘기가 심심찮게 끼어든다. 여난으로 왕의 자리에서 밀려났던 것은 이미 언급된 일이다. 아버지인 충렬왕의 부인이었던 숙비淑妃 김씨金氏를 취해서 구설수에 오르기도 했다. 숙비는 언양군彦陽郡 김문언金文衍의 여동생으로 과부였으나 충선왕이 세자 시절 아버지인 충렬왕에게 바쳐졌던 여인이었다. 당시 고려의 윤리로 보면 도저히 용납될 수 없는 일이었다. 하지만 이 또한 그가 몽골의 풍습에 젖어 살아온 절반이 몽골인이었다는 것을 보여주는 사례가 아닌가 싶다. 아버지가 죽은 뒤 아버지의 후궁을 자신의 부인으로 삼는 것은 몽골에서 아무 문제가 아니었다는 점에서 별 죄의식이 없었던 것으로 보인다.

충선왕이 부왕父王(忠烈王)의 비妃인 숙창원비淑昌院妃를 간통하자 우탁禹倬이 흰옷에 도끼를 메고 궁궐 앞에서 거적자리를 깔고 비난의 상소를 올렸다. 근신들이 놀라서 왕 앞에서 감히 상소문을 읽지 못했다. 우탁은 소리를 크게 지르면서, "그대들은 근신으로 국왕의 잘못을 바로잡지 않은 죄를 알고 있는가?"하고 꾸짖었다. 국왕 좌우의 신하들은 두려워하고, 충선왕도 부끄러워했다.〈『고려사高麗史』 권 109, 우탁열전禹倬列傳〉

아이를 일곱 명이나 낳았던 과부 허씨許氏를 부인으로 삼아 순비順妃로 책봉하기도 했다. 당시로서는 과부를 왕비로 삼는 일이 쉽지 않았을 것이라는 점에서 충선왕의 여성관이 상당히 개방적이었다는 것을 짐작할 수 있다. 재혼을 한 두 여인인 숙비와 순비는 사이가 유독 나빠 한 연회 자리에서 두 사람 모두 다섯 번이나 옷을 갈아입을 정도로 시기심이 심했다는 일화가 전해진다.

충선왕忠宣王의 비妃인 숙비淑妃가 원願하여 만들어진 「수월관음도」

왕이 되기 전에는 공녀貢女로 끌려갈 처녀를 눌러 앉혀 세자빈으로 삼기도 했다. 그녀가 정비正妃 왕씨王氏로 서원후西原侯 왕영王瑛의 딸이었다. 그녀는 몽골 황실의 요구에 따라 공녀로 갈 운명이었다. 그러나 충선왕이 장차 자신이 그녀에게 장가를 들려 한다고 말해서 공녀에서 제외됐다. 그리고 1289년에 충선왕과 결혼해 세자빈이 됐다. 고려에서는 동성동본간의 결혼이 별 문제가 되지 않았지만 몽골은 이를 금하고 있기 때문에 몽골 황실로부터 비판을 받기도 했다. 숙비의 경우와 달리 이 경우는 고려의 풍습에 따랐다. 결국 동성동본간의 혼인을 금지하라는 몽골의 요구사항을 받아들여 충선왕은 1308년 이를 받아들여 교서를 통해 동성혼을 법으로 금지시켰다.

贈送蓮花片 보내주신 연꽃 한 송이
初來的的紅 처음엔 너무도 붉더니,
辭枝今幾日 줄기 떠난 지 며칠이던가.
憔悴與人同 초췌함이 사람과 다름없네.

대도大都에 있을 때 몽골 처녀와 인연을 맺은 뒤 헤어지면서 연꽃을 이별의 징표로 남긴 것과 관련해 일화도 전해진다. 몽골 여인이 전한 애달픈 심정이 이 시詩 속에 담겨 있다.

충선왕이 여인과 관련해 많은 일화를 남긴 것은 그가 예술을 좋아하는 다정다감한 성품을 지닌 것과도 무관하지 않았던 것으로 보인다. 여성편력이 화려했던 왕이지만 양성애자로 동성 애인을 둔 기록이 남아있는 고려의 국왕 중 1명이다. 충선왕의 동성 연인은 원충元忠이라는 사람이었는데, 18세가 되던 해에 元나라 수도에 머물고 있던 충선왕을 모시기 위해 파견되었고 이후 그의 측근으로 남았다. 『고려사高麗史』 열전列傳에 따르면 충선왕은 원충을 남색男色으로 총애하여 그가 채 20세가 되기도 전에 왕씨 성을 내려주고 벼슬도 높여주었는데 성격이 강직했던 원충元忠은 이를 부담스러워하며 사양했다.

그러자 충선왕은 기분이 크게 상해 그에게 내려주었던 왕씨王氏 성을 거두어가고 벼슬도 강등시켜 버렸으나 후에 충선왕이 고려로 귀국할 때에 압록강까지 마중 나온 원충을 보고는 화가 풀렸는지 그를 다시 우대하고 보살펴 주었다고 하는데, 원충은 이후 충선왕의 아들인 충숙왕까지 섬기다가 죽었다. 역사 속에서 왕의 동성 연인이 뒷배경을 믿고 오만방자한 짓을 일삼는 것은 결코 드문 일이 아닌데 원충은 바르게 살다가 생을 마감했다.

조선의 제17대 국왕인 효종孝宗도 청나라로부터 '충선왕忠宣王'이라는 시호諡號를 받았으며 한자까지 고려의 충선왕과 같다. 다만 조선은 만주족이 세운 청나라를 멸시해서 청나라에 보내는 국서國書 등에만 이걸 쓰고 내부적으로는 사용하지 않았는데, 이종孝宗이라는 묘호廟號는 청나라 몰래 쓴 것이다.

인천광역시 부평구에 충선왕의 이름을 딴 도로인 충선로忠宣路가 있다. 부평富平이라는 지명이 정해진 게 충선왕 때라는 걸 감안한 듯하다. 부평의 본래 지명은 길주목吉州牧이었으나 충선왕 2년(1310년)에 부평부富平府로 바꾸었던 것이 오늘날까지 전해져 내려오고 있다.

또한 충선왕은 어진御眞(왕의 초상화)이 남아 있을 가능성이 있는 왕인데, 공민왕 대에 왜구에 의해서 홍천사興天寺에 소장된 충선왕과 계국대장공주의 영정이 탈취되었기 때문이다. 왜구들 입장에서 어진은 고가품으로 거래되었을 가능성이 있으며, 만일 남아있다면 고려시대 유물이 많은 일본 어딘가에 떠돌고 있을 가능성이 높다.

개혁의지가 남달랐던 충선왕은 난세가 아니었다면 통치자로서 자질을 보여줄 수 있었던 재목이었지만 고려의 왕으로서 제 역할을 제대로 하지 못했다. 그것은 전적으로 몽골의 지배 아래서 살아야 했던 고려왕高麗王의 숙명이라고 말할 수밖에 없다. 그의 피가 고려와 몽골의 절반이었던 것처럼 고려의 반쪽 임금으로 그의 생을 마감하고 말았다.

아버지와 투쟁을 한 것도 모자라 자기 아들과도 정쟁을 벌였다. 충선왕은 제국 원 황실의 부마駙馬이면서 복속국의 국왕이라는 이중적 신분 외에도 특히 원의 쿠빌라이 세조의 외손이라는 출신의 성분이 정체성 형성에 큰 영향력을 미쳤다. 더불어 세자와 국왕으로서 충선왕은 각각 정치성과 고려성 회복의 주체로서의 강력한 정체성을 가지고 있었다. 그러나 쿠빌라이 사후 려원麗元 관계가 점점 더 개악 변질되고, 심지어 왕위까지도 마음대로 장악하는 상황 속에서 충선왕은 왕위를 초개같이 버리는 것으로, 元에 머물면서 고려를 보호하는 방식을 취했던 것으로 보인다.

> 왕은 현자賢者를 좋아하고 악자惡者를 미워하였으며 총명하고 기억력이 좋아서 무엇이든지 한 번 듣고 본 것은 죽을 때까지 잊어버리지 않았다. 매양 선비들을 모아 놓고 옛날 국가들의 흥망에 대해서와 임금과 신하들의 잘하고 잘못한 것을 논평하고 연구하기를 근면하여 조금도 게으르지 않았다. 특히 즐겨 송나라의 고사를 상고하여 아랫사람들에게 『동도사략東都事略』을 낭독

시켜 듣다가 왕단王旦, 이항李沆, 부필富弼, 한기韓琦, 범중엄范仲淹, 구양수歐陽脩, 사마광司馬光의 여러 명신전을 들을 적에는 반드시 이마에 손을 얹고 경모하는 뜻을 표시하였고, 정위丁謂, 채경蔡京, 장돈章惇 등의 간신전奸臣傳을 읽을 적에는 이를 갈면서 분개하지 않은 적이 없었다.〈『고려사高麗史』 세가世家, 권 34〉

현자賢者를 좋아하고 악자惡者를 미워하였으며, 총명하고 기억력이 좋아서 무엇이든지 한 번 듣고 본 것은 죽을 때까지 잊어버리지 않는 군주, 학자들과 옛날 국가들의 흥망과 군신의 잘잘못을 논평 연구하기를 좋아한 사람이 스스로 정계에서 은퇴하였다.

게다가 은퇴 후의 행적으로 보건대, 한족漢族 출신 유가儒家 지식인들과 각별한 유대를 가진 점들로 볼 때 국왕으로서 혹은 양위 후 어떻게 해서든 원나라에 남고자 했던 충선왕의 궁극 의도는 각종 세력화와 정보 수집이 가능한 원에서 고려를 압박하는 요소나 환경을 견제하려는 의도였을 수도 있다.

그러기에 충선왕의 관심사는 왕권과 직결된 원나라 정국 동향이었다. 재위 기간의 대부분을 원나라에 머문 것도 이 때문이다. 내치보다는 외치가 더 큰 관심사였으나 고려의 정치 현실에 너무나 무관심했다. 내정을 맡은 그의 측근들은 국왕이 없는 틈을 타서 개혁을 빌미삼아 각종 이권을 멋대로 챙겼다. 결국 원나라 제도를 개혁의 모델로 삼고, 원과의 관계 개선을 통해 왕권과 왕조의 안정을 보장받으려 한 충선왕의 외치는 내치의 실패로 물거품이 되었다. 이러한 개혁의 좌절은 아들인 충숙왕의 앞날을 가로막았으며, 훗날 공민왕이 원나라 말기의 혼란상을 이용해 반원 운동을 펼칠 때까지 개혁

개성시 해선리에 있는 명릉군 제3릉. 충선왕의 덕릉일 가능성이 있다.

이 이루어지기 어렵게 만들었다.

원 무종武宗과 원 인종仁宗의 총애로 눈에 띄는 지위까지 올라간 시점에서 이미 그의 말로는 정해져 있던 걸지도 모른다. 아무리 원나라의 종친이라도, 혈통주의가 대단한 유목민들에게 있어서 고려인의 피가 섞인 혼혈왕混血王은 완전한 몽골인이 결코 될 수 없었다. 충선왕은 몽골을 상대로 하는 고려의 자존감도 확보해야 하였고, 또 고려를 상대로 하는 몽골의 자존감도 확보해야 하는 존재였다. 그러기에 그는 몽골과 고려의 경계인으로 존재할 수밖에 없었던 것이다.

1-6

성군 세종의 염병染病에 대한 지시사항

— 만일 한 사람이라도 죽게 되면 죄 주고 용서하지 않겠다 —

몇 년 전 온 나라를 발칵 뒤집어 놓은 최순실崔順實을 기억하는가? 그가 특검特檢에 출석하며 민주주의民主主義 어쩌고 소리치자 옆에 있던 청소하던 아주머니가 "염병하네! 염병하네! 염병하네!" 일명 '삼염병三染病' 의 일갈로 국민들 속을 뻥 뚫어주었던 적이 있다. '염병染病한다' 는 것은 "전염병傳染病에 걸려 헛소리한다."란 욕辱이다. 전염병이라고 하는 '염병' 은 장티푸스를 속되게 일컫는 말이다. 흔히 욕으로 쓰이는 '염병을 떨다' , '염병을 할' 의 그 염병이다. 비슷한 표현으로 '학질瘧疾' 이 있다. 우리가 "학을 떼다"라는 표현을 할 때 '학' 이 바로 '학질' 의 '학' 이다. 학질은 말라리아를 일컫는 말이다. 또, 힘들게 큰 고생을 하고 나면 "홍역紅疫을 치렀다"고 하는데 이 홍역도 바이러스로 발생하는 전염병이다.

전염병은 아니나 '지랄한다' 의 '지랄' 도 '간질癎疾' 을 일컫는 말이지만 욕으로 사용되고 있다. 지랄과 염병을 합친 '지랄염병' 은 거의 저주나 다름없는 최고(?)의 욕이 아닐 수 없다. 더한 것으로 "지랄염병하고 자빠졌네." 같은 것들이 있다. 이렇듯 우리의 일상에 전염병은 아주 가깝게, 그리고 아주 무섭게 기억되고 있는 것이다.

염병染病의 한자어는 염색에 쓰이는 染으로 병을 물들이듯이 옮긴다는 의미를 내포하고 있다. 그 표현대로 중국 무한시武漢市에서 발생한 신종 바이러스인 '코로나19'가 우리 지역에까지 스며들어 일상을 뒤흔들더니, 이제는 세계의 역사를 고치고 있다. 아니 앞으로의 세계는 코로나 이전과 이후의 세계로 나뉠 것이다. 흡사 인류의 역사를 나눌 때 예수의 탄생을 기점으로 기원전(BC, Before Christ)과 기원후(AD, Anno Domini)로 나누는 것과 마찬가지로, 코로나 이전(BC, Before Corona)과 코로나 이후(AC, After Corona)로 구분해야 한다고 한다.

전염병은 역질疫疾 · 질역疾疫 · 여역癘疫 · 역려疫癘 · 시역時疫 · 장역瘴疫 · 온역瘟疫 · 악역惡疫 · 독역毒疫이라고 불려왔다. 이 중 疫은 널리 유행하는 전염병이라는 의미를 지니고 있으며, 려癘는 좋지 않은 병이라는 뜻으로 사용되어 왔다. 결국 오늘날의 처지에서 볼 때 역려疫癘란 '좋지 않은 전염병'이라고 해석되며, '악성 유행병'을 의미하였다.

전염병은 병원균에 의하여 사람에게서 사람으로, 또는 동물에게서 사람으로 감염되는 것으로 급속하게 또는 만성적으로 광범위하게 전파되어 고통을 당하거나 생명을 잃게 되는 질환으로 사회의 큰 혼란을 일으키게 한다. 예로부터 인류는, 이와 같은 전염병 발생을 사전에 예방하고 그 병으로부터 해방되고자 노력해 왔다.

이러한 전염병은 동서고금을 통해 어느 지역, 어느 시대도 자유스러울 수는 없다. 현재 세계를 뒤덮은 코로나19를 계기로 동과 서, 고古와 금今의 전염병에 대하여 살펴보기로 한다. 고대 그리스의 도시국가인 아테네와 스파르타가 이끄는 연맹이 역내 패권을 두고 벌

고대 아테네의 전염병 창궐을 표현한 벨기에 출신 화가인 미첼 스위츠 「고대 도시의 전염병」

인 전쟁인 펠로폰네소스전쟁 중, 아테네가 승기를 잡아가고 있던 전쟁 2년째인 기원전 430년, 의문의 역병이 아테네를 휩쓸었다. 역병이 퍼진 통로는 아테네의 유일한 음식과 물자 공급 통로였던 피레우스항구였다. 이 역병으로 숨진 사람은 75,000명에서 10만 명, 전체 아테네 인구의 25%로 추산된다. 전쟁을 이끈 아테네의 영웅 페리클레스도 이 병에 감염돼 숨졌다. 투키디데스의 『펠로폰네소스전쟁사』를 통해 이 참상은 생생히 전해지며, 역사를 바꿔놓은 전염병으로 기록된 첫 사례이다. 현대에 와서야 이 병의 정체가 장티푸스였다는 게 밝혀졌다.

역사를 바꿔놓은 질병으로 가장 유명한 것은 중세를 무너뜨린 페스트, 곧 흑사병이다. 1346년 항해를 마치고 시칠리아에 당도한 선원들이 괴질로 죽어갔다. 중앙아시아에서 발원한 것으로 추정되는 흑사병黑死病이 교역로를 타고 처음으로 유럽에 진입한 순간이다. 당시 유럽에서는 발달한 선박 기술로 지중해를 사이에 둔 무역이 활발했지만, 당연하게도 방역시스템은 전무했다.

유럽 전역에 흑사병이 퍼지는 데 불과 수년밖에 걸리지 않았다. 비슷한 시기 중동에도 흑사병이 창궐하였다. 중세 아랍의 저명한 여행가 이븐바투타는 다마스쿠스에서 매일 2,000명이 죽어갔다는 이야기를 여행기에 남기기도 했다.

흑사병이 위세를 떨쳤던 단 5년간 나온 사망자는 적게 잡아도 2,000만 명 이상이다. 유럽 인구의 1/3이 죽어나간 것으로 추정된다. 1338년 11만 명이 넘던 피렌체 인구는 1351년 5만 명까지 줄어들었다. 10만 명가량이던 파리 인구도 절반이 죽었다. 1350년경 17만 가구가 살았던 독일에는 100년 후 4만 가구만 남았다고 한다. 19세기까지 간헐적으로 창궐했던 흑사병으로 죽은 사람을 모두 합치면 7,500만~2억 명에 달한다.

르네상스시대 이탈리아의 작가 보카치오가 쓴 『데카메론』의 배경은 중세 유럽의 흑사병이었고, 영화 『노스트라다무스』에는 페스트가 창궐하는 중세 유럽의 암울한 모습을 보여준다. 제2차 세계대전 직후에 발표된 프랑스 작가 까뮈의 소설은 『페스트』이다. 흑사병이 크게 유행한 당시에는 이 질병의 원인을 전혀 모르다가, 파스퇴르가 19세기 말 페스트균의 발병 원인과 치료법을 발견하고야 흑사병은 한 시대의 막을 내리게 된다.

흑사병은 쥐에 기생하는 벼룩류를 숙주宿主로 하는 병원균이다. 그러므로 쥐에서 발병했다는 말도, 쥐벼룩이 원인이라는 말도 맞다. 허나 이 문제는 그렇게 피상적으로 볼 수 없는 한 가지 사실이

「14세기 중세 유럽에 휘몰아친 페스트를 치료하던 의사. 그들은 새의 부리를 연상시키는 마스크를 쓰고 다녔다. 우측 사진은 현대에 재현한 모습.

있다. 페스트균이 어느 날 갑자기 돌연변이를 일으켜 유럽에 대재앙을 불러온 것이 아니라, 사실은 인류 역사만큼이나 오래된 병원균이고, 그 당시 유럽에만 있던 병원균도 아니라는 것이다. 심지어 현대에도 발병하고 있다. 1990년대 이후 주로 아프리카에서 발생하고 있고, 2010년부터 2015년까지 전 세계적으로 3,200여 명의 환자가 발생해 580여 명이 숨진 것으로 조사된 바 있다. 특히 2017년에는 아프리카 마다가스카르에서 페스트 환자 2,384명이 발생해 207명이 숨졌다. 2019년에 중국에서도 발생하였다. 그러나 국내에선 페스트 환자가 발생한 적이 없다.

흑사병은 한때 '몽골군'에 의해서 전파되었다는 설과, 대항해시대를 거치며 신대륙 혹은 아시아 대륙과의 항해를 통해 타 지역의 쥐가 전래되었기 때문이라는 설까지 다양하였다. 그러나 몽골군에 의해서 전파되었다면, 왜 몽골에서는 흑사병이 대유행을 하지 않았으며, 아시아나 유럽에서 전래된 것이면, 왜 그 지역에서는 페스트가 유럽처럼 전체 인구의 1/3을 휩쓸만한 위력을 나타내지 못했느냐를 설명할 수 없다. 페스트균은 충치균만큼이나 전 세계에 널려있다고 한다.

그러면 유럽에서 페스트가 대유행할 수 있었던 이유는, 그것을 가능케 하는 환경이 조성되었기 때문이다. 당시 중세유럽은 엄청난 악취와 오물로 고통을 받고 있었다. 당시 중세유럽은 잘 씻지도 않을 뿐만 아니라 화장실과 상하수도 배수시설조차 제대로 되어 있지 않았고, 그래서 공중화장실도 없었으며 목욕탕도 없었다고 한다. 그러기에 사람들은 용변을 본 후 길거리에 바로 버렸으며, 마을과 도시는 점차 오물들로 가득 찼었다고 한다.

당시 치맛자락이 긴 드레스를 입고 있던 여성들은 옷에 오물들이 묻을 수밖에 없었다. 그래서 여성들은 드레스 자락을 손으로 잡고 가야 했었을 것이다. 그 불편함을 해소하고자, 그리고 미적인 효과도 덩달아 따라오는 하이힐이 발명되고 엄청난 인기를 끌게 되었다고 한다.

똥 묻을까 두려워 발명한 하이힐의 초기 모습

향수도 역시 비슷한 이유로 발명되었다. 중세유럽의 사람들은 잘 씻지 않았는데, 첫째 이유는 씻으면 병을 옮긴다는 편견 때문이었고, 둘째 이유는 기독교 사상 때문인데, 옷을 벗는다는 것을 불경시하였다고 한다. 그러나 그들에게 문제가 생겼다. 바로 악취이다. 결국 귀족들은 자신의 악취를 가리기 위해 향기롭고 향이 강한 향수를 발명, 사용하게 된 것이다.

각설하고, 이런 비위생적인 도시에 사람들이 오밀조밀 모여 살면서 화근이 발생한 것이다. 페스트균이 번식하기 위해서는 숙주인 벼룩이 많이 필요하고, 이 벼룩의 숙주인 쥐가 또한 많이 필요하다. 허나 농촌과 같은 지역에서도 쥐가 이상 번식하는 것이 가능하지만, 자연생태계의 한 종의 이상 번식은 바로 천적생물의 증가로 이어져, 쥐가 많아지면 여우나 늑대, 그리고 맹금류가 또한 기하급수적으로 증가하기 때문에 일정 빈도 이상 쥐의 개체 수가 늘지 않는다고 한다.

하지만 도시라는 환경은 전혀 상황이 다르다. 쥐가 아무리 번식해도 쥐의 천적인 동물들은 인간 생활에 방해가 된다며(고양이 포함) 도시 생활에서 밀려나게 된 것이다. 사실은 페스트의 발병의 진짜 원인은 쥐나 벼룩, 그리고 몽골이나 혹은 대항해시대의 유물 따위가 아니다. 곧 발병 인구가 밀집된 도시의 낮은 위생과 쥐의 이상 번식이 모여 페스트가 대유행한 것이다. 이 중에 하나만 빠져도 유럽을 전멸에 가까울 정도로 몰아갈 만큼의 위력은 안 나오는 것이다. 고로 페스트의 퇴치는 백신의 개발보다 이러한 위생도 개선부터 시작되며, 이는 역사가 증명하는 바와 같다.

그러나 당시 사람들은 그 병의 원인을 정확하게 분석하기보다 미신적인 믿음, 혹은 가학적 근성에 기초하여 이를 해소하려 하였다. 인간이란 자신이 대처할 수 없는 것에 대해선 마녀나 악마, 혹은 이

예언가 노스트라다무스는 전염병이 물러나기 전까지 교회나 성당에 모이지 말 것이며, 감염자와 비감염자가 접촉하지 말 것을 경고하였다.

민족이나 이교도에게 죄를 묻고자 하는 경향이 강하기 때문이다. 늘 정결함을 유지해야 한다는 교리 때문에 손발을 열심히 씻던 유대인들이 병에 잘 걸리지 않자, 유대인이 우물에 독을 풀었다는 헛소문이 퍼지고 제노사이드(genocide, 집단학살)가 잇따랐다. 그랬기에 엄한 유태인과 집시가 때로 몰살 당하였고, 아시아인과 흑인들이 공공연히 살해 당했으며, 때 아닌 마녀사냥도 일어났다. 이러한 모습은 역사적으로 반복되어 나타나곤 한다. 비슷한 예로, 관동대지진關東大地震 때 조선인을 학살한 일본인들의 모습이나, 최근 코로나19가 유행하자 미국과 유럽에서 아시아인들을 테러하는 모습이 보이는 것도 이와 다르지 않다.

1999년 지구가 멸망한다고 예언했던 노스트라다무스가 최근 화제에 오르내리고 있다. 의사이면서 위대한 예언가인 그는 어린 시절부터 학문의 폭넓은 분야의 고급 지식을 전수받았다. 그는 흑사병을 치유하기 위해서는 시체를 없애고 주변을 청소해 공기를 맑게 유지하고 깨끗한 물을 마시는 방법을 제시하였으며, 로즈힙(들장미

열매) 액을 권하기도 했다. 특히 그동안 유일한 치료법으로 알려진 사혈瀉血(피를 뽑아냄)을 금지하였다. 이는 그가 흑사병을 제대로 이해했다는 것을 의미한다.

또한 노스트라다무스는 전염병이 물러나기 전까지 교회나 성당에 모이지 말 것이며, 쥐가 다니는 곳의 나무나 검불을 모아 불사르고, 독한 술로 쥐의 서식지나 머물렀던 곳과 지나간 곳을 닦아내라고 지시하였다. 그리고 감염자와 비감염자가 접촉하지 말 것을 경고하였다. 최근 우리나라에서 시행하고 있는 사회적 거리두기와 알코올 소독, 그리고 자가격리의 모습을 그때 찾아낸 것이다.

흑사병보다 더 많은 사람을 더 짧은 시간 동안 죽인 질병은 스페인독감이다. 이는 감기에 걸린 증상을 보이다가 폐렴으로 발전해 죽는 이 신종인플루엔자로, 1918년부터 1919년까지 사망한 사람은 전 세계 인구의 3~6%에 달하는 5000만~1억 명이다. 당시 유럽을 휩

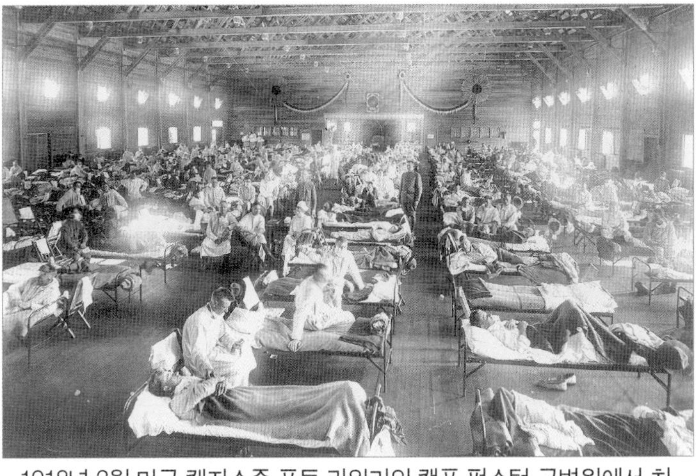

1918년 3월 미국 캔자스주 포트 라일리의 캠프 펀스턴 군병원에서 치료를 받고 있는 스페인독감 환자들

쓸었던 제1차 세계대전 사망자보다 최소 3배 이상 많았다. 남태평양 섬들부터 북극까지 전세계에 스페인 독감이 닿지 않은 곳이 없었다. 유일하게 이 병이 퍼지지 않았던 곳은 브라질 아마존강 삼각주의 마라조섬 한 군데뿐이었다고 한다. 우리나라에서는 '무오년독감戊午年毒感' 이라는 이름이 붙었고, 14만 명이 숨졌다.

스페인독감의 발원지는 스페인이 아니라 미국 시카고 부근이다. 스페인에서만 특별히 유행했던 것도 아닌데, 왜 이런 이름이 붙었을까? 스페인은 제1차 대전 참전국이 아니었다. 전시 보도검열報道檢閱에 나섰던 독일과 영국, 미국 등 1차 대전 참전국 신문들이 이 병에 대해 거의 보도하지 못하고 있는 동안 스페인 언론들만 자유롭게 질병 피해 상황을 보도할 수 있다. 이런 이유로 스페인에 이 병이 특별히 많이 퍼졌다는 오해가 생겼고, 스페인독감이라는 이름까지 붙은 것이다.

스페인독감은 우리나라에는 '무오년독감戊午年毒感' 으로 불리며, 당시 14만 명이 사망하였다.

'호환마마虎患媽媽' 라 일컬어지며 '인류 최초의 전염병' 이라고 불리는 천연두도 인류의 역사를 뒤바꿔 놓은 전염병이다. 천연두는 '두창痘瘡', '마마媽媽' 라고도 불리는 급성 전염병으로, 한번 걸리면 목숨까지 잃을 수 있는 무서운 병이었다. 천연두에 감염되면 열이 나고, 특히 얼굴 부위에 발진과 포진이 생기며, 병이 나은 후에도 눈에 띄는 흉터가 남게 된다.

기원전 1500년 고대 인도에서도 발병했고, 기원전 1157년 사망한 이집트 파라오 람세스 5세의 미라에서도 천연두의 흔적인 곰보자국이 발견됐을 정도이다. 유럽 사회에서의 천연두는 이미 흔한 질병이었다. 로마의 아우렐리우스 황제, 영국의 여왕 메리 2세, 프랑스의 왕 루이 15세, 러시아의 황제 표트르 2세 등 유럽의 많은 통치자들이 천연두에 걸려 목숨을 잃었고, 청나라의 순치제順治帝 또한 천연두로 목숨을 잃었다는 기록이 남아 있어, 천연두는 여러 면에서 나라의 운명을 바꾸고, 역사와 문화를 변화시키는 계기가 되었다.

하지만 바깥 세계 사람들과 접촉이 없었던 남미의 원주민들은 천연두를 만난 적이 없었다. 유럽인들이 침략해오기 전까지는, 1619

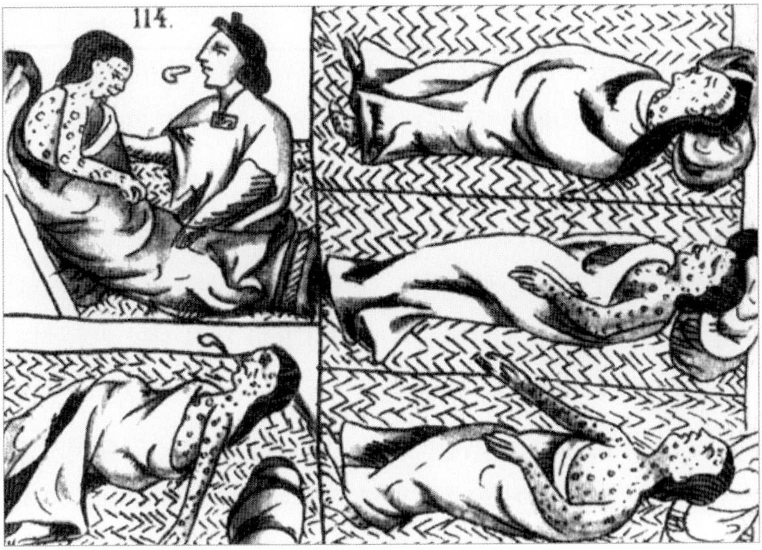

천연두에 걸린 아즈텍 원주민의 모습을 묘사한 그림

년 스페인의 정복자 에르난 코르테스가 현재의 멕시코 땅에 있던 아즈텍제국에 도착하였다. 코르테스군은 아즈텍 원주민 군대보다 수적으로 열세였는데, 부대에 천연두에 전염된 군인이 한 명 있었다고 한다. 코르테스는 아즈텍과의 전쟁에 천연두로 죽은 사람의 시체를 가져갔다. 아즈텍이 천연두로 황폐해지는 데는 오랜 시간이 걸리지 않았다. 2년 만에 아즈텍군 대부분이 죽었고, 인구의 25%가 사망했다. 원주민들을 학살한 코르테스는 아즈텍을 무너뜨렸다.

잉카 제국에는 스페인 정복자들이 도착하기도 전에 천연두 바이러스가 먼저 퍼졌다. 잉카인들이 건설해놓은 효율적인 도로시스템은 바이러스 역시 효율적으로 퍼뜨렸다. 잉카 제국의 왕과 왕실 가족들, 원주민 20만여 명이 천연두로 죽었다. 잉카 인구의 60~90%가 천연두에 쓰러지면서 잉카제국은 몰락의 길을 걷게 된다. 사실 여부를 떠나 4세기에 걸쳐 재미있는, 그러나 결코 재미있지 않은 한 가지 주기가 존재한다. 18세기부터 지금까지 100년 단위로 세계적으로 대규모 전염병이 유행, 인류 종말의 위기를 맞았다는 점이다.

1720년 5월, 프랑스 항구도시 마르세유에서 북아프리카 방문 당시 흑사병을 일으키는 페스트균에 감염됐던 무역 선박이 도착, 대역병(2차 흑사병)이 돌아 남부지역에서 10만 명이 목숨을 잃었다. 그 후 100년 뒤인 1820년에는 인도, 태국, 인도네시아, 필리핀을 중심으로 한 남아시아 콜레라 발생으로 역시 10만 명이 사망했다. 인도 남부 캘커타에서는 1주일 만에 5,000명의 군인이 숨을 거두기도 했다. 또 위에서 살펴본 스페인독감이 1918년 발생했다. 당시 세계 인구 16억 명 가운데 6억 명이 감염됐으며, 5000만~1억 명이 숨진 것으로 추정된다. 이에 그치지 않고 21세기 100년 주기설 해인 2019년에 중국 무한武漢에서 코로나19가 터져 나온 곳이다. 18세기부터 21세기까지 약 100년을 주기로 전염병이 전 세계를 할퀴고 지나간 것이다.

우리 역사에서의 전염병은 『삼국사기』 이전의 기록은 사실상 거의 없다. 기원전 한漢나라의 공격을 받은 고조선의 멸망과 부여, 고구려, 백제로 이어지는 사람들의 이동경로를 따라 유행했을 것이라고 추측만 해볼 뿐이다. 우리 역사 속 전염병의 첫 기록은 기원전 15년 백제 온조왕溫祚王 4년부터 시작된다.

"한旱, 기饑, 역疫"(가뭄과 기근, 역병이 있었다.)

또 백제에서는 구수왕仇首王 · 근구수왕近仇首王 당시에 대역大疫이 유행하였다는 기록이 있으며, 고구려에서는 중천왕中川王 · 소수림왕小獸林王 · 안원왕安原王 · 영양왕嬰陽王 때에 대역이 있었다고 한다. 신라도 18회의 발병 기록이 있다. 기록이 가장 자세한 것은 660년 이후에만 9회 발병한 신라 쪽 기록이다. 경주 안압지에서 출토된 통일신라시대의 약재 처방이 쓰여진 목간木簡에는 청목향青木香과 대황大黃 등 두창痘瘡과 온역溫疫 치료에 필요한 약재가 기록되어 있으며, 755년 신라 경덕왕 때에 큰 흉년이 들어서 백성들이 굶주렸고 더욱이 전염병(역려疫癘)까지 겹쳤다. 이때 향덕向德이란 자의 어머니는 악창惡瘡(癰)이 나서 거의 죽어가는 지경에 이르게 되었다. 향덕은 밤낮으로 정성을 다하여 부모를 간호하였으나, 특별히 봉양할 방법이 없었다. 그러자 그는 자기의 넓적다리 살을 베어

이인좌李麟佐의 난을 진압한 오명항吳命恒(1673~1728) 영정. 얼굴은 검고 마마자국이 가득하다.

먹이고 종기를 빨아내어 치료를 했다. 『삼국사기』 열전에 실린 향덕의 이야기는, 당시 신라 백성들이 전염병 치료에 마땅한 약을 구하지 못했음을 알려주는 일화라고 하겠다.

고려 시대에는 의학이 좀 더 발전함에 따라 단순히 '疫' 이란 표현 외에도 구체적인 병명인 온역瘟疫, 장역瘴疫 등을 기록하고 있다. 전염병은 어의를 비롯한 최고 의료진의 혜택을 받은 임금마저도 피할 수 없었다. 경종景宗(981), 예종睿宗(1122), 인종仁宗(1136)이 모두 질진疾疹으로 사망했다. 발병한 지 한 달여 만에 모두 사망한 것으로 보아 질진은 두창이나 홍역이었을 확률이 높다.

1123년 예종이 죽은 직후 고려를 방문한 송나라 사신 서긍徐兢은 『고려도경高麗圖經』에서 고려의 궁성 안에 있는 별궁 가운데 90%가 비어있다고 하였다. 고려 왕족 가운데 높은 직위에 오른 사람이 없음을 설명하기 위한 표현으로 볼 수도 있지만, 서긍이 예종의 죽음을 애도하고 인종의 등극을 축하하기 위해 온 사신임을 감안했을 때, 예종이 전염병에 의해 사망하고 그에 따라 같이 연회를 즐기던 왕족들도 함께 감염되어 사망했을 것으로 볼 수 있다.

조선시대에는 『조선왕조실록朝鮮王朝實錄』이라는 정확한 기록이 있어 다양한 질병의 사례를 찾아볼 수 있다. 조선왕조 500년 동안 무려 160회나 된다. 평균적으로 10년에 3회 이상 전염병이 돈 것이 된다. 그리고 가장 많이 발생한 시기가 1592년부터 1791년까지 200년 동안 무려 91회나 되었으며, 1749년(영조 25) 44만여 명, 1750년(영조 26)에는 60만 명이 전염병으로 죽었다.

전염병 발생 횟수를 임금별로 보면, 숙종肅宗(1674~1720) 때 25회로 가장 많았고, 영조英祖(1724~1776, 19회)와 현종顯宗(1659~1674, 13회) 때가 뒤를 이었다. 전염병은 성종成宗(1469~1494, 2회)까지 드문드문했다가 연산군燕山君(1494~1506, 9회)부터 증가한다. 폭군의 시대에 하늘도 노한 것일까? 그렇지는 않다. 이 무렵부터 전 세계적으로 소빙하기小氷河期에 접어든다. 소빙하기는 16세기부터 시작되어 18세기까지 이어졌다. 이 시기의 기온저하는 조선뿐 아니라 전 세계적인 추세였다.

현종, 숙종, 영조 때가 전염병의 절정기였다. 연구자들은 현종, 숙종 시대가 소빙하기가 극에 달한 17세기라는 점에 주목한다. 특히 1670년(경술庚戌, 현종11)과 1671년(신해辛亥, 현종12)에 걸쳐 조선을 덮친 이른바 '경산대기근庚辛大饑饉'과 1695년(을해乙亥, 숙종21)과 1696년(병자丙子, 숙종22) 시작된 '을병대기근乙丙大饑饉'은 참혹한 결과를 낳았다. 경신대기근에는 기근과 전염병으로 10만 명의 백성이 목숨을 잃었다고 기록하고 있으며, 25년 뒤인 을병대기근으로 140만 명이 넘는 백성이 목숨을 잃었다. 1695년부터 1699년까지 4년간 조선 인구의 20% 정도가 기근과 전염병으로 떼죽음을 당했다는 얘기다.

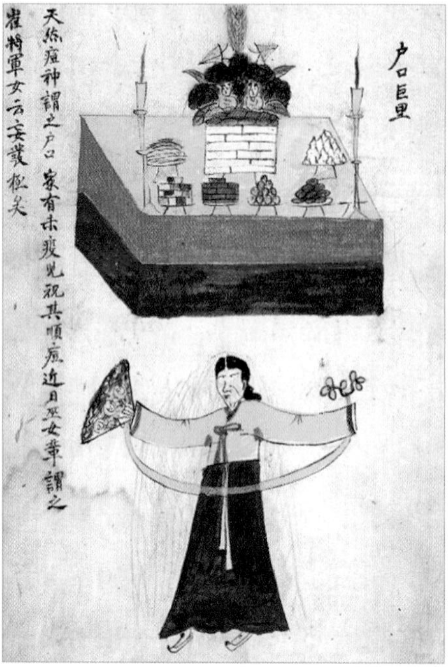

천연두 치유를 위해 굿을 하는 무당을 그린 호구거리戶口巨里

흔히들 52년간이나 재위한 영조를 두고 조선 중흥의 기틀을 다진 임금으로 치켜세운다. 하지만 『영조실록』을 찾아보면, 시대의 어두운 얼굴을 볼 수 있다. 소빙하기의 끝자락이었던 1731년(703명), 1733년(2,081명), 1741년(3,700명)의 전염병 희생자 수는 약과였다. 1749년(영조 25년) 12월 4일 "여역癘疫(전염병)으로 인한 민간의 사망자가 거의 50만~60만에 이르렀다."는 것이었다. 해가 바뀌었는데도 마찬가지였다. 1750년(영조 26년) 1월 5일에는 그저 "시신을 묻어주는 것이 왕정의 큰 일"이라고 했다. 5월 10일 영조는 "지금 전염병은 전쟁보다 심하다."면서 "여기서 멈추지 않으면 백성들이 다 죽게 생겼다."고 발을 동동 굴렀다. 전염병이 창궐하면 임금이 직접 나서 처방문을 뽑아 각 지방에 내려 보낸 경우도 있다. 성군 세종대왕은 질병을 예방하기 위한 지침서를 내리는 데, 참으로 원시적이다. 다음은 세종 때 전염병 예방법을 소개한 내용이다.

새 베로 만든 자루에 붉은 팥 1되를 담아 우물 안에 담갔다가 3일 만에 꺼내어 온 식구가 27알씩 복용한다. 솔잎 가루를 술에 타서 방촌비方寸匕(한 치 길이의 네모진 약 숟가락)로 하루 세 번씩 복용한다. 계절성 전염병에는 항상 매달 보름날 동쪽으로 뻗은 복숭아나무 가지를 잘게 쪼개 넣고 물을 끓여 목욕한다. 매일 이른 아침에 세수하고 참기름을 코 안에 바르고 누울 때에도 바른다. 창졸간이라 약이 없으면 종이 심지를 말아서 콧구멍에 넣어 재채기를 하는 것이 좋다.〈세종 16년(1434) 6월 5일〉

그러나 세종대왕은 애민정신을 이때도 유감없이 발휘하고 있다. 『실록實錄』에 나와 있는 생생한 소리를 듣자.

여름이 되매 병에 걸리고, 곧 서로 전염되어 마침내 사망한 자가 자못 많았다. 이제 만약 주린 백성을 한 곳에 모두 모이게 한다면 폐단이 도로 전과 같을까 참으로 염려되니, 마땅히 동서활인원東西活人院이나 각 진제장賑濟場에 나누어 거처하게 하여 곡진하게 진휼을 더하고, 질병을 얻은 자는 다른 사람과 섞여 살게 하지 말고, 본부낭청本府郎廳과 오부관리五部官吏가 고찰을 나누어 맡아서 의료하는 방책을 소홀하게 하지 말도록 하라. 만일 한 사람이라도 죽게 되면 죄주고 용서하지 않겠다.(若有一人致死抵罪不貸.)〈세종 26년(1444) 3월 16일〉

지금부터 약 220년 전인 1798년 겨울에서 1799년 봄에 걸쳐 조선에 독감이 크게 유행하였다. 정조 시대에 중앙정부의 관리와 남포현감藍浦縣監을 하고, 다시 호조참의戶曹參議를 하였던 윤기尹愭

(1741, 영조 17~1826, 순조 26)는 1799년에 돌림병이 창궐하는 당시의 모습을 이렇게 글로 남겼다.

毒感遍行독감 유행

非瘟亦非疹	염병도 아니요 마마도 아닌데
彌天網無際	온 세상 끝까지 뒤덮었네.
强名曰輪感	억지로 돌림감기라 이름 붙였네만
難以一言蔽	한마디로 표현하기 어렵네.
旬月遍天下	열흘 만에 온 천하에 퍼지며
驟如風雨勢	비바람 같은 기세로 마구 몰아치네.
公卿及黎庶	고관들에 백성들까지
死亡日相繼	죽는 이들이 날마다 이어지네.
傳聞自大國	소문에 듣자니 중국에서 시작하여
始初尤多殪	처음엔 더욱 많이 죽었다 하네.
餘波及左海	그 여파가 조선에까지 미쳐
所向厥鋒銳	곳곳마다 병이 극성을 부리네.

중국에서 발병하여 우리나라는 물론 전 세계를 뒤흔들고 있는 코로나19를 보며, 어찌 역사가 이리도 똑같이 반복되는지 헛웃음이 나온다. 전염병에 대한 두려움과 공포, 언제 감염될지 모른다는 불안감과 무기력, 병에 걸리면 치료할 수 없거나 죽을 수도 있다는 현실, 그리고 이런 모든 모습에서 다시 파생하여 과장되는 모습은 수백 년

이 지난 지금이나 그때나 어찌 이리 같은지!

언제나 당대의 문명과 과학이라는 것은 과거에 비교해 대단한 것이고, 특히 현대문명과 과학의 발전은 그 발전 속도가 과거와는 비교가 안 될 정도로 눈부신 것이지만, 지금부터 200년 후인 2220년대의 사람들은 1799년 조선시대의 기록과 2020년대의 사람들이 남긴 코로나19의 기록을 보면서 어쩌면 다음과 같이 기록할 것이다.

> "400년 전에도 그랬고, 200년 전에도 그랬고, 지금도 그렇다."

2부

白塔落穗

2-1

'젊은 그들' 백탑파白塔派를 아십니까?

— 이용후생학파 · 북학파 · 개화파의 산실 —

빙 둘러 있는 성 한가운데에 백탑白塔이 있다. 멀리서 삐죽 솟은 것을 보면, 마치 설죽雪竹의 새순이 나온 듯하다. 여기가 바로 원각사圓覺寺의 옛터이다.(環城而塔爲中焉 遠望嶙峋若雪竹之迸筍者 圓覺寺之遺址也.)〈박제가, 「백탑청연집서」〉

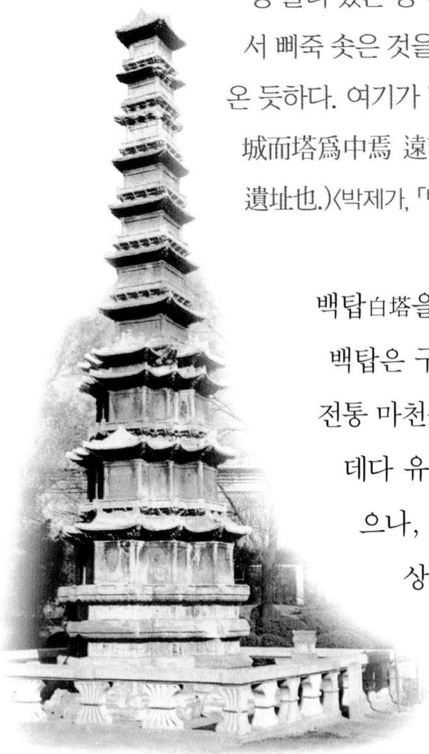

백탑이라 불리는 국보 제2호 원각사십층석탑圓覺寺十層石塔

백탑白塔을 아십니까?

백탑은 구한말까지 한양성 어디서나 보이던 전통 마천루였다. 지금은 고층빌딩 숲에 묻힌 데다 유리 보호각까지 씌워진 신세가 되었으나, 당시엔 사통팔달하는 교통 요지의 상징물이었다.

백탑은 고려시대의 거찰 흥복사興福寺를 조선 세조 때인 1465년 원각사라 이름하고, 다음 해인 1467년에 그곳에 새롭게 건립한 원각사다층석탑圓覺寺多層石塔(국보)을 말한다. 수많은 피를 흘리고 보위에 오른 세조가 불교에 귀의하려 원각사를 창건한 후 만든 10층 석탑은 우리나라에선 드물게 화강암이 아닌 대리석으로 만들어져 백탑으로 불린다. 백탑은 고층건물이 없던 조선시대 한양 한복판에 높이 솟아 랜드마크 역할을 했을 것이다. 박제가朴齊家가 말했듯이 "멀리서 삐죽 솟은 것을 보면 마치 설죽雪竹의 새순이 나온 듯하다."고 한 것이 그것이다.

원각사는 연산군 때 승려들을 내몰고 기생들의 살림집인 연방원聯芳院이라는 기방으로 전락했다가, 중종 때 시청 격인 한성부 청사가 들어섰지만, 책임자가 급사하자 함부로 범접하면 불가의 벌을 받는 곳이라 해서 빈 공간으로 방치되었다.

이 탑을 배경으로 연암燕巖 박지원朴趾源(1737~1805)을 비롯하여 18세기 한양의 진보적인 북학파 지식인이 이웃해 살면서 '백탑파白塔派'를 형성하였다. 백탑파의 핵심 인물은 탑골 근처에 살았던 박지원朴趾源, 이덕무李德懋, 유득공柳得恭, 서상수徐常修 등과 남산 자락에 살면서 이들과 교유하였던 홍대용洪大容, 박제가朴齊家, 백동수白東修 등이다.

이들은 당시 지배이념으로서 관념적으로만 흐르던 주자의 학설을 좇는 것을 거부하고 자주적인 학문의 자세를 견지하여 민생을 보듬는 이용후생利用厚生의 학문을 하고자 노력했으며, 조선사회의 현실을 직시하고, 청나라의 발달된 문물을 수용하여 백성들의 삶을 개선하고자 했던 것이다. 즉 조선사회의 변혁을 꿈꾸었던 것이다.

백탑파는 신분과 나이를 넘어 아름다운 우정을 나눈 것으로도 유명하다. 박지원과 홍대용은 당대 집권세력이던 노론老論 명망가 출

『탑동연첩塔洞宴帖』(조선 후기) 화폭 중앙 상단에 원각사다층석탑이 보인다.

신의 양반이었다. 이들은 비록 서얼이지만 세상의 폐단과 새로운 학문을 논하기에 부족함이 없었던 이덕무, 박제가, 유득공, 서상수 등과 함께 벗이자 때로는 스승으로 우정을 이어갔다.

이렇듯 18세기 변화의 바람이 불던 한양의 중심에는 탑골과 백탑파가 있었다. 이들을 중용했던 정조가 1800년에 갑작스럽게 죽자, 새로운 세상을 꿈꾸었던 백탑파 역시 세상의 중심에서 밀려나게 되었다. 그러나 그들의 사상은 후손들과 제자에게 이어져 이규경李圭景·박규수朴珪壽·김정희金正喜·최한기崔漢綺 등을 통하여 19세기 개화사상에 영향을 미쳤다.

비바람과 비둘기 분비물을 피해 유리 보호각 속에 초라하게 서 있는 원각사다층석탑은 조선시대에는 도성 한복판에 우뚝 솟아 흰 자태를 뽐내던 탑이었다. 그 탑을 중심으로 18세기 조선의 뛰어난 수재들이 모인 '백탑파'를 형성했다는 사실을 아는 이는 많지 않다. 그들은 차별의 벽을 넘어 우정을 나누었으며, 폐쇄되어 있던 조선을 좀 더 열린 소통의 사회로 만들고자 하였다. 그 백탑파에 대하여 자세히 알아보자.

경화사족京華士族(번화한 한양과 그 인근에 거주하는 사족)이 모여 살던 북촌과 가까운 거리에 있던 탑골에는 주로 관직이 낮은 양반과 중인들이 거주했다. 백탑파도 이곳을 중심으로 자리잡기 시작하였다. 유득공은 1757년 백탑이 있는 경행방慶幸坊으로 거처를 옮겼고, 이서구李書九는 외가에서 살다가 1765년 백탑 아래 본가로 돌아왔으며, 이덕무李德懋는 확교동確橋洞에 살다가 1766년 백탑 동쪽의 관인방寬仁坊 대사동大寺洞으로 이사하였다. 박지원은 서울 반송방盤松坊 야동冶洞(서소문 바깥 풀무골)에서 태어나 자라다가 1768년 백탑 인근으로 이사한 후 다시 전의감동典醫監洞으로 집을 옮겼다.

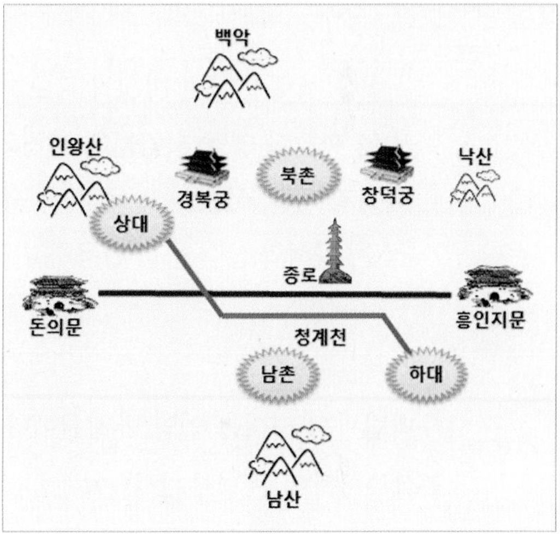

한양 약도

그 무렵, 형암炯巖(이덕무)의 사립문이 그 북쪽에 마주 서있고, 낙서洛書(이서구)의 사랑이 그 서쪽에 솟아있었으며, 수십 걸음 떨어진 곳에 서상수의 서재가 놓여 있었다. 또 거기에서 다시 꺾어져 북동쪽으로 가면, 유금柳琴과 유득공柳得恭의 집이 있었다. 나는 한번 그곳에 가면 돌아가기를 잊고 열흘이고 한 달이고 머물렀다. 여기서 지은 시문이나 척독尺牘은 썼다 하면 책을 이루었고, 술과 음식을 찾아다니며 밤낮을 이었다.〈박제가, 「백탑청연집서」〉

항상 서로 만나면 며칠씩 묵으면서 위로는 고금의 치란과 흥망의 까닭과 옛날 사람들이 출처와 절의, 제도의 연혁, 농공의 이익과 폐단, 산업 경제, 산천과 국방, 천문, 관상, 음악, 초목과 금수, 육서와 산수 등을 관용하고 포괄하여 기록하였다.〈박종채, 『과정록』〉

백탑파의 리더는 연암 박지원이다. 연암은 1737년 서울 태생으로 조실부모하여 돈녕부지사敦寧府知事를 지낸 조부의 손에서 성장하였다. 그의 가문은 당대 최고 가문의 학자 집안이지만, 그는 학문에는 관심을 갖지 않다가, 16살에 이보천李輔天의 딸과 결혼한 후에야 입문하여 과학적 탐구에 주목하였다. 그는 초시에 장원으로 급제한 후 회시에 응하지 않고, 35세를 마지막으로 과거를 포기하였다.

연암은 기골이 장대하고 목소리는 대문 밖까지 들릴 정도로 쩌렁쩌렁했다고 하나 청년 시절 지금의 우울증과 비슷한 병을 앓았다고 한다. 거식증과 불면증을 동반한 병이었다. 연암은 이 병을 어떻게 극복할 수 있었을까? 연암은 병을 치료하기 위해서 저잣거리로 나

연암燕巖 박지원朴趾源

섰다. 그곳에서 연암은 분뇨 장수, 이야기꾼, 도사, 건달 등 다양한 사람을 만났다. 타인과의 만남을 통해 병을 치료함은 물론이고, 『방경각외전放璚閣外傳』이란 소설집을 써서 명성을 얻기도 하였다.

연암은 과거를 포기했으며, 특정한 직업도 없었다. 이런 30대의 연암이 백탑파를 만들었다. 그곳에서 연암은 친구들과 함께 책 읽고 토론하고 사색하였다. 중국을 배워야 한다는 북학파가 여기에서 시작된 것이다. 가족을 처가로 보낸 연암은 백탑 근처와 전의감동典醫監洞에서 혼자 지냈다. 이때 백탑 주변에 살면서 연암에게 배움을 청했던 청년들이 연암 집을 아지트 삼아 모임을 가지기 시작하였다. 백탑파 모임은 조선판 동호인 모임이자, 북학 사상이 태동한 요람과 같은 학문적 모임이었다. 부도 명예도 없었지만, 벗이 있었기에 연암의 30대는 행복하였다.

> 강가에 말을 멈추어 세우고 멀리 바라보니, 붉은 명정銘旌이 휘날리고 돛 그림자가 너울거리다가, 기슭을 돌아가고 나무에 가리게 되자 다시는 보이지 않는데, 강가의 먼 산들은 검푸르러 쪽찐 머리 같고, 강물 빛은 거울 같고, 새벽달은 고운 눈썹 같았다. 눈물을 흘리며 누님이 빗을 떨어뜨렸던 일을 생각하니, 유독 어렸을 적 일은 역력할 뿐더러 또한 즐거움도 많았고 세월도 더디더니, 중년에 들어서는 노상 우환에 시달리고 가난을 걱정하다가 꿈속처럼 훌쩍 지나갔으니, 남매가 되어 지냈던 날들은 또 어찌 그리도 촉박했던고!
>
> 떠나는 자 정녕히 다시 온다 다짐해도
> 보내는 자 눈물로 여전히 옷을 적실 텐데
> 조각배 이제 가면 어느제 돌아오나
> 보내는 자 헛되이 언덕 위로 돌아가네.
>
> 〈박지원, 「백자증정부인박씨묘지명伯姊贈貞夫人朴氏墓誌銘」〉

연암에게는 여덟 살 터울의 누나가 있었고, 누나와의 사이가 아주 각별했다고 한다. 누나가 죽은 후 연암이 쓴 글에서 우리는 이제껏 보지 못한 새로운 모습의 묘지명을 볼 수 있다. 이 글은 판에 박힌 듯 죽은 이의 족보와 일생을 나열하며, 형식적인 추모의 내용으로 이어지는 기존의 묘지명과는 아주 다르다. 연암은 틀에 박힌 듯 비슷한 묘지명 속에서, 과감하게 관습을 거부했다. 이 글에 대하여 이덕무는 "지극히 작은 겨자씨 안에 수미산須彌山을 품고 있는 형국이다."라고 극찬을 하였다. 연암의 문학은 이토록 천의무봉天衣無縫하였다.

백탑파의 맏형은 거문고의 대가인 담헌湛軒 홍대용洪大容이다. 연암보다 여섯 살 많은 남산골 샌님으로 학문적 소양이 높고 음악과 과학, 시문에 능하고 점잖았던 학자였다. 자신보다 나이가 적은 후배들과도 마음을 터놓고 교제를 하였던 홍대용은 1766년 북경에 다녀와서 『을병연행록乙丙燕行錄』을 내놓은 북학의 선구자였다. 그는 다양한 호기심과 관심의 소유자여서 성리학에만 머물지 않고, 당시 세계에서 유행하던 첨단사조에 대한 공부와 연구를 게을리하지 않았다.

또한 홍대용은 아주 뛰어난 음악가였다. 그는 탁월한 음률 감각의 소유자로서 음音을 들으면 곧바로 기억을 하고 악기로 재현을 해낼 수 있었다고 한다. 그는 양금洋琴을 우리나라에 처음 소개한 사람이기도 하다. 그의 친구 가운데는 음악을 하는 사람들이 많았고, 홍대용은 당시 일류의 음악가(요즈음 말로 뮤지션)들과 어울려 전국 순회 연주회를 갖는 등 많은 일화가 남아있다.

당시 거문고를 잘 연주하던 음악가로 김억金檍이라는 사람이 있었다. 그 호가 풍무자風舞子였는데, 교교재嘐嘐齋(김용겸)가 붙여준 것이었다. 새로 조율한 양금洋琴을 즐기기 위해 이 사람과 함께 담헌湛軒의 집에 모였다. 고요한 밤에 음악이 연주되었다. 마침 교교재가 달빛을 받으며 우연히 왔다가 생황生簧과 양금이 번갈아 연주되는 걸 들으셨다. 공은 마음이 즐거워 책상 위의 구리쟁반을 두드리며 가락을 맞추어 『시경』의 '벌목伐木' 장을 읊으셨는데 흥취가 도도했다. 잠시 후 공이 일어나 나가더니 한참 있어도 돌아오시지 않았다. 나가서 찾아봤지만 공은 보이지 않았다. 담헌이 아버지(박지원)에게 말했다. "우리가 감히 법도를 잃어 어르신을 가시게 한 모양이구려." 두 분은 함께 달빛을 받으며 공의 댁을 향해 걸었다. 수표교에 이르렀을 때다. 바야흐로 큰 눈이 막 그쳐 달이 더욱 밝았다. 공은 무릎에 거문고 하나를 비낀 채 갓도 쓰지 않고 다리 위에 앉아 달을 바라보고 계신 게 아닌가. 그래서 다들 몹시 기뻐하며 술상과 악기를 그곳으로 옮겨와 공을 모시고 놀다가 흥이 다한 뒤에야 헤어졌다.〈박종채, 『과정록』〉

그 다음으로 나이가 많았던 이가 연암이다. 그러니 백탑파의 대다수는 연암의 제자 또는 친구라고 볼 수 있다. 실제로 연암의 뜻을 따랐던 젊은 선비 중에는 서얼 출신으로 규장각 검서관을 지냈던 청장관青莊館 이덕무李德懋, 초정楚亭 박제가朴齊家, 영재泠齋 유득공柳得恭이 있었다. 양반집의 자손 가운데 첩의 소생을 이르는 서얼庶孼의 庶는 양인良人 첩의 자손, 孼은 천인賤人 첩의 자

백탑파白塔派의 일원이었던 김홍도의 「포의풍류도布衣風流圖」

손을 말한다. 서얼이 아니어서 후에 병조판서까지 지낸 소완정素玩亭 이서구李書九도 역시 백탑파의 주요 멤버로 참여하였다.

이 중 청장관 이덕무는 남산 아래에 살았다. 청장관은 '걸어 다니는 백과사전' 이라 불릴 만큼 박학다식했다. 호인 청장관의 '청장青莊' 은 눈앞에 있는 먹이만 먹고 사는 해오라기 종류의 물새다. 그렇잖아도 가난한 서얼이 청장이란 호를 가졌으니, 굶기를 밥 먹듯 했던 것은 당연했다.

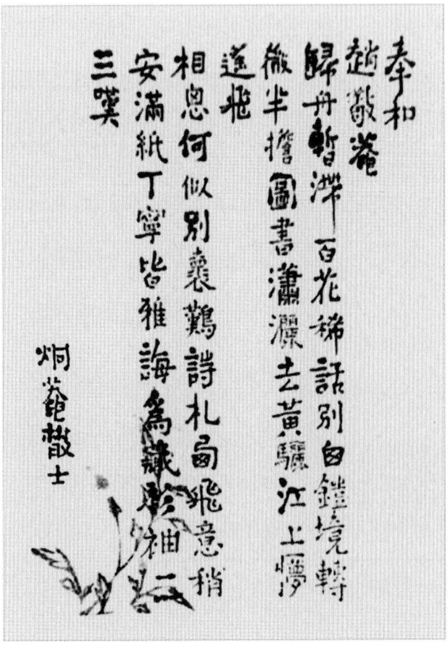
청장관青莊館 이덕무李德懋의 유묵遺墨

사람들은 이덕무를 '간서치看書痴' 라고 불렀다. 책만 보는 사람이란 뜻이다. 이덕무는 스스로 『간서치전看書痴傳』을 지었는데, 여기에서 "어렸을 때부터 21세가 되기까지 일찍이 하루도 고서를 손에서 놓은 적이 없었다. 그의 방은 매우 작았지만 동창 · 남창 · 서창의 세 창이 있었는데, 동쪽에서 서쪽으로 해를 따라가며 책을 보았다."라고 썼다. 당대 최고의 지식인이었지만 서얼이란 이유로 쓰이지 못하고 곤궁한 삶을 살았다. 그러나 이덕무에게는 이런 세태를 초월하는 고고한 인품이 있었다.

지난겨울 내 작은 초가가 너무 추워 입김이 서려 성에가 되었고, 이불깃에서 와삭와삭 소리가 났다. 내가 게으른 성격이지만 밤중에 일어나 창졸간에 『한서漢書』 한 질을 이불 위에 죽 덮어서 조금 추위를 막았다. 이러지 않았다면 후산後山의 귀신이 될 뻔했다.〈이덕무, 『이목구심서耳目口心書』〉

내 집에 가장 좋은 물건은 다만 『맹자』 7책뿐인데, 오랫동안 굶주림을 견디다 못하여 돈 200닢에 팔아 밥을 잔뜩 해먹고 희희낙락하며 영재泠齋(유득공)에게 달려가 크게 자랑하였소. 그런데 영재의 굶주림 역시 오랜 터이라, 내 말을 듣고 즉시 『좌씨전』을 팔아 그 남은 돈으로 술을 사다가 나에게 마시게 하였으니, 이는 자여씨子輿氏(맹자를 가리킴)가 친히 밥을 지어 나를 먹이고 좌구생左丘生(좌구명을 가리킴)이 손수 술을 따라 나에게 권한 것과 무엇이 다르겠소.〈이덕무, 『간본 아정유고雅亭遺稿』〉

18세기 조선의 문장가 이덕무가 한 편지글에 적은 친구 유득공과의 일화다. 간서치看書癡, 즉 책만 보는 바보인 그가 유교 경전인 『맹자』를 팔아서 주린 배를 채우고, 좌구명의 『춘추좌씨전』과 바꾼 술을 기꺼이 얻어먹는다. 2012년작 영화 「바람과 함께 사라지다」에 등장하는 '유쾌한 천재' 이덕무 캐릭터와 겹쳐진다.

이덕무와 유득공의 희희낙락에는 사실 서글픔이 배어있다. 그것은 바로 가난한 서얼의 설움이다. 조선은 양반가에서 태어나도 첩의 자식과 그 후손들은 벼슬길에 오를 수 없도록 했다. 서얼 출신인 두 사람은 어릴 적부터 책만 파고 살았지만 어차피 과거시험에 급제하기는 글렀다. 그렇다고 달리 호구지책이 있는 것도 아니다. 집에 밥 짓는 연기가 피어오르는 날이 드물다. 차라리 책을 팔아 단 하루라도 맘껏 먹고 실컷 취하고 싶었을 것이다.

『북학의北學議』를 지어 백탑 모임과 그들의 사상을 '북학파北學派', 또는 '북학사상北學思想'으로 부르게 만든 장본인인 초정 박제가 역시 연암의 집을 자주 드나들던 멤버였다. 초정은 연암이 처음 보고 마음에 쏙 들었던 똑똑한 청년이었다. 백탑파 멤버 중 그림과 글이 가장 뛰어나다는 평을 들었다. 이런 초정을 연암이 만나게 된 것은 이덕무를 통해서였다. 이덕무는 처남인 무사 백동수白東修의 집에서 박제가를 처음 만났다. 이덕무가 8척(약 184cm) 장신인데 반해 박제가는 6척반(약 150cm)의 단신이었다. 그러나 둘은 마음만은 잘 통했다. 박제가는 연암과의 만남을 다음과 같이 적고 있다.

박제가朴齊家의 초상

지난 무자년戊子年(1768)과 기축년己丑年(1769) 사이에 내 나이는 열여덟, 열아홉이었다. 미중美仲 박지원朴趾源 선생이 문장에 조예가 깊어 당대에 으뜸이라는 말을 듣고, 마침내 백탑의 북쪽으로 가서 찾아뵈었다. 선생께서는 내가 왔단 말을 들으시더니 옷을 걸치며 나와 맞이하시는데, 마치 오랜 친구처럼 손을 잡아

주셨다. 마침내 당신이 지은 글을 모두 꺼내 와 읽게 하셨다. 몸소 쌀을 씻어 차솥에 안치시고, 흰 주발에 밥을 담아 옥소반에 받쳐 내오셔서는 잔을 들어 나에게 축수祝壽해 주셨다. 나는 지나친 환대에 놀라고 기뻐하며 천고의 성대한 일로 여겨 글을 지어 화답하였다. 서로에게 경도되던 모습과 마음을 알아주던 느낌이 대개 이와 같았다.〈박제가, 「백탑청연집서」〉

연암이 자기보다 십수 년이나 어린 초정을 얼마나 높게 평가하고 그를 아끼고자 했는지 젊은 초정도 확실히 느낄 만큼 두 사람의 첫 만남은 불꽃이 튀었다. 두 천재적인 문장가가 사제지간으로 만난 것도 놀랄 만한 일이거니와, 나이 차이를 뛰어넘어 지기知己로서 실학사상을 논하고 문장을 키워나간 것은 조선 역사에 있어 커다란 행운이 아닐 수 없다. 나이, 신분, 관계 등 계급장을 떼고 인간 대 인간으로 마음으로 소통하고자 했던 대인배의 모습이다.

이처럼 백탑파는 마음이 맞는, 그러면서 백탑 주위에 모여 살던 이들로 자연스럽게 구성되었다. 초정뿐 아니라 이덕무와 이서구, 유득공과 서상수 등은 가까이 살았기 때문에 더더욱 연암의 집을 자주 드나들며 술잔을 기울이고 시대와 사회, 새로운 학문세계에 대해 토론하고 대화를 나눴다.

이 모임에 이채로운 인물이 하나 있다. 무사武士 백동수白東修이다. 다른 이들이 문인이었던 반면에 백동수는 무인이자, 조선의 협객으로 이름을 날린 위인이었다. 조선에서 표창鏢槍을 가장 잘 쓰던 무사로도 유명했다. 연암과 동갑이었지만 연암을 친형처럼 따르고 의리를 지켜 연암의 가족과 연암의 안위를 자기 가족인 양 보살펴주었다. 백동수는 후에 정조의 신임을 얻어 정조의 경호 책임을 맡기도 했고, 정조의 명으로 이덕무, 박제가와 더불어 조선시대 군법과 무술 기술을 체계적으로 정리하고 그림까지 그린 『무예도보통지武藝圖譜通志』를 지었는데, 조선시대 군사술의 전모를 이해하는 결정적인 자료로 손꼽힌다.

拳法譜
原 兩人各以左右手夾腰雙立初作探馬勢右手打開左肩旋作拗鸞肘勢左手打開右肩
武藝圖譜通志 卷之四 拳法譜 六

이덕무, 박제가와 함께 백동수白東修가 지은 『무예도보통지武藝圖譜通志』

박제가가 1767년 장가를 들었다. 장가간 날 첫날밤에 박제가는 처가의 말을 빌려 타고 백탑 인근의 벗들을 찾았다. 길 가득한 달빛을 받으면서 이현궁梨峴宮 앞에서 서쪽으로 말을 달렸다. 이현궁은 광해군이 왕위에 오르기 전에 살던 집으로, 지금 종로4가 인의동에 있다. 탑골 근처 철교鐵橋의 주점에 이르러 술을 마셨다. 여기서 백탑을 돌아 그 동북쪽에 있던 박지원, 이덕무 등의 집을 차례로 방문하였다. 1769년 묘향산으로 유람 가는 박제가를 전송하는 이덕무의 시를 보자.

李節度家黃韃馬　　이 절도사의 집 누른 몽고 말을
月中乘醉無鞍騎　　달밤에 술이 취해 안장 없이 탔구나.
鐵橋轟轟蹄前出　　철교는 우뚝우뚝 발굽 앞에 나오고

白塔迤迤眼底移	백탑은 어른어른 눈아래 옮겨간다.
人道何多遊俠氣	남은 어찌 협기가 많으냐 하지만
自慚還失雅儒姿	자신은 도리어 선비 자세 잃은 것 부끄럽네.
遙知獨展楚亭集	멀리 생각하건대 홀로 초정집 펴고서
不挾西州花樣姬	관서의 꽃 같은 계집 품지는 않으리.

〈이덕무, 기박재선려유녕변부寄朴在先旅遊寧邊府〉

강산薑山 이서구李書九

초정이 항상 그 장인 이관상李觀祥의 말을 탔는데, 안장 없이 달려 달밤에 강산薑山(이서구)을 찾았다. 술이 깨자 곧 후회하여 말하기를, "형암炯巖(이덕무)이 알까 두렵다."고 하였으니, 그 풍류가 대단하다. 박제가는 신혼의 밤을 이렇게 백탑에서 보낸 것이다.

연암이 백탑 근처에 살고 있을 때 열일곱 살이나 아래인 이서구李書九도 여러 차례 연암의 집을 방문하였고, 연암은 이서구를 기꺼이 벗으로 맞아주었다. 이서구의 「하야방우기夏夜訪友記」는 1772년, 혹은 그 이듬해 여름밤 전의감동으로 옮겨가 살던 연암을 찾아간 사연을 적은 글이다. 전의감은 오늘날 인사동에서 조계사 가는 쪽에 있었으니, 탑골의 바로 서쪽이다. 그 글의 후반부에 이런 글이 나온다.

> 예전에 어른께서 저와 한마을에 사실 적에 눈 내리는 밤에 어른을 찾아뵌 적이 있었지요. 어른께서는 저를 위해 손수 술을 데우셨고, 저 또한 떡을 손으로 집고 질화로에서 구웠는데, 불기운이 훨훨 올라와 손이 몹시 뜨거운 바람에 떡을 잿속에 자주 떨어뜨리곤 하여, 서로 쳐다보며 몹시 즐거워했었지요. 그런데 지금 몇 년 사이에 어른은 머리가 이미 허옇게 되시고, 저 역시 수염이 거뭇거뭇 돋았습니다.〈이서구, 「하야방우기夏夜訪友記」〉

백탑파의 아름다운 모임은 정조가 등극할 무렵부터는 더 이상 열리지 못하였다. 영조의 뒤를 이어 등극한 정조는 노론 우위의 정국을 타개하고, 남인 세력을 본격적으로 등용하고자 했다. 또한 성장하는 중간 계층을 국왕과 직접 연결시켜 재편성함으로써 편파적 상황을 완화하고자 했다. 그런 그에게 백탑파는 뛰어난 학문 실력으로 새로운 힘이 되어줄 든든한 지원책이었다. 이들을 평소 눈여겨보던 정조는 마침내 그의 측근 관료로서 살게 될 삶의 기회를 주었다.

숙종肅宗의 어필御筆인 『규장각奎章閣』 현판

1779년 이덕무 · 박제가 · 유득공 · 서리수가 규장각 검서관으로 선임되었다. 모두 서얼 출신으로, 재능 있는 서얼을 옆에 두려는 정조의 의지가 반영된 결과이다. 이들은 문예부흥과 학술진흥에 중요한 역할을 했으며, 정조가 규장각을 확대해 갈수록 이들의 역할도 많아졌다. 방대하고 끝없는 편찬사업이 이어졌고, 수많은 서적의 오탈락 교정과 내용 검증, 규장각 내 도서목록 작성, 새로 수입되는 서적의 분류, 새로운 서적 발간, 중요서적과 문서 필사 등 규장각의 등불은 새벽녘이 되도록 꺼질 줄 몰랐다. 때문에 일주일에 3~4회는 숙직을 서야 했고, 예전과 달리 자신들의 연구 시간과 여유를 즐길 수 없었다.

정조는 소모적 당쟁을 끝내고 모두에게 균등한 기회가 있는 세상을 만들려고 했다. 그러나 갑작스런 죽음으로 인해 이러한 일련의 노력은 실패로 돌아갔고, 규장각은 대폭 축소되어 사실상 그 역할을 하지 못하게 되었다. 노론은 다시 정권의 핵심으로 자리잡았고, 역모에 휘말려 귀양을 떠나거나, 몸담고 있던 기관이 해체되거나, 세도가 판치는 관직에서 물러나 조용히 여생을 마치는 것으로 마무리되었다.

18세기 조선이 내포하고 있던 모순을 해결하고, 그중 청의 발달된 문물을 수용하여 상공업 중심의 개혁을 도모한 백탑파가 주창한 북학은 각각의 독자적인 분야가 있었으나, 기본적으로 주자의 학설만 좇는 것을 거부하고 자주적인 학문의 자세를 견지하며 사회의 폐단을 보다 적극적으로 논했다. 또한 연행燕行을 통해 청의 발전된 기술과 생활양식, 교통수단 등을 조선의 사회에 적용시켜 보다 나은 세상으로 나아가길 원했다.

본격적으로 변혁 이념으로서 역할을 담당하거나 사회변혁을 도출해 내는데 이르지는 못하였지만, 이들의 학문과 사상은 대를 이어 계속되었다. 이덕무의 아들 이광규李光奎, 유득공의 아들 유본학柳本學과 유본예柳本藝, 박제가의 아들 박장암朴長馣은 부친의 뒤를 이어 검서관으로 일하였다. 또한 그들의 사상이었던 북학을 이어받아 이덕무의 손자인 이규경李圭景, 박지원의 손자 박규수朴珪壽, 박제가의 제자 김정희金正喜, 실학과 개화의 교량이었던 최한기崔漢綺가 19세기의 새로운 지식인으로 등장했다.

백탑파의 호시절이 간 뒤 탑 주위는 격심한 변화를 겪는다. 1895~96년 조선의 재무권을 장악했던 영국 세무사 브라운의 주도로 서울 최초의 근대공원이 되었다. 대한제국 양악대가 관현악 등의 클래식 음악회를 최초로 상설 연주했던 콘서트장도 겸했다. 3·1운동 때 독립선언서를 낭독하고 대한문 앞으로 몰려갔던 군중들의 감격

1925년경에 일본인들이 백탑을 완전히 해체, 보수하였는데, 이때 탑 속에 두었을 사리와 사리 장치 등 유물들이 모두 사라졌다. 탑신塔身에서 분리된 맨 위 3층은 당시 총독부가 일본으로 빼내 가려다 반발로 못 가져갔다.

유리각 안에 있는 백탑. 뒤로 보이는 건물에 전국한자교육추진총연합회 사무실이 입주해 있다.

은 이후 이곳을 민족주의의 성소, 단골 집회장으로 바꿔버렸다. 광복 뒤엔 노인, 실직자의 휴식터로 급식소 등 구제시설이 밀집한 복지공간이 되었다.

2001년 공원 시설을 정비하고, 주변 급식소 등도 옮겨 엄숙한 분위기를 되찾았지만, 담배를 청하는 노숙자나 장기판을 둘러싼 어르신들의 쓸쓸한 발걸음은 여전하다. 2018년 9월 4일 전국한자교육추진총연합회는 백탑이 있는 대사동大寺洞, 곧 인사동仁寺洞으로 사무실을 이전하였고, 2019년 5월 10일부터 백탑학숙白塔學塾을 개설하였다. 연합회는 백탑파들이 새로운 시대와 새로운 학문의 세계에 대해 토론하고 대화를 나누며, 사회의 변혁을 꿈꾸었던 이곳에서 「21세기 백탑파」를 꿈꾸고 있다.

2-2

백탑파白塔派 박제가朴齊家의 두 출로出路, 우정友情과 연행燕行

오래된 가난을 벗어나고자 조선의 지식인들은 여러 가지 학문연구를 통하여 그 방법을 찾고 있었다. 18세기 영·정조 시기의 학자들, 특히 성리학性理學에 물든 고리타분한 학자, 즉 공리공론空理空論에 기초한 헛된 학문이라는 뜻의 '허학虛學'과 대립되고 실제의 참된 학문이라는 뜻을 지닌 '실학實學'이란 용어를 쓰기 시작하는 학자를 우리는 실학자라고 한다. 좁게는 조선 후기에 성리학을 보완하여 경세치용經世致用과 이용후생利用厚生, 실사구시實事求是의 태도를 강조한 학문이라는 뜻이다.

초정楚亭 박제가朴齊家의 초상

이 실학자들의 경제사상은 크게

두 가지로 분류할 수 있다. 그 하나가 토지개혁 문제를 중심으로 한 '중농주의학파重農主義學派' 라면, 다른 하나는 상공업 발전 전략을 중심으로 한 '중상주의학파重商主義學派' 다. 중농주의학파의 경제 사상가로는 유형원柳馨遠, 이익李瀷, 정약용丁若鏞을 들 수 있고, 중상주의학파의 경제 사상가로는 유수원柳壽垣, 박지원朴趾源, 박제가朴齊家를 꼽을 수 있다. 이들 가운데에서도 『경세유표經世遺表』를 쓴 정약용이 중농주의를 대표하고, 『북학의北學議』를 쓴 박제가가 중상주의를 대표하는 경제사상가라고 할 수 있다.

조선의 경제발전과 부국富國 전략을 상공업 발전과 상업적 농업 경영에서 찾은 중상주의자들은 대부분 북학파 계열의 실학자다. '북학北學' 이라는 개념은 박제가가 최초로 사용한 이후, 그를 둘러싸고 있는 실학자 그룹을 부르는 고유명사가 됐다. 이들은 매우 뚜렷한 목표와 가치관을 공유하고 있었는데, 그것은 당시 지배 계층인 성리학자들이 오랑캐라고 배척한 청淸나라의 문물과 제도 및 경제 시스템의 선진성을 인정하고 받아들여 조선을 개혁하고 부강하게 만들자는 것이었다. 오늘 살펴볼 인물은 북학파, 세칭 백탑파의 일원으로 18세기 후반기의 대표적인 실학자인 박제가이다.

박제가朴齊家는 1750년(영조 26)에 태어나 1805년(순조 5) 56세로 세상을 떠났다. 그의 자字는 재선在先 · 차수次修 · 수기修其이다. 호號는 초정楚亭이며, 정유貞蕤 · 위항도인葦杭道人 등도 사용한 적이 있다. 그는 18세기 후반기의 대표적인 실학자로 양반 가문의 서자庶子로 태어나 전통적인 양반교육을 받기는 했으나, 신분적인 제약으로 사회적인 차별대우를 받았기 때문에 신분제도에 반대하는 선진적인 실학사상을 전개하였다.

박제가의 '의암관수도倚巖觀水圖'

'초정楚亭' 이라는 호는 젊었을 때 초楚나라 굴원屈原의 「초사楚辭」를 즐겨 읽었기 때문에 지은 것이고, '정유貞蕤' 라는 호는 '곧게 똬리를 틀다' 라는 뜻으로 소나무의 별칭인데 자못 의미가 있다. 박제가의 집이 한때 서울 종로구 연건동의 동쪽에 있던 장경교 인근에 있었는데, 그곳에 소나무 한 그루가 빼어나 가지가 굽어 똬리를 틀었다. 정조가 이를 보고는 아끼어 '어애송御愛松(임금님이 사랑하는 소나무)' 이란 이름이 붙었다. 이에 '정유貞蕤' 를 호로 삼은 것이다.

저서에는 『북학의北學議』, 『정유집貞蕤集』, 『정유각집貞蕤閣集』, 『명농초고明農草稿』, 『무예도보통지武藝圖譜通志』(백동수, 이덕무와 공저), 『한객건연집韓客巾衍集』, 『정유시고貞蕤詩稿』 있으며, 「목우도牧牛圖」, 「의암관수도倚巖觀水圖」, 「어악도魚樂圖」, 「야치도野稚圖」 등의 그림을 남기었다.

박제가는 서울의 백탑(종로 3가 탑골공원의 원각사지다층석탑) 근처에서 연암燕巖 박지원朴趾源을 스승으로 모시고 공부하였으므로, 누구보다도 국내 상업과 외국과의 무역에 대한 이해가 깊었고, 따라서 그의 사상도 당시 새로운 세력으로 부상하고 있던 도시 상공인의 입장을 대변하고 있다. 그의 생애를 좇아가 보자.

초정 박제가는 아버지 박평朴玶과 어머니 전주이씨 사이에서 태어난 서자 출신의 자식이다. 그는 어릴 적부터 글을 좋아해 읽은 책은 반드시 세 번씩 베껴 썼으며, 입에는 늘 붓을 물고 있었다고 한다. 그리고 변소에 가면 그 옆 모래에 그림을 그렸고, 앉아서는 허공에 글쓰기를 연습했다고 전한다. 훗날 박제가 자신의 회상에 의하면 "내가 글을 처음 배운 것은 막 젖을 먹던 때였지"라는 시구를 남기기도 했다.

그는 일곱 살 무렵인 영조 32년(1756) 청교동(을지로 5가)으로 이사 갔는데 흰 벽면이 하나도 남아 있지 않았다고 한다. 모두 글씨 쓰는 데 사용했기 때문이다. 이런 때문인지 어린 박제가는 나이보다 어려운 책들을 읽어 수재로 소문났다. 부친인 박평은 승정원 우부승지였는데, 박제가는 "선군先君(돌아가신 부친)께서는 매달 종이를 내려주셨고 나는 날마다 종이를 잘라 책을 만들었다."라고 회상했다. 부친은 이 영특한 아이가 서자라는 사실이 못내 안타까웠을 것이다. 아무리 많은 지식을 갖고 있어도 대과大科에 응시할 수 없었기 때문이다.

그러나 이렇듯 애틋했던 아버지가 박제가의 나이 11세 때 사망하자 본댁에서 나와 거처를 자주 옮겨 다니며 어머니가 생계를 이어갈

1789년 연행을 다녀온 단원 김홍도가 1790년 그린 것으로 추정되는 '북경 유리창'

정도로 생활이 매우 어려웠다. 박제가는 밤을 지새우며 품팔이해 자신을 공부시키는 어머니의 지극정성을 가슴 깊이 새겼다. 그의 어머니는 아들의 장래를 위해 모든 것을 바쳤다.

12살 때인 1761년(영조 37)에는 하마터면 집안이 풍비박산 날 뻔했다. 당시 국법에는 한양 도성 내에서 집을 매매하는 것으로 위장한 채 함부로 일반 백성들의 집을 빼앗는 행위인 '여가탈입閭家奪入'을 금하고 있었다. 그런데 하루는 영조가 이 법을 제대로 시행하고 있는지 점검하기 위해 불시에 위반자 목록을 보고하라고 했는데, 이 과정에서 박제가의 어머니인 이씨가 소유한 집이 문제가 됐다. 대부분 신하들은 이씨가 미망인이자 첩인 점을 감안해서 정상참작하자고 했지만, 영조는 일일이 사정을 봐줘서는 끝도 없다면서 원칙대로 처벌을 내려야 한다고 주장했다.

당시 이 금령 위반자에 대한 처벌은 벽지僻地 유배형이었다. 하지만 이씨는 여자라서 유배형에 처할 수 없었고, 아들 박제가 또한 당시에는 미성년자였는지라 대신 집안 노비 중 한 명을 함경도 덕원德源으로 유배를 보내라고 결정을 내렸다. 그후 어머니 이씨는 이 사건 이후 허드렛일을 해서 생계를 꾸려야 했기에 박제가는 가난하게 살아가야 했다. 청교靑橋, 묵동墨洞, 필동筆洞를 돌아다니며 이사를 다녔다. 그래도 어머니는 아들을 아끼며 가난한 살림에도 박제가가 공부하는데 도움을 주었다. 특히 글재주 뛰어난 명사名士가 있다면 직접 찾아가서 아들에게 가르쳐달라고 부탁하며 그들에게 술과 안주를 푸짐하게 차려주기도 했다.

이와 같은 사회적 환경과 가정 정황은 그가 커서 사회적 천대와 멸시, 양반제도와 계급적 모순에 대해 불만을 갖고 비판하며, 빈곤한 농민과 서민을 동정하는 입장에 서게 하는 데 대해 큰 영향을 주었다.

열여섯 살 무렵(1765년, 영조 41) 무인 백동수白東修를 사귀게 되는데, 그의 집에 자주 드나들다가 그의 매부인 이덕무李德懋를 알게 되었고, 그 외에 유득공柳得恭, 서상수徐常修, 이희경李喜經 등 서얼庶孼 출신들과 어울리게 되었다.

또한 이순신李舜臣 장군의 5대손인 이관상李觀祥의 문하에도 출입하였다. 그의 학문에 대한 열정과 재주를 아깝게 여긴 이관상은 1766년 자신의 첩이 낳은 둘째 서녀를 박제가에게 출가시켜 서녀사위로 삼는다. 비록 서출이고, 서녀의 남편이었지만 이관상은 그를 자신의 집에서 생활하고 독서를 지원할 만큼 그를 아꼈다. 이관상은 그에게 자신의 서실에 출입하게 하여 성리학과 글을 가르쳤다. 박제가는 아내와 사이에서 아들 4명을 두었다.

1768년 스승인 연암 박지원을 만나 제자가 되었고 이덕무, 유득공 등 북학파 연구자들의 영향을 받아 본격적인 북학파 연구에 관심을 두었다. 연암 박지원과의 첫 만남의 순간을 박제가는 생생하게 회고하고 있다. 박제가가 온다는 소리를 들은 박지원이 마치 옛 친구를 만난 듯이 옷깃을 채 여미지도 못한 채 나와 맞으며 악수를 하던 장면이었다.

> 빙 둘러 있는 성 한가운데에 백탑白塔이 있다. … 여기가 바로 원각사圓覺寺의 옛터다. 지난 무자년戊子年(1768)과 기축년己丑年(1769) 사이에 내 나이는 열여덟, 열아홉이었다. 미중美中 박지원 선생이 문장에 조예가 깊어 당대에 으뜸이라는 말을 듣고, 마침내 백탑의 북쪽으로 가서 찾아뵈었다. 선생께서는 내가 왔단 말을 들으시더니 옷을 걸치며 나와 맞이하시는데, 마치 오랜 친구처럼 손을 잡아주셨다. 마침내 당신이 지은 글을 모두 꺼내 와 읽게 하셨다. 몸소 쌀을 씻어 차솥(茶罐)에 안치시고, 흰 주발에 밥을 담아 옥소반에 받쳐 내오셔서는 잔을 나에게 축수해 주셨다.〈박제가, 『백탑청연집白塔清緣集』 서문序文〉

이런 인연들을 토대로 1769년(영조 45) 백탑파가 결성되었다. 백탑파는 유득공柳得恭, 서상수徐常修, 윤가기尹可基, 이희경李喜經, 박제가朴齊家, 백동수白東修, 이서구李書九 등 젊은 청년들과 홍대용洪大容, 박지원朴趾源, 정철조鄭喆祚 등이 함께 하였다. 당시 백탑파들이 나눈 우정은 각별했는데 박제가의 경우 신혼 첫날밤에도 친구들을 찾을 정도로 매우 의미 있는 존재였다. 그는 친구를 '반오伴伍(나의 반쪽)' 라 하고, '하루라도 벗 없으면 좌우 손을 잃은 듯하다.' 고 하였다.

1773년 박제가가 24세가 되었을 때 어머니 이씨가 48세 나이로 세상을 떠나는 슬픔을 겪었다. 어머니와 사이가 각별했던 박제가는 어머니의 죽음을 크게 슬퍼했다. 박제가가 지은 「서풍수정기후書風樹亭記後」에서도 어머니를 그리워하며 슬픔을 말하고 있다.

> 그릇을 씻다가 내 어머니를 생각하면, 아침저녁 끼니도 잇지 못할 양식으로 음식을 준비하시던 일이 떠오르지 않을 수가 없으니, 다른 사람도 그렇겠는가? 옷걸이를 어루만지다 내 어머니를 생각하면 못쓰게 된 솜으로 늘 추위와 바람을 막아줄 옷을 다 지어주시던 일을 떠올리지 않을 수 없으니, 다른 사람도 나와 같겠는가? … 손꼽아 어머니 연세와 내 나이를 세어보니 돌아가신 어머니 연세는 겨우 48세이시고 나는 24살이니, 슬피 머뭇거리며 소리를 놓아 길게 부르짖으며 비 오듯 눈물 흘리지 않을 수가 없구나.〈「서풍수정기후書風樹亭記後」〉

26세(1775년, 영조 51) 때에는 이희경이 박지원, 이덕무, 박제가의 시문詩文을 엮어 『백탑청연집白塔淸緣集』을 낼 때 박제가는 여기에 서문을 썼다. 이듬해에는 유득공의 숙부인 유금이 이덕무, 유득공, 박제가, 이서구 등 네 사람이 쓴 시를 엮어 『한객건연집韓客巾衍集』을 냈다. 이 시집은 사가시집四家詩集으로 알려졌고, 연경燕京에도 보내졌는데 이때 북경의 유명한 학자였던 이조원李調元, 반정균潘庭筠 등이 서문과 평을 써 주었고, 이에 박제가가 답례의 글을 작성하기도 하였다. 그리하여 박제가를 비롯한 네 사람의 시명이 연경의 문원文垣에까지 알려지게 되었다.

정조는 즉위 원년(1777) 1월에 "조정의 진신縉紳들이 반드시 모두 어진 것은 아니고, 초야의 인물들이 반드시 모두 어리석은 것은 아니다."라며 서얼들도 벼슬길에 등용할 수 있는 법제를 만들라고 명령했고, 이에 따라 그해 3월 「서류소통절목庶類疏通節目」이 제정되어 서류들도 관직에 진출할 수 있는 법률적 근거가 마련되었다. 나아가 정조는 재위 3년(1779) 이덕무 · 박제가 · 유득공 · 서리수 등 4명의 서얼을 규장각검서관奎章閣檢書官으로 전격 임명해 고식姑息에 젖은 조선 사상계에 큰 충격을 주었다. 이들은 '규장각 사검서' 라 불리며 조선 사상계를 주도하였다.

조선의 일반적 지식인들은 그때까지도 淸나라를 인정하지 않는 숭명 사대주의 세계관을 갖고 있었다. 현실적으로는 매년 청나라 황제의 생일을 축하하는 성절사聖節使를 보내면서도, 속으로는 이미 망해버린 명나라를 사대하는 이중처신이었다. 그러나 백탑파는 달랐다. 청나라가 명나라를 대체한 현실을 인정하고 배울 것은 배워야 한다는 생각이었다.

서얼 출신이었던 사검서四檢書도 기존의 가치관에 경도되지 않았다. 박제가는 기존 사고틀을 깨야 많은 문제가 해결될 수 있다고 거듭 강조했다. 박제가가 자신의 이런 생각을 직접 확인할 수 있게 된 때는 연경을 다녀 온 이후였다. 박제가는 1777년(정조 1, 28세) 증광시에 응시하였고, 이듬해 정사正使 채제공蔡濟恭, 부사副使 서호수徐浩修를 수행하여 첫 연행길에 올랐다. 이때 백탑파인 이덕무도 서상관 심염조沈念祖의 수행원으로 함께 하였다. 그는 북경에 머무는 동안 이조원李調元, 반정균潘庭筠 등 청나라 학자들과 교유하였다. 그는 첫 번째 연행의 경험을 모아 돌아온 후 김포의 통진에서 3개월 만에 『북학의北學議』를 썼다.

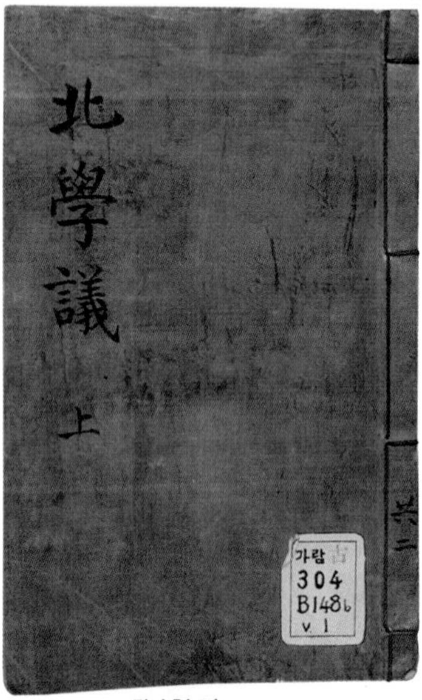

『북학의北學議』

『북학의北學議』 서문에서 박제가가 "무릇 이용利用과 후생厚生은 하나라도 닦지 않으면 위의 정덕正德을 해치게 된다."라고 말한 것처럼, 이용후생으로 국부를 증진하고 백성들의 생활을 안정시켜야 한다고 주장하였다. 청나라와 적극적인 문물교류를 주장하는 세력을 북학파라고 지칭하게 된 것은 『북학의北學議』 때문이었다. 원래 '북학北學'이란 『맹자孟子』에 남쪽 지식인 진량陳良이 북쪽 중국에 가서 배운다는 뜻에서 나온 용어다.

이 책은 '내편內篇'과 '외편外篇'으로 이뤄져 있다. 구체적인 항목을 보면 박제가의 문제의식을 엿볼 수 있다. 먼저, 내편은 차선車船·성벽城壁·궁실宮室·도로道路·교량橋梁·목축牧畜·고시賈市 등 30항목으로 되어 있다. 주로 일상생활에 필요한 모든 기구와 시설에 대한 개혁론을 제시해 현실의 문화와 경제생활 전반을 개선하려 하였다. 그리고 외편外篇은 전田·분糞·상과桑菓·농잠총론農蠶總論·과거론科擧論·북학변北學辨 등의 17항목으로 돼 있다. 여기서 박제가는 상공업과 농업 문제를 다루고 있으며, 상공업의 발전과 농업 기술의 개선을 적극적으로 제안하고 있다.

『북학의北學議』는 일종의 국부론이다. 부국의 방법으로 박제가는 청나라 문물의 즉각적이고도 대대적인 수입 및 응용을 강조함으로써 새로운 국가 비전을 제시하고 있다. 박제가의 제안이 얼마나 급진적이었는지는 중국 문화에 뒤처지지 않기 위해서는 중국어(漢語)를 써야 한다는 그의 주장에서 단적으로 살펴볼 수 있다. 최근 논란을 불러일으킨 영어공용화론에 앞서 200년 전에 박제가는 중국어공용화론을 제안한 셈인데, 그 논란에 대한 평가를 떠나서 이러한 견해는 급진적 개혁주의자 박제가의 면모를 잘 보여준다.

이 책은 박제가의 대표 저술로 박지원의 『열하일기熱河日記』와 함께 북학파의 이론과 전략을 대변한다. 박제가는 섬세하면서도 호쾌한 자신의 성품에 걸맞게 청나라 문물을 치밀하게 소개하고 이를 과감하게 수용할 것을 제안하였다. 박제가가 이 책을 쓸 때만 해도 일개 서얼의 주장에 불과했으나 정조가 서얼 우대정책을 쓰면서 상황이 바뀌기 시작했다.

1786년(정조 10년)에 정조가 신하들에게 국정에 대한 자신의 구상을 밝히라고 명하자, 6품 전설서별제典設署別提로 있던 박제가는 "지금 나라의 큰 폐단은 한마디로 가난입니다."라고 진단하며 대안을 제시했다.

> "가난을 어떻게 구제하겠습니까? 중국과 통상하는 길밖에 없습니다."

중국과의 국제무역이 백성들의 가난을 물리치고 국부를 증진시키는 첩경이라고 주장한 것이다. 그는 이 글에서 사족士族들에게 장사를 시킬 것도 주장했다.

> "무릇 놀고먹는 자들은 나라의 큰 좀벌레입니다. 놀고먹는 자가 날로 증가하는 것은 사족이 날로 번성하는 데 있습니다. … 신은 수륙을 교통하며 장사하고 무역하는 일에 사족의 입적을 허락할 것을 주청합니다."

전통적인 사농공상士農工商의 개념에 젖어 상업을 천시하는 사대부들을 상업에 종사시키자는 주장이었으니 혁명적인 발상이라고 하지 않을 수 없다. 청나라를 오랑캐로 여기는 사회 분위기에서 박제가의 주장은 채택될 수 없었다. 대신 정조는 박제가에게 다시 청나라 여행 경험을 주었다. 정조 14년(1790)에 건륭제乾隆帝의 팔순을 축하하기 위한 진하사進賀使의 일행으로 청나라에 보냈고, 다시 원자(순조純祖)의 탄생을 건륭제가 축하한 데 대한 답례사의 일원으로 또 보냈던 것이다. 이때 정조는 박제가를 정3품 군기시정軍器寺正으로 승진시켜 별자別咨(별도로 보내는 국서國書)를 가지고 가게 하는 특전을 베풀었다.

박제가는 이런 경험들을 조선을 위해 쓸 수 있는 방법을 연구하려고 밤낮으로 공부했다. 그러나 눈병이 도져 정조 16년(1792) 검서관직을 사직해야 했다. 박제가는 서유구에게 쓴 편지에서 "5년 전부터 계속 밤을 새웠더니 불행히도 왼쪽 눈이 어두워져 보이지 않게 되었는데 안경도 효과가 없었습니다. … 지금 검서관의 용도는 눈에 있는데 눈이 어두우면 물러나는 것이 합당할 것입니다."라고 눈병 때문에 검서관에서 물러나는 소회를 말했다. 정조는 그를 부여현감에 임명했다. 직접 백성들을 다스려보라는 뜻이었다. 그러나 그때 호서 암행어사가 박제가에게 불리한 보고를 해서 파직되었다.

문관文官의 길이 막히자 박제가는 무과武科로 방향을 전환해 정조 18년(1794) 무과별시에 응시해 급제한다. 그는 4년 전인 1790년에 이덕무 · 백동수 등과 함께 『무예도보통지武藝圖譜通志』를 간행했는데, 그의 무과급제는 그가 이론뿐만 아니라 실제 무예에도 능했음을 말해준다. 이때 그는 정3품 오위장五衛將에 임명됐다가 정조 19년(1795) 경기도 영평현령으로 나간다. 지방관으로 백성들과 부대끼던 중 1798년 정조가 농서를 널리 구한다고 하자 『북학의北學議』의 내외편 가운데 3분의 1 정도의 내용을 간추려 첨삭을 가하고 순서를 바꾸어 올린 『진소본북학의進疏本北學議』를 올렸다.

이 글에서 박제가는 자신이 지방관으로 직접 목도한 백성들의 비참한 생활 정경을 생생히 적은 뒤 "이제 농업을 일으키시려면 반드시 먼저 농업에 해가 되는 것을 제거한 후에 다른 말을 구하는 것이 좋습니다."라면서, 첫 번째로 "유생儒生을 도태시켜야 합니다."라고 주장했다. 일하지 않는 유생들을 도태시켜 농업에 종사하도록 해야 한다는 주장이다.

두 번째로 '수레 유통'을 주장했다. "무릇 농사는 비유하자면 물과 곡식이요, 수레는 혈맥"이라는 것이었다. 그리고 둔전屯田 시행을 주장했다. 둔전이란 일종의 병농일치제인데, 박제가가 주장하는 둔전은 서울 근처에 일정한 땅을 마련해 농업 전문가를 두고 농사꾼 수십 명을 뽑아 농사 지휘를 받게 하자는 것이었다.

박제가를 적극 지원하던 정조가 승하하고 순조가 즉위한 후 1801

년(순조 1), 52세의 박제가는 4차 연행에서 돌아오자마자 신유박해辛酉迫害를 비방하는 흉서사건에 연루된다. 신유년 의금부 옥사는 참혹했다. 이가환李家煥, 이승훈李承薰, 정약종丁若鍾이 처형됐고, 정약전丁若銓, 정약용丁若鏞 형제는 남쪽으로 유배형을 당했다. 박제가는 이들 남인계열의 서학과는 무관했으나, 사돈이자 친구인 윤가기尹可基가 체포되어 심문을 받는 과정에 혐의가 박제가에게 번져 모진 고문을 당했다. 윤가기는 끝내 처형을 당했고, 박제가는 2천리 유배형에 처했다. 한성부 견평방堅平坊(현재의 공평동, 청진동, 인사동 일대)에 있는 의금부 옥사에서 한 작고 왜소한 사내가 만신창이가 된 몸으로 함거檻車에 실려 동대문을 나와 포천 철원 단발령을 거쳐 북관의 종성으로 유배를 떠나 부처지에 한 달 만에 도착했다.

> 귀양길은 한 달이 걸렸습니다. 노정은 말할 수 없이 험난했고 고을원의 구박과 아전배들의 행패는 필설로 표현하기 힘들 정도였지요. 제가 북으로 올 때 소문이 천지간을 태워 마치 바둑돌을 쌓아놓듯 위태로웠고 평생의 친구들마저 모두 도망을 갔지요. 북관北關 4년을 차디찬 움막에 살았고 의금부 옥사에서 고문을 당할 때는 거의 죽음과 입을 맞췄습니다. 빗발치는 매질에 살과 가죽이 떨어져 나갔고 유혈이 낭자하니 통절한 원한이 세상을 가득 채울 정도였습니다.(박제가朴齊家가 박지원朴趾源에게)

박제가가 유배를 살던 집은 종성읍에서 20리쯤 떨어진 두만강 가에 있었다. 이곳에서 부사와 아전배들의 철저한 감시와 멸시를 당했다. 서학과 벽파에 대한 공격이라는 혐의는 그를 옥죄는 단서였고, 천지간에 하소연할 곳 없는 현실이었다. 박제가는 한양에 사는 아들에게서 생활고에 집을 팔았다는 편지를 받고 오열하며 이사를 할 곳을 알아보라고 연락을 한다. 박제가가 살고 싶어 한 곳은 충청도 부여扶餘다. 박제가는 부여현감扶餘縣監과 부여와 공주 중간에 있는 이인찰방利仁察訪을 역임할 때 소실을 얻기도 하고 얼마간의 전답도 마련했었다. 친구 좋아하는 박제가는 백마강으로 백탑파 동인들을 불러 즐기던 추억이 아련했다.

박제가는 3년 6개월 만에 한양으로 돌아왔다. 그리고 6개월 만에 고문과 유배지에서의 후유증으로 사망한다. 1805년 4월 25일이었다. 그런데 박제가가 세상을 떠난 곳과 불과 지척에서 연암 박지원이 투병을 하다가 같은 해 10월 20일 사망하였다. 스승과 제자로, 서로 나이를 잊은 망년지교忘年之交로 37년간을 믿고 의지했던 조선의 불세출 지성들의 죽음이었다.

박제가는 튀어나온 광대뼈에 조선인으로서는 보기 드물게 눈동자가 녹색인 탓에 놀림도 많이 받았다고 한다. 스스로 묘사하기를, "물소 이마에 칼 같은 눈썹, 초록빛 눈동자에 흰 귀"라고 까지 하였으니 특이하기는 하였던 모양이다. 또한 성격이 온순하기보다는 활달하고 거침없는 편이었던 모양이다. 그리고 대식가여서 한 번에 냉면 3그릇과 만두 100개를 먹어치웠다는 기록도 있다. 이덕무가 이서구에게 보낸 글 중에는 박제가가 자기만 단 것을 먹고 이덕무 자신에게는 주지도 않으며, 다른 사람이 줬던 것까지 훔쳐 먹었으니 꾸짖어 달라고 쓴 글도 있으니 가히 짐작할만하다.

특이한 것은 젊었을 때부터 교류를 가졌던 다산茶山 정약용丁若鏞과의 관계이다. 정약용丁若鏞이 『기예론技藝論』을 지었는데 이것은

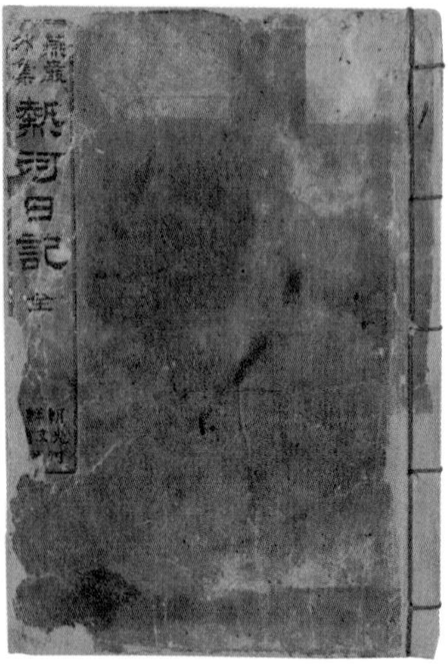

열하일기熱河日記

박제가의 영향이라고 볼 수 있으며, 정약용은 이 글에서 심지어 북학이라는 용어를 사용하기까지 하였다. 또 정약용이 강진 시절 지은 『경세유표經世遺表』에는 『열하일기熱河日記』 등에 대한 언급이 나타난다. 당시 『열하일기熱河日記』는 필사본으로만 매우 좁은 범위에서 유통될 뿐이었으므로, 당색이 다른 정약용은 박제가를 통해 『열하일기』를 빌려보았고, 이를 기록해 놓았다가 강진 시절 이용한 것으로 추정된다. 사실 정약용은 박제가에게서 여러 책들을 빌려 보았으며, 『마과회통麻科會通』을 저술할 때 박제가가 관련 자료를 구해주기도 하였다. 음식과 관련하여 정약용에게 개고기 조리법를 알려준 것으로도 유명하다. 정약용이 흑산도에 유배중인 형 정약전丁若銓에게 '개고기 예찬론'을 펼친 편지를 보낸다.

(형님은) 짐승 고기는 도무지 먹지 못하고 있다고 하는데 … 섬 안에 산 개가 천 마리도 넘을 텐데 저라면 닷새에 한 마리씩은 삶아먹을 것입니다. …. 1년 366일에 52마리의 개를 삶아 충분한 고기를 먹을 수 있으니 … 흑산도에서 오히려 고달픔과 괴로움을 스스로 택하고 있습니까.

다산은 형을 답답해했다. 그러면서 다산의 편지에는 개의 사냥법과 요리법까지 아주 자세하게 설명했다. 그런데 다산은 편지의 말미에 뜬금없이 박제가를 이야기한다. "이 요리법은 박제가에게서 배운 것"이라고.

> 사방 가장자리에 쇠 낫을 꽂은 덫을 만들어 그 안에 둔 미끼를 문 개를 잡습니다. 미끼를 문 개가 몸을 움직이면 찔리기 때문에 끝내는 걸리게 되어…. 달아매어 껍질을 벗기고 창자나 밥통 외에는 절대 씻지 말고 곧장 가마솥 속에 넣어서 맑은 물로 삶습니다. 삶은 뒤에는 일단 꺼내놓고 식초 · 장 · 기름 · 파로 양념을 하여 다시 볶고, 삶아서…. (말씀드린 요리법이) 바로 박초정朴楚亭의 개고기 요리법입니다.

박제가는 시와 그림, 그리고 글씨에도 두루 뛰어난 재질을 보였다. 청淸나라의 『사고전서四庫全書』 계열 학자들과 만난 이후 편지 서신 등을 통한 꾸준한 교류를 통해 조선에 '대련對聯'(시문 따위에서 의미는 틀리나 동일한 형식으로 나란히 있는 문구) 형식을 수용하고 이를 소개하였다. 한문漢文 글씨는 예서풍隸書風을 띠고 있으며 조선 후기의 서풍과 추사체의 형성에 선구적 구실을 하였다. 당대唐代의 구양순歐陽詢과 명대明代의 동기창董其昌 풍의 행서行書도 잘 썼으며, 필적이 굳세고 활달하면서 높은 품격을 보여준다. 그림은 간결한 필치와 맑고 옅은 채색에 운치와 문기文氣가 짙게 풍기는 사의적寫意的인 문인화풍文人畵風의 산수인물화와 생동감이 넘치는 고기 그림을 잘 그렸다고 한다. 그의 시는 청나라의 문인들로부터

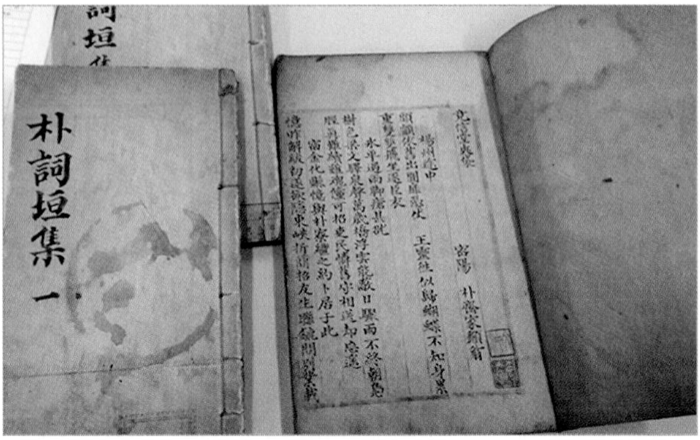

정유각집貞蕤閣集

도 인정받아 생전인 1801년을 전후해서 그의 시문집인 『정유고략貞蕤藁略』이 중국에서 간행되기도 하였다.

毋將一紅字	'紅' 자 한 글자만을 가지고
泛稱滿眼華	널리 눈에 가득 찬 꽃을 일컫지 말라.
華鬚有多少	꽃 수염도 많고 적음이 있으니
細心一看過	세심하게 하나하나 살펴보게나.

〈박제가朴齊家, 「위인부령화爲人賦嶺花」『정유각집貞蕤閣集』〉

또한 박제가는 틀에 박히고 고루하고 진부한 시와 문장을 혐오하며 나만의 글쓰기를 찾아 나섰다. 당시 선비들은 두보杜甫의 시와 당·송의 시를 배웠는데, 박제가가 보기에 전범에 매달리는 글쓰기는 남이 한 말의 찌꺼기나 줍는 행태에 불과했다. 자기 시대의 현장을, 자기의 말로 표현하는 것이 진정한 시요, 문장이었다. 그는 "하늘과 땅 사이에 가득 차 있는 것이 모두 시다. 사계절의 변화와 온갖 만물의 웅성거리는 소리, 그 몸짓과 빛깔, 그리고 음절은 그들 나름대로 존재하고 있다."며, 그는 실상에서 보고 듣고 관찰한 것이 좋은 글, 좋은 작품의 소재가 된다고 보았다.

그런데 형식에서 지나치게 벗어났다는 노론계 다른 학파의 비난이 빗발치자, 정조는 박지원을 비롯한 백탑파 인사들에게 한문漢文의 문장체제를 순정고문純正古文으로 회복하자는 정책인 '문체반정文體反正' 을 하라고 선언하고, 반성문을 써 내라고 지시하였다.

> 남들은 저의 잘못을 두 가지로 말합니다. 그중에서 학식이 높지 못하다는 것은 신의 잘못입니다. 그러나 남과 본성이 다른 것은 신의 잘못이 아닙니다. 이를 음식에 비유하겠습니다. 제사상의 자리를 놓고 기장과 좁쌀이 앞자리에 놓이고, 국과 포가 뒷자리에 놓입니다. 맛의 경우 젓갈에는 짠맛을 얻고, 매실에서 신맛을 얻고, 겨자의 매운맛을 취하고, 찻잎의 쓴맛을 선호합니다. 지금 소금이 짜지 않고, 매실이 시지 않고, 겨자가 맵지 않고, 찻잎이 쓰지 않음을 책망한다면 그것은 정당합니다. 그런데 만약 소금과 매실, 겨자와 찻잎을 책망하여 "너희들은 왜 기장이나 좁쌀

박제가朴齊家 유묵遺墨

과 같지 않느냐." 하고 한다던지, 국과 포를 꾸짖어 "너희는 왜 제사상의 앞에 가지 않느냐."고 한다면, 그들이 뒤집어 쓴 죄는 실정을 모르는 것이니 그로 인해 천하에 맛있는 음식이 없어질 것입니다.〈비옥희음송인比屋希音頌引〉

스승 박지원을 비롯한 동료 문인들은 모두 반성문을 지어 올렸기에 박제가도 「자송문自訟文」이라는 반성문을 지어 정조에게 바쳤다. 그런데 박제가는 반성문을 제출하면서도, 자송문이라는 제목과는 어울리지 않게 반성은 하지 않고 위와 같이 항변하고 있는 것이다.

박제가는 상업의 발달 못지않게 공업, 곧 물품을 생산하는 활동을 중시했다. 그런데 여기에서도 그는 매우 독특한 경제발전 전략을 내놓는다. 그는 활발한 생산 활동이 풍요로운 소비를 일으킨다는 생산 → 소비의 경제 순환 시스템보다는 적극적인 소비만이 활력 넘치는 생산 활동을 불러온다는 소비 → 생산의 경제 순환 시스템 이론을 내놓았다.

또한 '양반도 상업을 하라' 는 양반 상인론 못지않은 파격적인 주장을 했는데, 그것은 근검절약이 미덕이 아니라 '소비消費가 미덕美德' 이라는 것이다. 박제가는 농업을 근간으로 한 조선사회가 미덕으로 여겨온 근검절약보다는 소비를 장려해 생산을 촉진하고 상업을 활성화시켜야 한다고 생각했다. 그는 조선은 검소함 때문에 반드시 쇠퇴할 것이라고 하면서, 소비는 물품의 생산과 재생산을 자극하고 유통을 활성화시켜 나라와 백성을 부유하게 만든다고 했다.

특히 박제가는 재물을 우물에 비유해, 퍼내면 퍼낼수록 가득하지만 사용하지 않으면 결국 말라버리는 것이 재물이라고 했다. 이 때문에 화려한 비단옷을 입지 않는 나라에는 비단을 짜는 사람이 없어 직조織造 기술이 나날이 쇠퇴하고, 튼튼하고 수려한 물건을 만드는 일을 높여 칭찬하지 않는 나라에서는 장인과 기술자의 솜씨가 형편없어 날로 기술이 도태된다고 주장했다.

소비가 없으면 생산도 없고, 생산한 물품이 없으면 상업도 발달할 수 없어서 나라와 백성은 가난과 곤궁함에서 벗어날 수 없는 반면, 소비를 촉진하면 생산 역시 활기를 띠고 상업은 나날이 발전해 나라와 백성은 풍요로워진다는 얘기다.

'소비가 미덕' 이라는 경제적 사고는 근대 자본주의의 발생 이후에 보편화했다고 할 수 있다. 이렇게 보면 박제가는 시대를 앞서 다가올 미래 사회의 흐름을 읽는 통찰력을 보여준 셈이다.

박제가와 그의 동료인 백탑파가 꿈꾼 조선의 개혁과 부국강병이 역사 속으로 완전히 사라지지는 않았다. 19세기 후반 박제가와 백탑파의 경제사상을 이어받은 박지원의 손자 박규수朴珪壽가 서양의 근대 제도와 선진 문물을 받아들이는 문호개방을 통해 조선의 자주적인 개화와 근대화를 이루고자 했기 때문이다. 특히 박규수朴珪壽는 쇄국정책을 버리고 천주교 박해를 중단하는 한편 서양에 문호를 개방할 것을 내세웠다.

박규수는 자신의 요청이 흥선대원군興宣大院君에게 번번이 거절당하자 벼슬을 버리고 물러나 젊고 유능한 개혁 인재를 양성하는 데 온 힘을 쏟았다. 당시 박규수 문하에 모인 사람들은 김옥균金玉均, 박영효朴永孝, 홍영식洪英植, 서광범徐光範, 김윤식金允植 등이다. 이들은 박규수로부터 백탑파의 사상에서부터 중국에 대한 견문과 지식, 그리고 서양의 근대 제도와 선진 문물은 물론 조선을 둘러싼 국제 정세에 대한 가르침을 받았다. 박규수에게 가르침을 받은 이들이 훗날 통상개화파의 핵심 인사가 됐다는 사실은 잘 알려져 있다.

이렇듯 박제가의 경제사상과 부국강병책은 박규수를 통해 개화파에 고스란히 전해졌다. 그리고 이들 젊은 개혁 그룹은 전날 박제가와 백탑파가 젊음을 불살랐던 열정 그대로 조선의 자주적인 개화와 근대화를 위해 자신들을 내던졌다.

2-3
조선 제일검 백동수白東修의 삶을 건 겨루기 한 판!!

— 『무예도보통지』는 선진先進인가 후진後進인가? —

> 천하에서 가장 지극한 우정은 곤궁할 때의 사귐이라 하고, 벗의 도리에 대한 지극한 말로는 가난을 논하는 것이라고 말한다. … 대저 이른바 벗이란 것은 반드시 술잔을 머금고 은근히 대접하여 손을 잡고 무릎을 맞대는 것만은 아니다. 말하고 싶은 것을 말하지 않는 것과, 말하고 싶지 않은 것을 절로 말하게 되는 것, 이 두 가지에서 그 사귐의 깊고 얕음을 알 수 있을 뿐이다.〈박제가, 『정유각집』 송백영숙기린협서〉

위의 글은 백탑파白塔派의 초정楚亭 박제가朴齊家가 친구에 대하여 쓴 글이다. 초정 박제가의 친구로는 연암燕巖 박지원朴趾源과 형암炯庵 이덕무李德懋가 떠오른다. 박지원 · 박제가 · 이덕무는 모두 백탑파의 일원으로 실학파 또는 이용후생학파, 북학파로 일컬어지는 사람들로 역사에 기록되어 있다.

그런데 이들을 공부하다 보면 빠지지 않고 등장하는 인물이 있다. 백동수白東修라는 사람이다. 소설로 드라마로 최근에 유명해진 사람이다. 『열하일기熱河日記』의 저자로 실학파의 영수인 박지원과

『북학의北學議』를 쓴 박제가의 친구이며, 규장각 검서관인 이덕무와는 처남 매부 사이로 조선의 제일검으로 알려졌으며, 정조正祖의 호위를 맡았던 무인이다. 무인인 백동수가 백탑파의 천재들과의 관계가 친구라니 참으로 의아한 일이 아닐 수 없다.

십여 년 전(2012년)에 개봉한 영화 「바람과 함께 사라지다」가 큰 인기를 끌었다. 약 500여만 명의 관람객이 보았다고 하니 상당한 인기가 있었다. 지금도 가끔 TV에서 재방영하여 쉽게 볼 수 있는 영화이다. 영화 속의 주인공은 이덕무와 백동수이다. 이 영화가 역사를 소재로 하고 있긴 하지만 실제 허구로 일관된 영화여서 그런지 영화 속의 배우들과 실제 역사 속 주인공들의 이미지와는 많이 다르다. 영화 속 이덕무는 고뇌하는 악동이고, 백동수는 융통성 없는 무인이다. 이들이 실제로 그랬을까? 실제 이덕무와 백동수는 전혀 달랐다. 물론 이들이 술과 시를 엄청나게 좋아하였지만 영화 속의 주인공들처럼 코믹스러운 사람들은 전혀 아니었다. 오늘은 무인으로 백탑파의 천재 지성들과 어깨를 나란히 한 백동수에 대하여 살펴보기로 한다.

백동수白東修(1743년 영조 19~1816년 순조 16)의 본관은 수원水原이고, 자字는 영숙永叔, 호號는 야뇌野餒, 인재靭齋이다. 증조부는 백시구白時耉이고, 조부는 백상화白尙華이며, 부친은 백사굉白師宏이다. 백시구는 황해, 함경, 평안도 병마절도사를 지낸 무관이었다. 그러나 조부 백상화가 서자庶子였기 때문에 백동수 또한 서자의 신분이었다. 역시 서자였던 이덕무는 1756년(영조 52) 백동수의 두 살 위 누이와 혼인하여 매형이 되었다.

1771년(영조 47) 식년시 무과에 병과 18위로 급제하였으나 인원 초과로 인해 벼슬을 얻지 못하고, 1773년 강원도 인제 기린협麒麟峽(지금의 기린면)으로 들어가 혼자 무술을 연마하며 지냈다. 1782년 왕실 친위 군영인 장용영壯勇營이 조직되면서 1788년 45세의 늦은 나이에 장용영의 종9품 초관哨官에 임명되며 벼슬길에 오르게 된다. 이후 집춘영 및 어영청의 초관, 분수문장 등을 두루 지내고, 1790년 무예 24기를 정리한 군사 훈련 교재인 『무예도보통지武藝圖譜通志』를 편찬하며 무인으로서의 명성을 떨쳤으며, 그해 종6품 훈련원주부에 제수되었다. 이듬해부터 훈련원판관, 비인현감, 훈련원 첨정, 장홍고주부 등에 제수되어 관직생활을 지속했다. 1800년 6월 정조가 갑작스레 승하한 뒤에도 순조에 의해 중용되어, 1802년 박천군수를 역임했으나 뇌물을 받은 죄로 1806년 유배되었으며, 이듬해인 1807년 석방되었다. 1810년(순조 10) 종3품 군기시부정에 제수되었으나 나아가지 않고 1816년 74세의 나이로 별세했다.

수원화성 무예시범

일본의 검술을 최고로 꼽는 사람들이 많다. 그다지 틀린 이야기는 아닐 것이다. 200여 년 동안 계속되어온 내전으로 다져진 사무라이(무사武士)들의 왜검이다. 대표적인 사무라이인 미야모토 무사시(궁본무장宮本武藏) 등은 아직도 인구에 회자되고 있다. 그러나 이에 못지않은 조선의 검법이 있었으니, 조선검 또는 본국검이라 불리는 조선의 검술이다. 본국검의 계보를 살펴보면 그 완성에 백동수가 있다.

> 재(회灰)를 땅바닥에 뿌려놓고 현란한 몸놀림으로 검법을 선보였는데, 어찌나 빠른지 사람들의 눈이 미처 따라가지 못할 지경이었다. 보법도 기이하여 맨발로 양쪽 엄지발가락을 이용하여 재를 밟으며 나는 듯이 움직였는데, 그 모습이 실로 춤을 추는 듯 우아하고 아름다웠다. 시범이 끝난 뒤에 바닥을 살펴보니 재에 발자국 하나 남지 않았다. 숙종은 시범이 끝나자 그의 노고를 치하하며 훈련도감의 교련관으로 임명했다.〈유본학, 『문암문고』 김광택전〉

마치 무협영화의 한 장면 같은 이 서술은 조선 최고의 검객인 숙종과 영조 때의 김체건金體乾(?~?)에 관해 영재冷齋 유득공柳得恭의 아들 유본학柳本學이 쓴 「김광택전金光澤傳」에 전하고 있다. 조선 최고의 검술 대가로 알려진 김체건의 신분이 무엇이고, 언제 어디에서 태어났는지는 자세하게 알려져 있지 않다. 다만 젊은 시절 훈련도감의 취재에 합격해 살수殺手가 됐다는 기록이 전한다.

김체건은 『승정원일기』에 따르면, 숙종의 허락과 특명을 받아 동래부사의 도움으로 초량왜관에 일꾼으로 위장·잠입해 왜검을 익혔으며, 북경으로 가서 중국의 검법까지 전수받았다고 한다. 그는 빼어난 검술로 군교에 오르는데, 오늘날로 따지면 특수부대 장교로 왕족이나 고위 관리의 경호 등도 맡았다. 숙종이 말년에 연잉군(延礽君, 훗날 영조)의 경호를 맡겼던 것도, 김체건의 뛰어난 무공을 인정한 덕분이었을 것이다.

그때 연잉군은 홍봉한의 집에 거처했었는데, 김체건은 여기를 드나들며 계집종과 눈이 맞아 아들 김광택을 얻는다. 김체건은 아들 김광택에게 자신의 무공을 전수했고, 부전자전이었는지 김광택도 뛰어난 무사가 되어 검선劍仙이라 불렸다. 김광택의 검술 실력은 "칼춤의 실력이 신의 경지에 도달해 땅 위에 떨어진 꽃이 쌓인 것처럼 칼에 몸을 숨겨 보이지 않는다."고 「김광택전」은 기록하고 있다. 백동수는 어린 시절 남산 자락에서 살았는데, 그때 남산골로 신분을 숨기고 이사 왔던 검선 김광택을 알아보고 졸라서 그의 무예를 배웠다고 한다.

1756년(영조 52)에 백동수의 누나가 이덕무와 결혼하였다. 그때부터 둘 사이는 더욱 가까워졌다. 이덕무가 1741년생이고, 백동수가 1743년생이니 백동수가 2살 어렸다. 이들은 집안에서는 깍듯이 예를 지켜야 하는 처남과 매부 사이였지만, 대문을 나서면 흉금을 털어놓는 둘도 없는 벗이었다. 그리고 이덕무는 백동수를 통해 박제가를 만날 수 있었다. 이들의 교유는 훗날 백탑파의 친구로 동지로 평생을 같이하는 계기가 되었다.

1741년생인 이덕무와 1750년생인 박제가는 나이를 떠나 평생을 벗으로 지내며 교류를 했던 사이였다. 박학다식하고 문장에 뛰어났으나, 서자라는 이유로 출세에 제약이 많았던 동병상련의 신세였기 때문일 것이다. 이덕무와 박제가가 처음 만나가 된 것은 1764년이다. 이덕무가 처남인 백동수의 집에 갔다가 현판에 써진 박제가의 「초어정樵漁亭」이라는 글씨를 인상 깊게 본 것이다. 이덕무는 그와의 첫 만남을 두고 "너무 맘에 들어 즐거움을 견딜 수 없을 정도였다."고 말했을 정도로 기뻐했다고 한다. 이후 이덕무와 박제가의 우정은 1793년 이덕무가 죽을 때까지 근 30년간 이어졌다. 30년 동안 이덕무가 있는 곳엔 박제가가 있었고, 박제가가 있는 곳엔 항상 이덕무가 있었다. 그리고 그들의 주위에는 백탑파와 백동수가 있었다.

백동수는 젊은 시절 '野餒堂(야뢰당)' 이라는 호를 썼다. 이덕무는 '야뢰당' 에 담긴 백동수의 뜻과 기운에 대해 이렇게 말했다.

> 대저 사람이 시속에서 벗어나 군중에 섞이지 않는 선비를 보면 반드시 조롱하기를, 저 사람은 얼굴이 순고하고 소박하며, 의복이 시속을 따르지 아니하니 야인野人이로구나. 언어가 질박하고 성실하며 행동거지가 시속을 따르지 아니하니 뢰인餒人이로구나 한다. … 영숙永叔(백동수의 字)은 고박古樸하고 질실質實한 사람이라 차마 질실한 것으로써 세상의 화려한 것을 사모하지 아니하고, 고박古樸한 것으로써 세상의 간사한 것을 따르지 아니하여 굳세게 우뚝 자립해서 마치 저 딴 세상에 노니는 사람과 같다. … 이러한 것을 누가 알 것인가? 오직 나만이 알 수 있다.〈이덕무, 『청장관전서靑莊館全書』「야뢰당기野餒堂記」〉

'야野'는 들판 혹은 꾸밈없고 순박하다는 뜻을 가지고 있고, '뢰鮾'는 굶주림을 뜻한다. '야뢰野鮾'의 뜻만 보아도 알 수 있듯이 백동수가 추구한 삶은 세상 사람들이 귀하게 여겨 목숨과 바꾸는 것조차 마다하지 않은 재물과 권력, 성공과 출세와 명예 따위와는 거리가 멀어도 한참 멀다. '야인野人'이란 곧 꾸밈없고 순박하며 가식이나 거짓이 없는 자연인이다. '뢰인鮾人'은 굶주림이나 가난을 부끄러워하지 않고 세속적인 기준이나 세상 사람들의 시선 따위는 아랑곳하지 않은 자유인이다. '야인'과 '뢰인', 곧 '자연인自然人'과 '자유인自由人'이야말로 백동수의 삶의 모습이었다. 친구인 성대중의 아들 성해응은 「백동수에 관한 일을 쓰다(서백영숙사書白永叔事)」에서 "태어나면서부터 굳센 무인이었다."고 서술하면서, 그가 관직에 있는 것을 즐거워하지 않았고 유곽에서 노는 것을 좋아했다고 한다.

(백동수가) 일찍이 그 무리들을 이끌고 북한사北漢寺의 누각에 올라, 술을 내오고 광대에게 노래를 시켰는데, 무뢰배들이 무리를 지어 뒤쫓아 왔다. 이에 백동수가 눈을 부릅뜨고 분기하여 소매를 떨치고 일어서는데, 수염이 다 뻗칠 정도였다. 무뢰배들이 두려워하며, 도망갔다.〈성해응, 『연경재전집』 서백영숙사〉

지금이나 예나 다른 사람들의 즐거워하는 것을 보기 싫어하는 이들이 있는데, 북한사北漢寺에 놀러 온 백동수의 무리들을 쫓아온 무뢰배들도 그러한 유형이었던 듯하다. 하지만, 그들은 분기탱천한 백동수의 모습에 겁을 먹고 도망치고 말았던 것이다. 백동수의 성격을 알 수 있는 부분이다. 백동수는 무엇보다 그는 상하빈천을 아우른 폭 넓은 사귐을 통해 우정의 넓이와 깊이를 우리에게 보여주었던 인물이다. 그의 벗 박제가는 이렇게 증언하고 있다.

> 백영숙은 당시 이름이 알려져 있었는데, 나라 안에서 두루 친구를 맺었는데, 위로는 경상卿相과 목백牧伯, 다음으로는 현인명사賢人名士였다. 왕왕 서로 추천하면 (친구로) 받아들였다. 그 친척과 동네 무리와 결혼의 친함 한 가지만으로 족하지 않았다. 대개 말 달리고 활쏘기를 익히며, 격검擊劍하거나 주먹으로 용맹한 무리와 같이 했으며, 글과 그림 · 도장 · 바둑 · 거문고와 비파 · 기술의 무리, 시정의 교두군 · 농부 · 어부 · 백정 · 장사꾼 같은 천인에 이르기까지 길거리에서 만나서 도타운 정을 나누지 않은 날이 없었다고 기록하고 있다.〈박제가朴齊家, 『정유각집貞蕤閣集』 「송백영숙기린협서送白永叔基麟峽序」〉

그는 이덕무와 박제가를 박지원에게 소개해 주었다. 홍대용, 유득공 같은 학자들도 일찍부터 그와 사귀던 벗이다. 박지원과 박제가가 만나는 모습은 아름다운 한편의 드라마였다.

백동수는 무과에 급제한 1771년 봄에 박지원과 함께 북으로는 묘향산으로부터, 남으로는 가야산에 이르기까지 조선의 명산대천을 두루 유람하였다. 이때 백동수는 박지원에게 연암燕巖골을 찾아내고 그곳에 집터를 잡아 주었다. 박지원의 호인 '연암燕巖' 에는 백동수와의 깊은 우정이 담겨 있다.

그러나 백동수는 한 집안의 가장으로서는 한참 모자란 인물이었다. 30대에 어려운 이웃을 돕는다고 '천금千金'의 재산을 다 써버려 끼니를 걱정할 형편이 되었기에, 장사로 돈을 벌려고 동래에 내려갔다. 왜관을 통해 일본과 무역을 시도하였으나 본전도 못 건졌다. 재주가 많아 주위를 놀라게 했던 그였지만 이윤을 남겨야 하는 장사에는 영 서툴렀던 모양이다.

백동수는 스물아홉인 1771년(영조 47)에 식년무과에 합격했다. 그러나 아무도 그를 알아주지 않았다. 그저 무과 합격증만 손에 쥐고 관직에 출사하는 날을 기다렸지만, 세상은 기회를 주지 않았다. 1773년, 백동수는 서울을 떠나기로 결심한다. 목축하기 위해 온 가족을 이끌고 첩첩산골인 강원도 인제의 기린협으로 들어간 것이다.

인재 백동수는 장군 집안의 자손이다. 그 조상 중에 충성을 다하여 나라에 목숨 바친 이가 있어서 이제까지도 사대부들이 그를 슬프게 여긴다. 백동수는 전서篆書와 예서隸書를 잘 쓰고 전장典章과 제도도 익숙히 잘 알며, 젊은 나이로 말을 잘 타고 활을 잘 쏘아 무과에 급제하였다. 아, 그런데 백영숙이 어째서 식구를 몽땅 이끌고 강원도 두메산골로 들어가야 하는가. 백영숙이 지금 기린협에서 살려고 송아지 한 마리를 끌고 들어가니, 길러서 밭을 갈겠다는 것이다. … 그 험하고 궁벽하기가 전날의 연암협에 어찌 비교나 되겠는가. 그런데 나 자신도 이럴까 저럴까 망설이면서 아직 거취를 결정하지 못하고 있으니 백영숙이 떠나가는 것을 감히 만류하겠는가. 나는 그의 결심을 장하게 여길지언정 그의 곤궁함을 슬퍼하지는 않는다.〈박지원, 『연암집』 증백영숙입기린협서〉

그는 기린협으로 들어가 직접 농사를 짓고 목축을 하며 생활을 했다. 그가 기린협으로 들어간 이유는 명확히 알 수 없다. 아마도 세상과의 소통 실패가 들어가는 계기가 되었던 것으로 보인다. 기린협에서 백동수의 생활에 대해서는 박제가의 시를 통해 엿볼 수 있다.

時淸壯士樂躬耕 한창 젊은 장사가 몸소 밭 가는 것을 즐겨하여
盡室基麟峽裡行 가족을 다 거느리고 기린협 안으로 간다.
聞道前冬殘雪後 들으니 길 앞에 겨울 잔설이 남아 있다고 하네.
携鷹東出過砥平 매를 데리고 동쪽으로 가, 지평砥平을 지난다.

〈박제가朴齊家, 『정유각집貞蕤閣集』「백선달동수白先達東修」〉

가족들을 데리고 기린협으로 간 백동수는 농사를 짓고 긴 겨울에는 매 사냥을 하면서 세월을 보냈던 것으로 여겨진다. 강태공이 낚시를 하며 세월을 낚듯이, 백동수도 사냥을 하며 세월을 기다리던 것이 아닌가 생각된다. 그런 백동수 스스로의 유폐 생활을 마무리하고 세상 밖으로 꺼내준 사람이 바로 정조였다. 1776년(정조 즉위년) 종9품 부사용으로 관직에 복귀하였다. 세상과 타협을 하기로 한 듯하다. 이러한 점은 몇 년 뒤의 일이지만, 성대중이 지은 글을 통해서 알 수 있다.

백영숙은 무예를 하고, 글을 하는 사람이다. 어려서는 구속되는 바 없이 행동하였다가 중년에는 의지를 꺾고 학문을 배워 그 재능과 뜻을 이루었으니, 영숙의 도량이나 씀씀이가 그릇에 지나지 않는다

고 할 수 없음을 알 수 있다. 그러나 항상 그의 선천적인 품성이 순하게 섞이지 못하는 것을 염려하였는데, '부드럽지만 질김(韌)'으로 자신의 호를 삼았다.〈성대중, 『청성집』 인설증백영숙지관비인〉

성대중은 그가 남과 잘 타협하지 못한 점을 걱정할 정도였던 것이다. 충고를 받아들인 것인지는 명확히 알 수 없지만, 백동수는 자신 스스로 '인재韌齋'를 호로 삼았다. '인韌'은 '부드럽지만 질김'을, '재齋'는 '몸과 마음을 깨끗이 하다', 혹은 '정진하다'의 뜻을 담고 있다. 즉 '쉽게 끊이지 않는 것으로 몸과 마음을 깨끗이 했다' 정도로 해석되는데, '야뇌'에서 '인재'로 호를 바꾼 것은 세상과 어느 정도 타협을 하여 부드럽게 대하겠다는 의미로 들린다.

이후 1789년(정조 13)에 정조는 장용영壯勇營을 설치하고, 백동수의 재주를 알고 초관에 임명하여 『무예도보통지』 편찬의 임무를 맡겼다. 편찬 작업에는 백동수와 이덕무, 박제가 등이 참여하였는데,

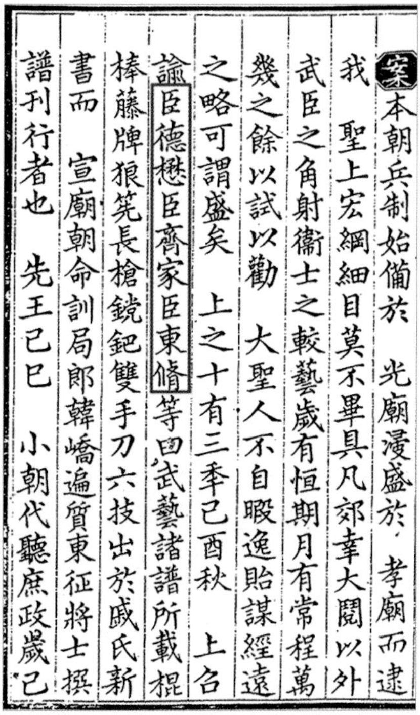
案本朝兵制始備於 光廟浸盛於 孝廟而逮
我 聖上宏綱細目莫不畢具凡郊幸大閱以外
武臣之角射衛士之較藝歲有恒期月有常程萬
幾之餘以試以勸 大聖人不自暇逸貽謀經遠
之略可謂盛矣 上之十有三季己酉秋 上命
諭臣德懋臣齊家臣東脩等曰武藝諸譜所載棍
棒藤牌狼筅長槍鈗鈀雙手刀六技出於戚氏新
書而 宣廟朝命訓局郎韓嶠徧質東征將士撰
譜刊行者也 先王已巳 小朝代聽庶政歲己

무예도보통지에 실린 이덕무李德懋 · 박제가朴齊家 · 백동수白東修의 이름이 담긴 부분이다.

이들이 맡은 일에 대해서는 『홍재전서』 「무예도보서술武藝圖譜敍述」에 기록되어 있다. 이덕무에게는 옛 서고의 비장 서적들을 열람 참고하도록 하고, 박제가에게는 판하본板下本을 쓰도록 하고, 백동수에게는 병兵을 잘 아는 장용영 안의 장교들과 함께 기예를 살피고 시험하도록 명하였다.

조선 최고의 무예보인 『무예도보통지』를 살펴보자. 『무예도보통지』란, 무예 24반을 그림으로 풀어 설명한 책이다. 도圖는 그림, 보譜는 가상으로 상대와 겨루는 것을 상정하여 공격과 방어를 정립한 틀, 통지通志는 무예의 역사를 기록했다는 뜻이다. 그래서 '무예武藝∨도보圖譜∨통지通志'로 끊어 읽어야 한다.

혹자는 이 책을 폄훼하여 말하기를 "유럽은 대항해시대를 지나 세계를 무대로 식민지 개척에 혈안이 되어 있는 때에 칼싸움과 서커스와 같은 마상재馬上才에 치중하는 것은 시대착오적 발상으로 조선의 멸망이 눈앞에 보인다."고 한다. 전혀 틀린 말은 아니나, 조선 중흥의 군주 정조가 왜 칼싸움과 마상재에 관심을 두었는지는 살펴보아야 할 것이다.

14세기 중엽부터 동북아에는 왜구들이 준동하였다. 왜구들은 해안 방어태세가 나름 살아있는 조선보다는 만만한 명明나라 동남 해안 지방을 주로 노렸다. 1553년 왜구들이 선박 수백 척에 2만여 명의 병력을 거느리고 중국 연해를 침략하였는데, 명나라는 젊은 장수 척계광戚繼光을 파견해 왜구 토벌에 나섰다. 척계광은 왜구와 싸울 군대를 엄격하게 훈련하고, '원앙진법鴛鴦陣法'을 고안해 혁혁한 전공을 세웠다. '원앙진법'이란 왜구의 긴 칼에 맞서기 위해, 긴 창을 이

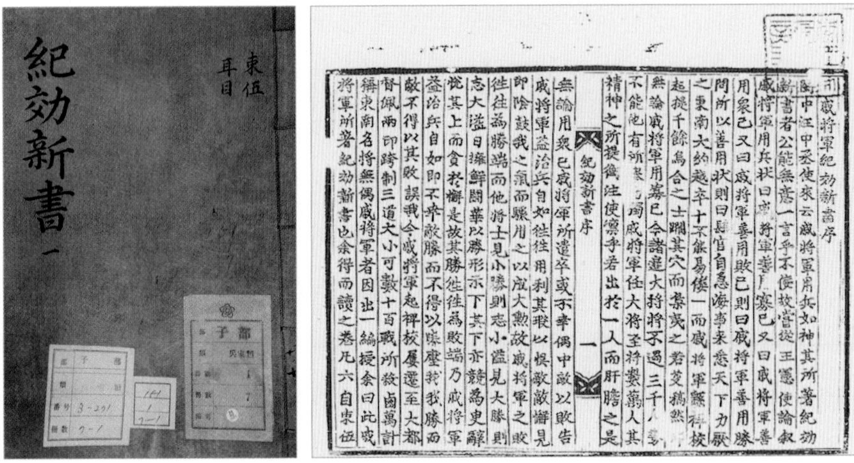

기효신서紀效新書

용한 매우 단계적이고 체계적인 집단 전술이다. 척계광은 오랜 왜구 토벌 실전 경험으로 『기효신서紀效新書』라는 우수한 군사 저작을 남겼고, 척계광이 죽은 지 4년 후 1592년 4월, 임진왜란이 일어났다.

임진왜란은 국왕이 압록강까지 피난을 갔던 사상 초유의 국가적 위기였다. 조선은 고려 말부터 개발해온 우수한 화포와 강력한 활을 사용해 해안에 침입한 왜구들을 제압해왔다. 그러나 임진왜란 당시의 상황은 그렇지 못했다. 일본은 유럽을 통해 들어온 조총을 적극적으로 개발하고 이를 사용하여 전국을 통일하였다. 일설에는, 이 당시 일본에서 만들어진 조총의 수가 유럽 전체의 조총의 수보다도 많았다고도 한다.

이 조총을 통해 일본군은 조선의 활과 대포에 맞설 수 있었고, 돌격대가 조총의 지원으로 조선군에게 접근이 가능해지자 그들의 장기였던 검술이 빛을 보았던 것이다. 그동안 활과 화포를 이용한 일명 장병長兵 전술에만 익숙했던 조선의 병사들은 칼과 창을 제대로 휘둘러보지도 못한 채 왜군의 시퍼런 칼날 앞에 목숨을 내놓아야 했다.

그러던 중 우여곡절 끝에 중국 명나라의 지원군이 도착하여 평양성을 탈환할 수 있었다. 여기서 조선은 놀라운 광경을 보게 된다. 명나라의 지원군들은 별로 쓸모가 없어 보이는 등나무로 만든 방패와 가지를 남겨놓은 대나무와 짧은 삼지창 등을 사용하여 일본군을 쓸어버리다시피 했던 것이다. 왜군을 퇴치할 대책을 고심하던 조선은 이들의 무예와 전투 방법을 받아들이기 위하여 후에 조선 후기 최대 군영으로 발전하는 「훈련도감」을 창설하고 병사들을 뽑아 새롭게 무예와 조총술을 익히게 하였다.

전통적으로 우수한 과학기술을 보유했던 조선은 조총을 만드는 데에는 그다지 큰 어려움을 겪지는 않은 것 같다. 하지만 몸을 통해 전수되는 무예를 도입하는 것은 쉽지 않았다. 훈련도감의 낭관인 한교韓嶠는 선조의 명을 받들어 은밀하고 끈질기게 명나라 장수와 접촉하여 많은 정보를 얻어내고, 이를 바탕으로 『무예제보武藝諸譜』를 편찬할 수 있었다.

그때 임진왜란으로 명과 조선이 일본과의 치열한 전쟁에 몰두하는 사이를 틈타 만주를 통일한 후금後金의 세력이 커져 조선을 압박해오기 시작하였다. 유목민족인 여족女眞族이 세운 후금은 특히 말을 타고 싸우는 기병 전술에 강하였다. 물론 조선시대에도 기병이 있었지만 세력이 강대해진 후금을 상대하기에는 그 수가 부족했다.

또한 당시 집중적으로 양성했던 조총은 기병전술에 대해 치명적인 단점이 있었다. 그것은 한번 발사한 다음에 재장전하여 다시 발포할 때까지의 시간이 길다는 것이다. 속도가 빠른 기병이 그 틈을 노리고 돌격하면 조총은 한순간에 무용지물이 되었던 것이다. 이에 조선은 후금과의 전쟁에 대비하여 기병을 양성하고, 또한 보병으로 기병을 상대하는 다양한 무예를 도입해야 했다.

광해군 때에는 계속적으로 조총을 사용하는 포수砲手를 양성하는 동시에 보병步兵으로 기병을 상대할 수 있는 무예를 도입하였다. 조선 후기의 군대는 '삼수병三手兵'이라고 불리는 세 가지의 군사로 구성되었다. 조총과 화포를 사용하는 '포수砲手'와 활과 화살을 이용하여 공격하는 '사수射手'가 있었다. 포수와 사수는 모두 먼 거리에 있는 적을 공격하고 적이 가까이 접근할 때에는 창과 검을 사용하는 '살수殺手'가 백병전을 치르게 되어 있었다. 특히 포수는 전투 시에 적이 가까이 접근했을 때에는 칼을 뽑고 백병전을 치를 수가 있어야 했다. 이 때문에 조총이 보급될수록 검술의 중요성도 동시에 높아지게 되었던 것이다.

병자호란 때 인질로 8년간 청淸에 끌려가 생활했던 경험이 있었던 효종은 은밀히 북벌을 추진하였다. 비록 북벌이 실현되지 못했지만 이로부터 약 100년 뒤 효종을 꼭 빼어 닮은 왕자가 나타났으니, 그가 바로 뒤주에 갇혀 비운에 죽어간 사도세자思悼世子이다. 그는 특히 무예와 병학에 관심이 많았다. 영조에 의해 세자로 책봉되어 대리청정을 맡게 된 사도세자는 각 군영의 무예를 비교, 검토하여 통일된 무예서를 만들도록 하였다. 이것이 바로 『무예신보武藝新譜』이다. 그러나 사도세자가 그 뜻을 제대로 펴보지도 못하고 비운 속에 세상을 뜨자, 이러한 시도는 자칫 물거품이 될 수도 있었다.

광해군과 사도세자의 무예진흥 정책은 비정상적인 절차로 물러

난 왕이나 세자의 정책과 업적이었기에 폐기처분되기가 쉬웠다. 하지만 다행히도 사도세자의 아들 정조가 무사히 왕위에 등극함으로써 사도세자의 뜻은 온전히 이어질 수 있었다.

1778년 정조가 파격적인 법안을 마련하였다. 6품 이상 진급할 수 없었던 서얼庶孼을 3품 당상관까지 오를 수 있도록 정한 것이다. 이를 바탕으로 1779년 6월, 처음으로 규장각奎章閣으로 입성한 검서관이 서얼이지만 당대 최고의 학자로 소문났던 이덕무, 유득공, 박제가, 서리수였다. 이들은 기회를 틈타 임금에게 자신들이 사랑하는 벗을 소개했다. 조선 최고의 무인이 지금 강원도 산골에서 농사를 짓고 있다고 하였다. 정조는 백동수를 불러 선전관에 임명하고 장용영 창설의 주역으로 삼았다. 1788년 겨울, 정조는 백동수를 친위군영인 장용영의 창검초관에 임명하였다. 그때 그의 나이 마흔다섯이었다. 백동수는 국왕 정조를 호위하고, 창덕궁 춘당대에서 장용영 무사들에게 무예를 지도하는 일을 맡았다. 그의 임무는 무예의 표준을 정립하는 것이었다.

이듬 해 가을, 백동수는 『무예도보통지』를 편찬하라는 어명을 받았다. 장용영에서는 백동수가, 규장각에서는 이덕무, 박제가가 차출되어 TF팀을 구성하였다. 백동수는 당시 조선의 최고 무사로 정평이 나 있었고, 이덕무는 고전에 통달한 문인이었으며, 박제가는 문인이면서 무과에도 급제한 무인이기도 했다. 수많은 토론과 검증 끝에 마침내, 1790년 4월 29일 책이 완성되었다.

이들이 작업하는 장면을 상상해보면, 아마도 이덕무는 145여 종의 무예 관련 서적을 쌓아놓고 일일이 확인하며 문서작업을 하고 있고, 백동수는 뜰에서 무사 및 화원들과 동작 그림을 어떻게 그려야

김홍도金弘道의 씨름과 무예도보통지의 그림, 화풍이 닮아있다.

하는 것이 좋은지 상의하고, 박제가는 이들 사이에서 전체적인 총괄 작업을 맡았을 것이다. 이들이 힘을 합했기에 정확하고 자세한 훈련법에서부터 각 무예의 기원에서 발전 역사까지 모두 종합한 동양 무예의 백과사전을 완성할 수 있었던 것이다.

특히 『무예도보통지』가 중요한 것은 사실적인 그림도 한몫을 하고 있다. 이 책에는 492판의 그림이 나오는데, 그 공격 자세와 품세가 모두 백동수의 실기이며 격세와 복장 무기 등 그림은 도화원 소속 화원들이 그린 것이다. 그렇기에 현대에서도 이 무예를 재현할 수 있던 것이다. 문제는 이런 그림을 누가 그렸는가 하는 점이다. 북한에서는 단원 김홍도라고 주장하고 있다. 전혀 근거 없는 주장 같지는 않다. 확실한 것은 이 책이 정조와 국가기관에서 제작한 공식적인 기록물이라는 점이다. 국가미술기관인 도화서와 差備待令畵

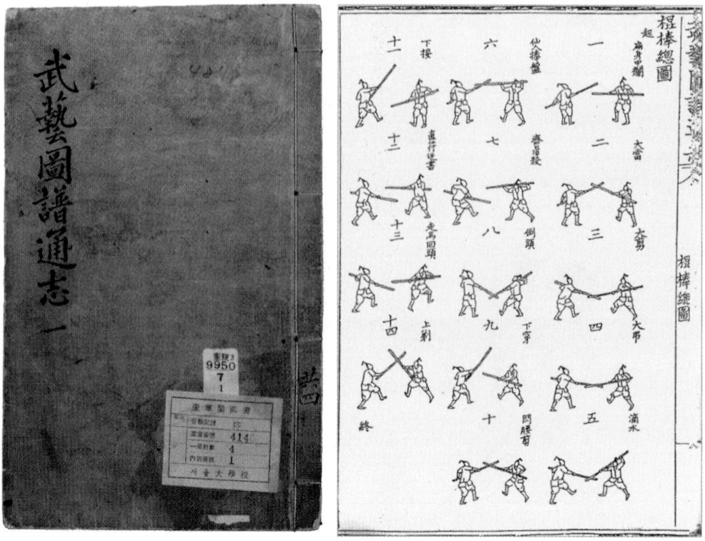

무예도보통지

員(자비대령화원)이 원본그림을 그리는데 참여했을 것은 확실하다. '자비대령화원' 은 도화서 화원 중 실력이 출중한 이들을 선발해 왕의 지시로 이뤄지는 왕실의 주요 그림 그리는 활동을 우선으로 전담시키는 제도다.

이 책은 목판 인쇄물이다. 원화는 분명 붓으로 그렸겠지만, 이를 밑바탕으로 목판으로 새겼기 때문에 실제 원화를 완전하게 표현하는 데는 한계가 있다. 또한 여러 권으로 인쇄하는 과정에서 목판이 뭉개지거나 제대로 찍히지 않을 수도 있다. 그래서 김홍도가 직접 그렸다고 단정하기에는 어려움이 많다. 붓으로 그린 원화와 나무에 칼로 판 목판인쇄는 아무래도 차이가 있다. 그럼에도 그림에는 김홍도 그림의 맛이 느껴진다. 직접 그리지는 않았더라도 최소한 감독이나 지도를 했을 것이다. 반드시 김홍도일 필요는 없다. 김홍도의 명성을 빌리지 않더라도 이 책의 가치는 충분하다.

무예 24반이 수록된 이 책은 실학과 관련하여 중요하게 살펴보아야 할 정신이 '금今'과 '용用'의 정신이다. 예를 들면 24가지의 기예를 중국(화식華式)과 일본(왜식倭式)의 기예와 더불어 조선의 방식을 그림으로 표현한 것의 설명을 '조식朝式'이 아닌 '금식今式'이라 표현하였다. 이는 바로 동양 삼국 최고의 무예를 적극 받아들여 오늘날 우리 군사들에게 전파하기 위한 실학자 이덕무와 박제가의 깊은 뜻이 담겨 있는 것이라 볼 수 있다. 편집자인 이덕무, 박제가, 백동수가 정조 임금께 올린 글에 다음과 같은 구절이 나온다.

> 대저 병기란 마지못할 때 쓰는 것입니다. 그러나 성인이 그것으로 포악을 금하고 어지러움을 제지하는 뜻으로 사용하였으니, 애당초 이용후생 목적과 서로 겉과 속이 됩니다. 그러므로 봄 사냥과 가을 사냥은 그 말을 사열이요, 향음주례鄕飮酒禮는 활쏘기를 연습이며, 투호投壺 놀이와 축국蹴鞠 놀이에 이르기까지 은미한 뜻이 그 사이에 존재하지 않은 게 없으니, 이 책을 지음이 어찌 특별히 병가만을 위하였을 뿐이겠습니까? … 그리하여 조정은 실용 있는 정책을 강론하고, 백성은 실용 있는 직업을 지키고, 학자들은 실용 있는 책을 펴내고, 무사들은 실용 있는 기예를 익히고, 상인들은 실용 있는 상품을 유통시키고, 장인들은 실용 있는 기구를 만든다면, 어찌 나라를 지키는 일을 염려하며, 어찌 백성을 보호하는 일에 걱정이 있겠습니까?〈이덕무, 『청장관전서』 무예도보통지부진설〉

『무예도보통지』는 성리학 사상과 전통무예 기술의 '소통', 진법과 각개 무술의 '소통', 과거의 전통과 현대의 혁신과의 '소통' 등 이 모든 '소통' 속에는 우리의 과거와 현재, 미래를 잇는 '통通' 이 있다는 생각이었다.

등패(籐牌, 단거리 방패) 부대를 중거리 낭선(狼筅, 대나무 가지) 부대가 호응하고, 중거리 장창(長槍, 긴 창) 부대는 단거리 당파(鏜鈀, 삼지창) 부대가 구원하는 종합전술 병법처럼 이론과 실천, 전통과 혁신이 상호 어우러지는 소통이 정조의 시대착오적이지만 절실했던 개혁의 방향이었을 것이다.

이후 백동수는 훈련주부·훈련판관·비인현감·박천군수 등을 역임하다가 1816년(순조 16) 74세로 사망하였다. 하지만, 그의 말년은 그리 편안하지 못했다. 성해응은 그의 말년을 다음과 같이 기록하고 있다.

> 영숙의 집안은 본래 넉넉했지만 궁핍한 사람들을 구제하기를 좋아하였다. 이 때문에 재산의 집안은 흩어지고 기울었지만 베풀어주는 것을 그치지 않았다. 이웃집의 명관이 몰락했다는 말을 들으면 보살피지 않은 적이 없다. 그런즉 외읍에 나갔을 때 받은 봉록은 항상 빚 갚는데 다 써서 부족하였다. 영숙이 이미 늙고 또한 병이 있으며 처첩도 사망하였다. 어려서 교류한 이들이 적거나 살아 있는 자 또한 적었다. … 나에게 말하기를, "내가 비록 병이 있으나 아직은 아침과 저녁 한 그릇의 밥은 내놓을 수 있네, 내 목숨이 본디 제한이 되어 있을 것인데, 내가 다시 어찌 걱정하겠는가."라고 하였다. … 영숙의 처음과 끝을 기록하기를 마치니, 애석하구나. 다시 볼 수 없는 기이한 남자이다.〈성해응, 『연경재전집』 서백영숙사書白永叔事〉

말년에는 처와 첩도 사망하고 친구들도 죽고 없었으며, 몸도 병으로 인해 거의 움직이지 못한 채로 홀로 살았음을 알 수 있다. 그렇다고 재산이 남아 있는 것도 아니었다. 사람을 좋아하는 성격상 주위 여러 사람들에게 베푸느라 다 써버리고 어렵게 살았던 것이다. 그나마 백동수를 알고 있는 성해응이 시간 날 때마다 들러보는 정도였다. 그의 말년이 얼마나 외로웠을지 상상이 간다.

오늘날 외국인과 내국인들에게 한국의 무예를 소개하기 위한 하나의 공연 콘텐츠로 『무예도보통지』의 무예가 재현되고 있다. 세계적으로 한류韓流에 대한 열풍이 일고 있는 시점에서 이와 같은 전통무예의 정기적인 시범공연은 우리나라 문화를 알리는 중요한 역할을 하고 있다고 할 수 있다. 특히 남산 팔각정, 수원화성, 남한산성 등에서 『무예도보통지』의 24가지 무예가 시연되고 있다. 우리나라의 전통무예의 맥을 연결시켜 준 통로는 『무예도보통지』이다. 『무예도보통지』는 지난 2017년에 유네스코 세계기록유산에 등재되었다.

끝으로 친구에 대해 쓴 글 중 세상에서 가장 아름다운 문장으로 마무리한다.

> 간절히 원하지만 다정한 벗을 오래 머물게 할 수 없는 마음은 꽃가루를 묻힌 나비를 맞는 꽃과 같다. 나비가 오면 너무 늦게 온 듯 여겨 조금 머무르면 소홀히 대하고, 그러다 날아가 버리면 다시 나비를 그리워하기 때문이다. 마음에 맞는 시절에, 마음에 맞는 벗과 만나, 마음에 맞는 말을 나누며, 마음에 맞는 시문을 읽는 것, 이것이야말로 더할 나위 없는 즐거움이다.〈이덕무, 『청장관전서』 선귤당농소蟬橘堂濃笑〉

白塔落穗

3부

3-1

내시内侍와 환관宦官은 같으며 다르다!!

1910년 경술국치庚戌國恥 이후 국권 상실에 대한 울분과 저항으로 자결 순국한 이들은 얼마 되지 않는다. 500여 년 동안 사대부입네, 양반입네, 선비입네 하면서 목에 힘주고 뒤로는 온갖 부패를 저질렀던, 끝내는 나라까지도 팔아먹었던 당시의 지도자들은 일본의 귀족 작위를 받으며 매국賣國 전錢으로 호의호식하였다. 그러나 매천梅泉 황현黃玹을 비롯하여 일완一玩 홍범식洪範植, 의당毅堂 박세화朴世和, 회은晦隱 유도발柳道發, 향산響山 이만도李晩燾 등은 분연히 자결로서 나라와 역사 앞에 충성하였다.

그중에 반하경潘夏慶이라는 인물이 있다. 그는 내시였다. 고종 때의 내시로서 어명을 전달하던 승전색承傳色을 지내다가, 1905년 일제가 무력으로 고종과 대신들을 위협하여 을사늑약乙巳勒約을 강제 체결하고 국권을 박탈하자, 이에 항의하여 사임하고 경기도 파주 교하交河에 은거하였다. 1910년 8월 경술국치가 일어나자, 통분을 누르지 못하여 사람들이 많은 파주 삽다리 장터에서 품안에 간직하였던 글을 펼쳐놓고 할복割腹 자결自決하였다.

내시와 외관이 천함과 귀함이 다르기는 하지만 나 역시 임금의 은혜를 받아 이미 수십 년을 살아왔다. 그러나 지금 임금이 하정下庭하였으니, 내 어찌 감히 따뜻한 방에서 죽을 수 있겠는가.

입 있는 사람들은 역사의 비극을 앞에 두고 당시의 식자識者들이 부패하고 제 집안만 챙기며 노블레스 오블리주를 실행하지 못했다고 비난하지만, 나라의 자주권을 상실했다 하여 지금 당장 스스로 목숨을 끊을 엘리트는 몇이나 될까? 국권 상실에 스스로 죽음을 택했던 내시의 정신을 우리는 얼마나 계승하고 있는가? 우리가 흔히 내시라고 알고 부르는 환관에 대하여 이야기를 모아 보았다.

한자의 宦(벼슬, 내시 환)과 閹(내시 엄)은 환관을 가리키는 말이다. 宦은 원래 신을 섬기는 노예였으나 시대가 흘러 왕의 궁묘 관리인이 되었고, 閹은 신체적인 특징에서 기인한 것이다. 閹은 고대에는 奄으로만 쓰였다.

『주례周禮』와, 『예기禮記』 등에는 이런 명칭으로 등장한다. 환자宦者, 환수宦竪, 폐관嬖宦, 중환中宦, 내환內宦 등과 엄인閹人, 엄자閹者, 엄수閹竪, 엄시閹侍 등으로 불렸다. 閹과 宦을 합쳐서 엄환閹宦

영화 「왕의 남자」의 연산군과 환관 김처선金處善

이라고도 불렸다. 또한 궐문을 지켰기 때문에 '문지기' 라는 의미에서 엄관閹官, 엄시閹侍라고 부르기도 하였고, 또한 궁중의 일을 돌본다 하여서 궁녀와 더불어 중인中人이라고도 불렸다. 그 외에 환사宦寺, 화자火者, 혼관閽官, 혼사閽寺, 폐환嬖宦, 사인寺人, 황문黃門, 중사中使, 총환寵宦, 고자鼓子, 근시近侍, 내감內監, 내시內侍, 정신淨身, 내관內官 등이 있다.

이 중 화자火者에 대해서는 여러 가지 어원이 있는데, 환관이 남중국南中國의 광동성廣東省에서 많이 나왔기 때문에 피부가 불에 그슬린 것처럼 검다고 해서 화자라고 부르게 되었다든가, 인도에서 수입해온 환관들이 피부가 검어서 역시 이렇게 불렸다든가, 환관을 수술로 만들어내기 전에는 불로 음경을 지져서 만드는 경우가 많았기 때문에 이런 명칭이 붙었다는 등의 이야기가 있다.

그러나 '화자火者' 라는 말은 고환 두 개가 사람으로부터 따로 떨어져 나가 있다는 뜻에서 '人' 이란 글자 바깥에 점 두 개가 따로 노는 '불 화(火)' 글자를 사용하여 만든 말이다. 이러한 명칭은 아무리 권력이 있건 없건, 일반 백성들에게는 그저 놀림감의 대상이었을 뿐이었다. 조선시대에 이들이 모여 사는 경복궁 바로 옆의 동네를 '화자동火者洞' 이라고 불렀는데, "좀 너무했다" 라는 여론이 있어서 요즈음은 동네 이름이 '효자동孝子洞' 으로 조금 바꾸어서 사용하고 있다.

이들이 '화자火者' 라는 말을 극히 싫어하자, 이번에는 "속이 텅빈, 즉 알맹이가 없는 사람" 의 뜻으로, '북 고(鼓)' 자를 집어넣어 '고자鼓子' 라는 말을 만들어서 일반인들이 사용하기 시작하였다.

고자라고 부르는 유래는 환관의 역사만큼이나 깊고 다양한 이야기가 전한다. 우선 『훈몽자회』에 실려 있는 '고쟈(엄)' '고쟈宦(환)' '고쟈(혼)' '고쟈(시)'를 통해 중세에는 '고쟈' 였음을 밝히고 있다. 또 송나라 손목孫穆의 『계림유사』에서는 "창인지자왈고작倡人之子曰故作"이라 하였고, 진태하 교수는 "옛날 '칭인倡人'의 자식은 대부분 '고자(또는 '화자火者' 라고도 일컬음)'로 만들었는데, '宦'의 고한국어는 곧 '고쟈' 이며, '고작故作'의 음가에 따르면 이것과 일치한다."고 해석하였다.〈진태하, 『계림유사연구』, 명문당〉

그러나 '고자'에 대한 느낌은 예로부터 그렇게 좋은 감정이 아니었다. 옛말에, 진나라의 환관 조고趙高와 곳간지기 '고자庫子'에서 비롯되었다는 이야기가 전해진다. 조고는 진시황의 유조를 위조하여 맏아들 부소를 죽이고 어린 호해胡亥를 황제로 세운 환관이다. 어리석은 황제를 농락하며 권력을 휘어잡은 조고는 승상 이사李斯를 제거한 후 자신이 승상이 되어 중신들을 제압하기 위한 술책을 폈다. 사슴을 가리켜 말이라 한 소위 지록위마指鹿爲馬의 촌극이다. 이로 인해 진나라는 혼란에 빠져 멸망했으니, 조고는 나라를 망친 간신이자 역신의 대명사로 바뀌었다. 나라를 망친 환관 조고, 그래서 조고처럼 떳떳하지 못한 행동을 하는 자를 가리켜 씨도 없는 고자의 아들이라 비아냥거리며 '조고의 아들'로서 '高子'라 했다는 것이다. 또한 '庫子'는 창고를 지키는 자를 일컫는 말인데, 이들이 환관인데다 발음이 같아 '고자'라 했다는 설도 덧붙였다. 모두가 발음의 유사성에서 재미있게 유추해 낸 해설이다. 물론 믿을 수 없다.

'북 고(鼓)' 자를 사용하는 '고자鼓子'의 의미를 밝혀내는데 재미있는 힌트가 있다. 고자는 고환을 제거하여 알집의 속이 텅 빈 북과 같아서 鼓子라 한 것이다. '속이 텅 빈 사람', 그것도 '중심추'를 이루는 남성의 상징이 텅 비었으니 성격적으로 모가 나고 시세에 민감하게 변덕을 잘 부렸는지도 모른다. 고자에서 '고자질' 이라는 말이 파생했다고 한다. 미주알고주알 남의 잘못을 일러바치는 행위가 고자질이므로, 환관이 임금에게 있는 말, 없는 말로 꾸며 온갖 고자질을 한다는 데서 파생되었다는 것이니 재미있는 풀이다.

조선에서는 내시라고도 불렀다. 이는 조선시대에 내시부內侍府를 환관이 독점하게 되면서 시작된 것으로, 고려시대에는 일반 관료들이 내시직을 맡기도 했기 때문에 구분되어 있었다. 하여튼 그 영향으로 오늘날 한국에서도 흔히 내시하면, 곧 환관을 가리키는 말로 통한다.

환관은 거세된 남자들로 이루어진 관직 혹은 그 관직에 종사하는 사람이다. 원래는 궁중의 노비였으나 나중에는 주로 내시직을 맡은 거세된 남자를 일컫게 되었다. 왕정이 확립되고 일부다처제가 뿌리 깊은 국가에서 운용된 제도로, 이들은 왕의 궁정을 담당하는 신하로 고용하여 다른 남자들이 왕의 사적인 공간에 침범해서 왕의 여자들을 건드리지 못하게 하기 위해 만들어졌다. 또 일반사회와 단절된 존재이기 때문에 외부인에 비해서는 충성심이 높다고 판단되었으므로 여러 왕정국가에서 환관 제도는 널리 사용되었다.

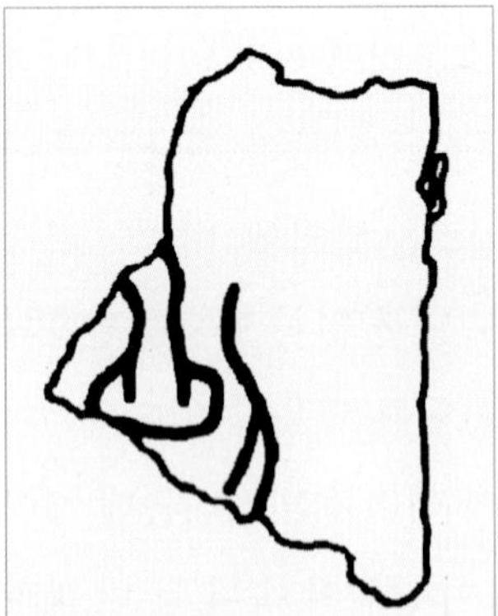
갑골문에 보이는 궁형宮刑의 모습

고대에는 동서양을 막론하고, 각 나라 왕실에 환관이 있었다. 이미 기원전 21세기 수메르에도 환관이 존재했다. 멀쩡한 남성을 거세해 왕궁에 두고 여러 가지 잡무를 시켰다는 기록이, 이를 입증한다. 환관에 관한 최초의 기록인 셈이다.

중국에서는 아주 오래전부터 환관 풍습이 전해지고 있다. 동이족이 세운 은나라의 은허에서 발견된 갑골편에 환관 풍습을 잘 알려주는 갑골문자가 발견되어 화제가 된 적이 있다. 이 갑골문은 은의 무정武丁이 체포한 강족羌族(지금의 티벳 계통의 종족) 사람을 환관으로 만들고자 신神의 뜻을 물어보기 위한 것이다

> 庚辰卜王朕剢羌人不死
>
> 경진일에 점을 치고 왕인 내가 묻습니다. 내가 강인羌人 노예에게 궁형宮刑을 내려도 죽지 않을까요?〈양동숙 저, 『갑골문해독』 이화문화출판사〉

갑골문에서 보이는 '凸(철)' 처럼 보이는 글자는 남성의 성기를, '刀(도)' 는 절단을 의미한다. 즉 포로로 잡혀온 종족을 환관으로 만들어 사용하였다는 사실을 알려주는 것이다.

유교의 경전 『서경』에 '거세去勢' 에 관한 기록이 있어 환관에 대한 역사를 확인할 수 있다. 특히 『서경』 '여형' 1조에 나타난 형벌은 죄의 종류에 따라 묵墨(자자刺字) · 의劓(코 베기) · 궁宮(거세) · 비剕(발뒤꿈치 베기) · 살殺(사형) 등 오형五刑으로 구분했다. 이 시기에는 형벌에 의한 환자와 궁형을 받은 전쟁 포로들로 환관을 삼았는데, 이들이 점차 출세하여 절대 권력을 휘두르자 스스로 거세하는 자궁自宮 환자宦者가 많이 나타났다. 춘추시대 제환공齊桓公의 말년

을 끝장낸 수초竪貂(刁, 수조)가 대표적인 예로, 그는 원래 제환공의 수발을 드는 동자 출신이었으나 환공을 언제나 가까이 모시겠다는 이유로 궁궐 안에서 지내기 위해 스스로 거세한 후 환관이 되어 내궁에 들어왔다.

환관은 궁에서 24시간 황제와 같은 공간에서 같이 먹고, 자고, 생활했다. 자연히 황제의 비밀스런 일들을 알게 되고, 황제 또한 유일한 비밀 공유자로서 환관을 신임했다. 이 기묘한 공생에서 권력이 발생한다. 환관의 권력 발호와 이른바 환관 정치가 횡행했던 시기는 중국 역사에서 흔히 찾아볼 수 있다.

한漢나라 말기 유비, 조조, 손권의 삼국시대가 열린 것도 한나라 조정을 망가뜨린 '십상시十常侍'라는 환관의 발호가 그 직접적인 계기였다. 이 십상시의 든든한 뒷배는 조등曹騰이었다. 조등은 4대의 황제를 섬겨 환제 때 비정후費亭侯의 작위를 받은 환관들의 우두머리로, 조조의 양할아버지다. 조조의 아버지 조숭曹嵩이 조등의 양자로 들어가 조씨가 된 것이다. 그는 본래 하후씨였다. 조조가 위나라를 세우고 그의 후계인 조비가 황제로 즉위하자, 조등은 고황제로 추존되었다. 역사 이래 최초의 환관 출신 황제인 셈이다.

> 온 나라 사람들이 눈을 흘기며 말하기를, "천하의 권세를 가진 자는 첫째는 태감太監 위충헌魏忠賢이요, 둘째는 객내저客奶姐요, 셋째가 황상皇上이다." 하였다.(朝野側目而言曰 天下威權所在 第一魏太監 第二客奶姐 第三皇上云.)〈『조선항해록』 인조 2년 10월〉

1624년(인조 2), 명나라를 방문하고 돌아온 홍익한洪翼漢의 사행

서태후와 그를 호위하는 환관

1948년 자금성을 나서는 마지막 환관

일기인 『조천항해록朝天航海錄』에 나오는 이야기이다. 당시 명나라 백성들이 환관 위충헌(?~1627)과 그의 내연녀(객씨)의 위세가 황제(명 희종)를 능가했음을 수군거렸다는 것이다. 과연 그랬다. 위충현은 희종의 유모였던 객씨와 사통한 뒤 명나라 국정을 쥐락펴락했단다. 심지어는 황제 앞에서도 말에서 내리지 않았고, 그가 외출할 때 연도의 백성들은 그에게 '구천세' 도 모자라 '구천구백세' 를 연호했다고 한다.〈『명사明史』 열전위충현전列傳魏忠賢傳〉 원래 황제에게는 '만세' 를, 제후에게는 '천세' 를 연호하는 게 법도인데, 위충현에게 황제와 거의 맞먹는 '구천세' 혹은 '구천구백세' 까지 연호했다는 것이다.

우리나라의 환관에 관한 기록이 가장 처음 나타나는 것은 통일신라 시대의 일이다. 『삼국사기』 신라본기의 홍덕왕 원년(826) 기사에는 왕비가 죽자 슬픔에 젖은 홍덕왕이 시녀들조차 가까이하지 않고 오직 환수宦竪들만을 심부름꾼으로 부렸다는 기록이 있다.

이후로 신라 말에서 고려 초까지는 환관에 관한 기록이 거의 없다가, 고려의 제11대 왕인 문종 때에 다시 기록이 나타나기 시작한다. 『고려사』에 부기된 이제현李齊賢의 찬撰에 보면, 문종의 검소한 생활에 대하여, "환관과 급사를 10여 명 밖에 두지 않았다."는 표현이 있다. 이는 뒤집어보면, 이전에는 어느 정도 환관을 거느리고 있었다는 뜻이 될 것이다.

환관은 고려 의종懿宗 때 존재를 분명하게 드러냈다. 의종은 왕권 강화에 도움을 준 환관들에게 힘을 실어 주었다. 그 가운데 정함鄭諴과 백선연白善淵이라는 환관이 내시가 되어 의종은 그를 통해 신하들의 말을 듣고, 하교를 내렸다고 한다. 왕의 신임을 믿고 환관들은 점점 교만해지고 기고만장해지다가 '정중부鄭仲夫의 난'을 촉발하며 떼죽음을 당하고 말았다.

고려가 원元나라에 복속된 뒤, 원나라는 고려에서 환관을 차출해 갔으며 이 중에는 『원사元史』 환자편宦者篇에 오를 만큼 출세한 박불화朴不花 같은 인물도 있었다. 원元나라 조정에서 봉사한 환관들의 영향은 막강해서 충선왕忠宣王 시기에 환관들이 대원군大院君, 군에 피봉被封될 정도로 권세를 크게 누렸다. 환관이 각광받는 직업이 되자, 스스로 성기를 거세해서 환관이 되는 자가 많아져 사회적 문제가 되기도 했다.

고려 조정에서도 환관의 영향이 확대되었고, 공민왕恭愍王 시대에는 환관들로 이루어진 내시부가 만들어지기에 이른다. 공민왕은 특히 환관들과 인연이 깊은 왕이었는데, 홍건적의 침공으로 인하여 흥왕사興旺寺에 피신해 있을 당시, 김용金鏞이 난을 일으켜서 죽을 위기에 처한 일이 있었다. 그때에 왕을 호위하던 이들은 모두 달아났으나, 안도치(安都赤)라는 환관은 다른 환관인 이강달李剛達로 하여금 왕을 업고 피신하게 한 후 자신이 왕으로 가장하고 침전에 누워있다가 반역자들에게 대신 살해당하였다. 그야말로 자신의 몸을 바쳐 왕을 구한 셈이다.

본래 고려의 내시는 환관과는 별개였다. 대표적인 내시로는, 김부식의 아들 김돈중金敦中, 척준경拓俊京의 아들도 내시를 했고, 고려 후기 지식인 안향安珦도 내시였다. 이처럼 내시는 문벌귀족의 자제들이 기용될 정도로 엘리트 계층으로 환관과는 전혀 별개의 것이었다. 그러던 것이 우왕禹王 시절에 내시부가 폐지되었다가 공양왕恭讓王 때에 이르러서 내시부는 다시 부활하였는데, 그때부터 내시부 소속인 환관과 본래의 내시는 혼동되어 불리기 시작했으며, 어느덧 최고 엘리트 집단을 지칭했던 내시는 환관의 별칭이 되고, 본래의 내시는 이름은 물론이요 고유의 역할과 지위까지 잃어버렸으며, 결국 내시는 환관과 동의어가 되었다. 이것이 오늘날 우리가 내시라는 이름으로 환관을 기억하는 까닭이다.

조선 초기에는 환관을 모두 없애야 한다는 주장이 있었으나, 태조 이성계는 환관의 필요성을 깨닫고 이들을 존치하고, 공민왕 때에 원나라에서 환관으로 일하다가 고려로 돌아와 조선에서도 일하게 된 환관 김사행金師幸을 시켜서 내시부 전체를 환관 조직으로 만들고 조직화하는 데 성공한다.

중국과는 달리 조선에서는 환관의 수가 적었고, 임무가 궁궐의 잡일로 한정되어 있어서 환관들의 권력 남용이나 월권의 폐해가 적었다. 물론 왕실의 재산을 관리하는 내수사內需司 소속이거나 왕명

서울시 노원구 월계동의 초안산에 있는 환관宦官 승극철承克哲 부부의 묘비

을 전달하는 임무를 맡은 내시 정도면 웬만한 관리 수준의 위세를 떨치기도 했지만, 어디까지나 개인의 위세가 상당했을 뿐 국정에 관여할 길은 원천 차단 당해 중국의 예에 비하면 권력이 없다고 볼 수 있는 수준이다.

조선에서 권력에 접근하지 못하게 막은 대상은 종친, 외척, 환관의 세 부류인데, 종친이나 외척은 가끔씩이라도 권력에 접근하기도 했지만, 환관만은 그 500년 동안 일화 수준에서는 얼굴을 내밀긴 해도 본인이 결정적인 역할을 한다든가 권력을 휘어잡았다든가 하는 얘기는 없다.

『경국대전經國大典』에 의하면, 내시부에 속한 인원은 140명에 이르렀는데, 초기에는 판내시부사判內侍府事를 두었으나 폐지되고 종2품의 상선尙膳 이하 상온尙醞·상차尙茶·상약尙藥·상전尙傳·상책尙冊·상호尙弧·상탕尙帑·상세尙洗·상촉尙燭·상훤尙烜·상설尙設·상제尙除·상문尙門·상경尙更 및 종9품의 상원尙苑에 이르기까지 관계官階를 가지고 있었다. 『성호사설』에 의하면, "지금 환관이 335명이고, 궁녀가 684명이다."이라 하고, 효종 때에도 "지금이 내시부의 장부에는 장번長番 36명, 출입번이 168명, 전함前銜 41명, 소환少宦 55명, 재상在喪 33명으로서, 합하여 333명입니다." 하였다. 즉, 일반적으로 환관의 인원은 300~400명 정도라고 할 수 있다.

궁형宮刑이 없었던 우리나라에서는 뜻하지 않은 사고를 당한 자를 환관으로 충원했는데, 그것만으론 턱없이 부족하여 인위적으로도 환관을 양산했다. 사고에 의해 내시가 되는 경우는 어렸을 때 개가 어린아이의 똥을 핥다가 고추까지 잘라먹어 고자가 된 경우인데, 이는 극히 드문 것이다. 유계兪棨의 『시남집市南集』에 의하면, 북쪽 변경지역에 사는 주민 중에는 혹독한 병역이나 부역을 면해보려고 부모나 자신이 직접 거세를 하는 경우가 많았다고 한다.

거세를 할 때 사용된 칼(북경의 환관기념관)

그렇다면 어떻게 거세를 했을까? 유계의 기록에 의하면, 명주실을 어린아이의 고추에 돌려 묶어 놓으면 피가 통하지 못해 결국 썩어 떨어져 나간다고 하였다. 우리나라엔 고종 31년(1894) 갑오경장으로 환관제도가 폐지되기 전까지 영등포 쪽 용추龍湫라는 연못 옆에 환관을 양산하는 움막 시술소가 있었는데, 비명소리가 새나가지 않게 주로 비 오는 날 천둥번개가 칠 때 거세를 했다고 한다.

거세 방식은 크게 고환과 음경을 함께 절제하는 방식과, 고환만 잘라내는 방식의 두 가지이다. 중국의 환관은 전자, 우리나라의 환관은 후자의 방식으로 거세했다. 음경 절제 시 잘라낸 자리에 대롱을 끼워서 요도를 보존한 관계로 소변 조절에 큰 문제는 없었다고 한다. 하지만 고환만 잘라내는 방식에 비하면 사망율이 높았다고 한다. 청말민초清末民初의 자금성紫禁城에서 일했던 환관들의 증언에 따르면, 소변을 조절하기 어려웠기 때문에 요실금처럼 속옷에 오줌을 지리는 일이 많아 사시사철 솜바지를 입었다고 한다.

거세한 고환과 음경은 소금에 절여 손바닥만한 항아리에 넣고, 그 항아리를 상선尙膳이 잘 보관해뒀다가 해당 환관이 죽으면 원래 있던 자리에다 실로 꿰매서 장례를 치른다. 이는 신체발부 수지부모에 의거한 것으로, 온전한 신체를 갖추어 조상 곁으로 돌아간다는 의미였다.

우리나라에서는 고환만 잘라내었기 때문에 결혼해서도 성생활이 가능했다. 하지만 사정을 할 수 없었기 때문에 부인을 무는 등 괴롭혔으며, 환관의 아내들은 엄청난 성적性的 고통을 겪었던 듯하다. 그래서인지 "환처宦妻(환관의 아내)가 불륜을 요구할 때는 해주는 것이 도리다."란 말까지 있었다고 한다.

이처럼 조선의 환관들은 공식적으로 결혼도 가능하였다. 또한 양자를 들이는 것도 가능했다. 경북 청도에 소재한 환관 집안 고택의 계보를 보면, 친척이 아닌 아이를 양자로 삼고, 이 양자를 거세를 시켜 환관으로 다시 입궁시키는 형식으로 대를 이었다고 한다. 이런 이유로 환관 가문은 양반 집안과는 다르게 윗대와 아랫대의 성씨가 아예 다른 경우가 흔했다고 한다.

이렇게 해서 내시부에 들어가게 되더라도 혹독한 수련과정이 또 그들을 기다리고 있었다. 환관이란 자신이 모시는 주군을 위해 언제라도 대신 죽을 각오가 되어 있어야만 했기에, 환관으로서의 자질 시험 또한 주로 인내력을 테스트하는 데 집중됐다. 말하자면, 얼마나 고문에 잘 견디는가 하는 것이었다. 사정없이 물을 퍼 먹이기도 하고, 나무에 매달아보기도 하였으며, 코에 모래를 넣어 문질러 보는 등 어려운 상황을 견뎌야만 시험에 통과할 수 있었다.

이들은 자질향상을 위해 사서四書·소학小學·삼강행실三綱行實 등을 교육받았으며, 매달 시험을 치러야 했다. 성적 평가는 특별근무일수로 환산되어 정상적인 근무일수와 함께 고과考課의 기준이 되었으며, 1년에 네 번 근무평가를 받았다. 이러한 교육과 성적 평가는 한편으로 이들의 통제수단으로 활용되었다.

어릴 때 거세를 한 환관은 남성호르몬작용이 안 되기 때문에 변성기도 없어서 목소리가 여자와 비슷했다. 흔히 얇은 목소리로 아첨하는 환관의 이미지는 이렇게 생긴 것이다. 그러나 구한말에 궁중에서 일하다 은퇴한 고위직 환관이었던 어떤 이는, 체격도 우람했지만 목소리도 남자답고 쩌렁쩌렁해서 산에서 고함을 치면 마을 전체에 다 울릴 정도였고 행동거지도 위엄이 있었다고 전해진다.

「왕의 남자」, 「음란서생」, 「광해, 왕이 된 남자」 등 2000년대 이후의 사극史劇에서는 고위직 환관을 남자다운 이미지의 연기자가 맡는 경우가 늘어난 것도 이런 사실을 반영한 것이다. 실제로 거세 이후에도 오히려 건장한 체격을 유지하는 경우는 있는 듯한데, 환관의 주목적 중 하나가 체력적으로 한계가 큰 여성들인 궁녀들만으로는 건물 보수 등 힘쓰는 일을 감당하기 힘들었기 때문에 남자를 들일 수밖에 없었다는 점이었음을 감안하면 놀라운 건 아니다.

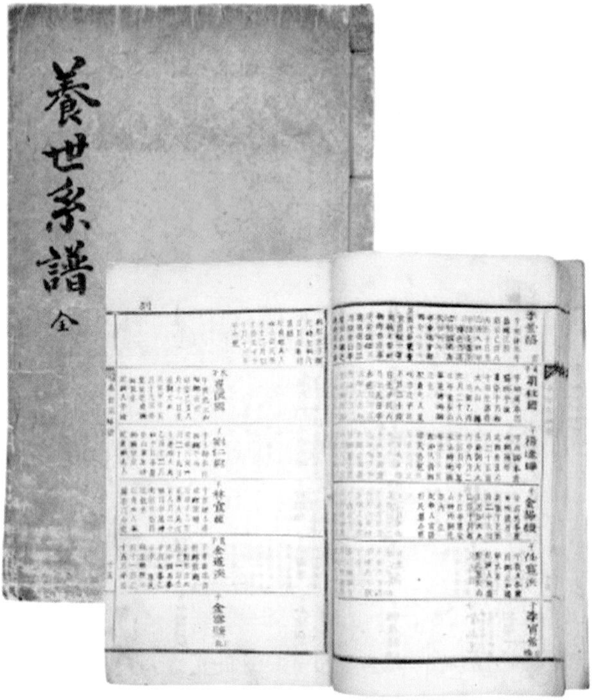

환관들의 족보인 양세계보養世系譜

일반적으로 환관은 거세로 인해 남성적인 특징이 퇴화해 중성화하고, 여성적인 동작이 뚜렷해졌다. 음성이 변하고 수염이 빠지며, 성격도 감정의 기복이 심했다. 육체적 결함을 의식해서인지 항상 열등감을 지녔으며, 물욕이 강해 재물 모으는 일에 열중하기도 하였다.

환관은 궁 안에 거주하는 장번長番 환관과 궁궐 가까이 종로구 봉익동과 효자동에 집단 거주하면서 경복궁·창덕궁·종묘에 출퇴근하는 출입번 환관이 있었다. 특히 왕을 가까이서 보좌하는 장번長番 환관은 대전大殿의 장번내시長番內侍로 대감 호칭을 받을 만큼 부귀영화를 누리기도 하였다.

한편 환관은 모시던 왕이 세상을 떠나면 궁궐 밖에 나와 살았으며, 죽을 때까지 소복하였다고 한다. 또한 이들은 죽어서도 집단적으로 묻혔는데, 지금의 도봉구 쌍문동, 파주시 교하면, 양주군 장흥면 등에 묘지군이 있다.

우리 역사에 대표적인 환관으로, 연산군 때의 상선尙膳 김처선金處善을 들 수 있다. 김처선은 극간을 한 충신으로 역사에 이름을 남겼다. 『연려실기술燃藜室記述』에 따르면, 연산군의 폐정과 음란함이 도를 지나치자, 그는 "늙은 이 놈이 네 분의 임금을 섬겼고 경서와 사서를 대강 읽었습니다만, 고금에 전하와 같이 행동한 군주는 없었습니다."라며 면전에서 임금의 잘못을 강하게 비판했다고 한다. 그러자 진노한 연산군이 활을 쏘아서 맞혔는데도(연산군이 직접 그의 팔다리를 잘라내었다는 실록 기록도 있다.) 김처선은 "늙은 내시가 어찌 죽음을 두려워하겠습니까? 다만 전하께서 오래도록 보위에 계시지 못할 것 같아 한스러울 뿐입니다."라며 간언을 멈추지 않았다.

결국 김처선은 죽음을 맞았는데, 연산군은 감히 임금을 꾸짖었다며 그의 재산을 몰수하고, 그의 집을 연못으로 만들어버렸다. 이뿐만이 아니다. 부모의 무덤을 뭉개어버렸으며 "내시가 감히 임금을 범했으니 부끄러워 원통하고 분하여 바닷물에 씻어도 이 한이 남을 것이다."라는 시를 지었고, 모든 문서에 김처선金處善의 '處' 자를 쓰지 못하게 하였다. 그 때문에 그 해 과거시험 답안지에 '處' 자를 썼던 유생 권벌權橃의 합격이 취소되기도 했다. 권벌은 3년 후에 다시 과거를 치러 합격했다고 한다. 심지어 내외 대신과 군사들 중에 김처선의 이름을 가진 자는 모두 개명하라는 명까지 내린다.

중종반정이 일어난 뒤 김처선을 선양하자는 논의가 있었다. 그러나 중종은 일언지하에 거절했다. "김처선은 술에 취하여 망령된 말을 해 스스로 실수했다. 바른말 하는 데 뜻을 두었던 것이 아니다." 중종은 아무리 바른말이었다 해도 환관이 주제넘게 나서 임금에게 대들었음을 책망한 것이다. 환관의 발호를 염려한 것이다. 그러나 달리 보면, 바로 환관의 한계가 아니었을까. 종묘와 사직을 위한 죽음을 무릅쓴 충간이었는데 '술에 취한 망령된 말'이라 폄훼됐으니 말이다. 그로부터 250년이 흐른 1751년(영조 27)이 돼서야 왕명으로 김처선을 기리는 정문旌門이 세워졌다.

또 조선 초기 명나라와의 외교에 있어서 큰 역할을 담당하였던 정동鄭同도 매우 특이하다. 명나라는 환관을 충당하기 위해 조선에 이런 저런 이유로 남성으로서 생식기능을 상실한 12세에서 18세 사이의 남자아이를 보낼 것을 요구하였다. 그중에서 1428년(세종 10) 10월 3일자에 명나라에 들어간 황해도 신천 출신의 정동은 명나라 황궁 생활에 잘 적응한 결과 최고의 권세를 누리는 환관으로 성장했다.

정동이라는 이름이 다시 『실록』에 등장하는 것은, 1469년(예종 1) 1월 30일자에서다. 명나라 사신으로 최안崔安·정동鄭同·심회沈繪 등 세 명이, 곧 한양에 들어오게 될 것이라는 보고서였다. 41년 전에 공물로 갔던 바로 그 정동이 이제 명나라 환관들이 오를 수 있는 가장 높은 자리인 태감이라는 벼슬을 갖고서 조국의 땅을 다시 밟게 된 것이다. 정동은 한양에 머무는 동안 별도의 집을 마련했고 중간에 고향 신천도 방문하고 왔으며, 가까운 친척의 관직 청탁도 서슴지 않았다. 조선 조정은 정동의 청을 빠짐없이 들어주지 않을 수 없었다. 심지어 4월 6일에는 그의 고향 신천을 현에서 군으로 승격하였다. 어쨌거나 정동의 입장에서는 금의환향이었다.

당시 명나라 사신이 조선에 들어오면 3~4개월 정도 머물며, 온갖 향응과 유람을 즐기다가 더 이상 싣고 가기 힘들 정도의 각종 선물을 받고서 북경으로 돌아갔다. 당시 권신이었던 한명회韓明澮가 정동을 자신의 압구정에 초대하고 성종에게 왕만이 사용하는 장막을 요청하였으나 거절당하는 등의 사건은 유명한 일화이다. 정동이 5월 2일 돌아가는 길에 고향 신천을 방문하게 되는데, 이때 호조판서 노사신盧思愼이 황해도까지 안내를 맡았다.

화자火者가 명나라 태감이 되었다는 사실의 신분 상승적 의미는 그만큼 컸다. 이후 명나라를 방문하는 조선의 사신은 무조건 북경에 있는 태감 정동의 집을 방문해 현안에 관한 입장 조정을 거쳐야 했다. 정동도 가능하면 고국의 문제들이 잘 풀릴 수 있도록 도와주려고 많은 애를 썼다고 한다.

> 넌 사람이 아니다. 환관宦官일 뿐이야. 환관은 짐승의 짐승이고, 노비의 노비다. 겉은 사람 같지만 황궁에서 쓰이는 도구에 불과하다. 신발 깔창이나 세숫대야, 걸레와 같은 도구일 뿐이지. 후궁들은 네 앞에서 옷을 갈아입고, 폐하는 네 앞에서 볼일도 보신다. 네가 환관이기 때문이다. 넌 물건이다. 도구야!〈중국 사극 「정화鄭和의 대항해」 중〉

역사 이래 동서고금을 막론하고 권력에는 그림자가 존재했다. 그것이 그 옛날 전제군주하의 사람들이 믿던 하늘이 내린 힘이든, 현대 민주사회에서 국민의 선택으로 위임 받은 힘이든, 권력이라는 큰 나무의 그늘에는 눈에 보이지 않는 가시들이 숨어 있다. 권력은 모든 것을 가능하게 해주는 마법의 지팡이이다.

권력자는 '여의如意', 즉 마음만 먹으면 무엇이든 할 수 있고 가질 수 있다. 그리고 권력자는 자신이 가진 권력의 크기와 한계를 시험하고 싶은 달콤한 유혹에 시달린다. 그것이 때로는 순기능으로 작용해 국민을 위한 훌륭한 도구가 되기도 하지만, 또 때로는 절대 권력자의 개인적인 만족과 욕망, 때로는 그만의 신념 달성을 위한 도구가 되어 수많은 사람의 피와 땀을 요구하기도 한다.

그럴 때마다 그 권력자의 손과 발이 된 것은 이른바 '측근側近'이다. 그런데 측근이 비서로서 본분을 지켰는지 아닌지의 여부를 떠나서, 측근이 역사에 이름을 드러내는 시대는 불행하였다. 그림자처럼 묵묵히 임금을 시종해야 할 환관이 불경스럽다는 비판을 받고, 정변에 개입해 공신의 작위를 받고, 임금에게 간언하다 목숨을 잃고 하는 것은 그 시대가 정상적으로 작동하지 않았음을 보여준다.

이는 바로 오늘날에 적용되는 교훈이기도 하다. 보좌 · 수행 · 일정 · 서무를 담당하는 비서가 권한을 넘어서고, 전횡을 휘두르는 조짐이 보인다면, 이는 그 사람의 잘못이기도 하지만 동시에 조직이 건강하게 운영되지 않고 있다는 뜻이다. 보스의 리더십에 문제가 있다는 뜻임을 명심해야 한다.

3-2

궁녀宮女, 승은承恩은 멀고 삶은 고달파

드라마 「옷소매 붉은 끝동」의 궁녀

2021년 MBC에서 방영되었던 드라마 『옷소매 붉은 끝동』에서는 정조正祖와 궁녀였던 의빈성씨宜嬪成氏의 궁중 로맨스를 꾸미었다. 옷소매 끝을 붉게 물들여 입은 그녀들, 옷소매의 붉은 끝동은 궁녀라 불리며 왕의 여인이라는 징표다. 그렇다면 그녀들은 어떤 존재였을까.

「여인천하女人天下」, 「다모茶母」, 「대장금大長今」, 「동이」, 「후궁後宮, 제왕帝王의 첩妾」 등 최근 몇 년간 우리는 드라마나 영화, 소설 등 다양한 작품에서 무수한 궁중 여인들을 만나왔다. 역사 교과서에서조차 만나볼 수 없었던 그녀들의 이야기는 많은 대중들의 호기심을 자극하며 열광적인 관심을 이끌어내고 있다. 아름답게, 때론 음험함과 표독스럽게 표현되었던 궁녀, 그러나 궁녀들의 삶은 그리

녹녹치 않았다. 한때 궁녀를 조선의 전문직 여성, 즉 커리어 우먼이라고 부르기도 하였지만, 고단한 삶과 쓸쓸한 노년, 그리고 맞는 죽음에 있어서는 처량하다라는 말로도 표현이 되지 않는다. 그들의 삶으로 들어가 보자.

궁녀는 궁宮의 일을 보는 여성을 말한다. 본래 의미는 궁宮에 거주하는 모든 여성의 통칭으로, 동의어로 궁인 · 궁첩 · 나인 등이 있다. 현대 국어사전에선 궁에서 노동력을 제공한 시비로서 내명부內命婦 관작官爵을 받은 여인의 호칭으로 정의하고 있다.

제왕이 수많은 여인을 거느린다는 관념은 오래전부터 존재해 왔다. 고대 중국의 제왕들은 삼천궁녀를 거느렸다고 한다. 『관자管子』에는 하夏나라의 걸왕桀王이 3만의 여악女樂을 거느렸다는 기록도 있다. 여악女樂이란 여자 악사와 배우, 무희들을 가리키는 말이다.

백제의 삼천궁녀가 뛰어내렸다는 낙화암落花岩. 낙화암과 삼천궁녀의 이야기는 수려한 자연경관으로 인한 고려 말기부터 조선시대 풍류객들의 시적 소산물이다.

『주례周禮』 천관총재편天官冢宰篇에 궁녀들의 상세한 조직도가 언급되었으며, 이후로도 여기에서 크게 벗어나지 않는다. 다만 한漢나라 때에 호칭이 바뀌어서 소의昭儀, 미인美人, 양인良人, 팔자八子, 칠자七子, 장사長使, 소사小使 등으로 불렀고, 황후로부터 내명부 최하위까지 14등급으로 구분되었으며, 수隋나라 때는 상서尙書, 상의尙儀, 상식尙食, 상침尙寢 등의 용어가 등장한다. 명明나라 제11대 황제皇帝인 가정제嘉靖帝는 궁녀들을 가혹하게 다루기로 악명이 높았는데, 이를 견디다 못한 궁녀 16명이 가정제嘉靖帝를 암살하려 시도한 사건이 있었다. 일명 임인궁변壬寅宮變이라고도 불리는 이 사건은 결국 궁녀들의 실패로 돌아갔고, 16명의 궁녀들은 전원 처형당했다.

고구려高句麗의 경우 벽화 등을 통해 궁궐에서 일하던 궁녀와 귀족의 집에서 일하던 노비의 존재가 확인된다. 백제百濟의 경우 의자왕義慈王의 최후를 따른 삼천궁녀들 등 궁녀의 존재를 말하는 기록이 있다. 궁녀 조직에 대해 비교적 자세한 기록은 신라新羅의 것이 많이 남아있다. 신라에서 궁녀는 모母와 여자女子로 구분된다. 하지만 이들이 왕을 모시는 임무를 맡은 여인이었는지 아니면 단순한 여자 관리였는지, 유럽의 시녀처럼 고귀한 지위의 여성들이었는지 조선의 궁녀들처럼 낮은 신분이었는지는 알 수 없다. 마찬가지로 발해渤海의 경우도 삼국의 문화를 계승하고 당제唐制를 받아들인 만큼 궁녀가 있었을 것이라 추정된다.

고려高麗는 건국 초기에는 궁녀 조직이 따로 정해져 있지 않았던 듯하며, 후궁後宮에 대해서는 원院, 궁宮, 부인夫人 등의 칭호가 있었지만, 일반 궁녀에게는 딱히 칭호가 없었으며, 품계나 직책에 따른 명칭도 없었다. 궁녀들이 다 그렇지만, 능력과는 별개로 대부분 미모를 보고 뽑았다고 한다.

조선朝鮮 시대에는 태조太祖, 태종太宗, 세종世宗을 거치면서 내명부의 작호爵號와 품계品階가 만들어졌고, 조금씩 바뀌다가 『경국대전經國大典』에서 완전히 정립되어 조선 말기까지 바뀌는 것이 없었다. 조선왕조가 망한 후, 항일기에도 생존한 이왕가李王家의 인물들을 모시기 위해 계속 뽑혔으며, 광복光復 이후에도 궁녀들이 옛 황실 인물들을 모셨다. 대한제국大韓帝國 시절의 궁녀 중 마지막 생존자는 15세(1920년생)에 창덕궁昌德宮 침방針房나인으로 들어와 순정효황후純貞孝皇后를 모셨던 성옥염成玉艶 상궁尙宮으로 2001년 5월 4일 82세로 사망했다.

궁녀란 상궁尙宮과 시녀侍女를 합쳐 부르는 칭호이다. 『경국대전經國大典』 내명부 체계에서 종4품 이상은 국왕의 후궁들을 가리키고 정5품 상궁尙宮 이하는 궁인직을 말한다. 여성을 대상으로 품계에 따라 봉작을 주었던 명부命婦는 내명부內命婦와 외명부外命婦로 구

英祖貞純后嘉禮都監儀軌班次圖 중 너울로 얼굴을 가린 채 말을 타고 가는 상궁과 걸어가는 나인의 모습

분된다. 내명부內命婦는 궁중의 여관들을 품계에 따라 구분한 것이고, 외명부外命婦는 왕족이나 종친의 아내나 어머니, 문관文官과 무관武官의 아내나 어머니를 대상으로 남편이나 자식의 품계에 따라 부여되었다.

궁녀는 직책상 명칭은 품계에 따라 크게 상尙, 전典, 주奏 세 가지로 구분된다. 상尙은 5품과 6품의 직책에, 전典은 7·8품에, 주奏는 9품에만 붙었다. 대개 5·6품의 직책을 가진 여관을 통칭하여 상궁尙宮이라 하고, 그 아래 7·8·9품의 직책을 가진 여관을 나인(內人)이라 했다.

내명부內命婦의 가장 윗자리는 왕비인 중전中殿이 위치하고, 그 아래로 정1품 빈嬪, 종1품 귀인貴人, 정2품 소의昭儀, 종2품 숙의淑儀, 정3품 소용昭容, 종3품 숙용淑容, 정4품 소원昭媛, 종4품 숙원淑媛이 있다. 이들은 후궁後宮이라고 부른다. 그 아래로는 궁녀들로 정5품 상궁尙宮·상의尙儀, 종5품 상복尙服·상식尙食, 정6품 상침尙寢·상공尙功, 종6품 상정尙正·상기尙記으로 상궁尙宮이라고 불렀다. 정7품 전빈典賓·전의典依·전선典膳, 종7품 전설典設·전제典製·전언典言, 정8품 전찬典贊·전식典飾·전약典藥, 종8품 전등典燈·전채典彩·전정典正, 정9품 주궁奏宮·주상奏商·주각奏角, 종9품 주변징奏變徵·주징奏徵·주우奏羽·주변궁奏變宮 등으로 나인이라고 불렀다. 이 외에도 동궁전東宮殿에는 종6품 수규守閨·수칙守則, 종7품 장찬掌饌·장정掌正, 종8품 장서掌書·장봉掌縫, 종9품 장장掌藏·장식掌食·장의掌醫 등이 있다.

궁녀는 왕과 왕실 사람들의 생활을 보조하기 위하여 총 7부서로 이루어져 있는데 지밀至密·침방針房·수방繡房·내소주방內燒廚

房・외소주방外燒廚房・생과방生果房・세답방洗踏房이며, 대전大殿・중전中殿・대비전大妃殿・동궁전東宮殿에는 모두 있었다. 빈嬪 이하의 후궁전에도 규모는 작지만 비슷한 형태로 배치되어 있다. 일곱 부서 외에 세수간洗手間・퇴선간退膳間・복이처僕伊處・등촉방燈燭房이 있다. 그들의 기능을 살펴보면 다음과 같다.

- 지밀至密 : 왕과 왕비의 신변보호나 의식주와 관련된 일체의 일들을 한다. 내시부의 환관宦官, 내의원의 어의御醫, 소주방燒廚房의 음식 담당자, 사옹원司饔院의 음식 담당자와도 긴밀히 협조한다. 가례嘉禮, 제례祭禮, 혼사婚事, 각종 잔치를 준비하는 일도 맡으며, 궁중 가례 때는 행사를 진행하는 진행요원의 역할도 맡는다. 행사 중에는 절을 돕는 수모手母 역할만이 아니라, 절의 구령口令이나 왕이나 왕비, 왕대비의 교명을 낭독하는 일까지 맡았다. 가장 핵심적인 부서이므로 어린 나이에 들어와야 했다. 물론 대단히 어린 나이는 아니고 대략 4~10세 정도였으며, 다른 궁녀와 마찬가지로 관노비에서 수급했다.
- 퇴선간退膳間 : 중간 부엌. 수라상을 물려서 설거지한다. 또, 소주방燒廚房과 대전이 너무 멀어서 소주방燒廚房에서 준비한 음식이 대전에 도착하면 식어버리기 때문에, 퇴선간退膳間에서 음식을 데워서 올린다. 반찬은 소주방燒廚房에서 만들지만 임금의 수라(밥)는 이곳에서 짓는다. 지밀至密에 예속되어 있다.
- 침방針房 : 바느질 담당. 궁궐에서 쓰이는 모든 옷을 만든다.

- 수방繡房 : 옷에 수를 놓거나 장식물을 다는 일을 한다.

매화틀

- 세수간洗手間 : 세숫물과 목욕물을 담당한다. 내전을 청소하고, 요강이나 매화틀, 타구와 관련된 일도 모두 이들이 하며, 왕비가 나들이할 때는 가마 옆에 서서 시위를 한다.
- 생과방生果房 : 식사 이외에 음료나 한과를 준비한다. 식혜, 다식, 떡, 각종 죽도 이곳 담당이다. 음식은 대령숙수待令熟手가 했다.
- 소주방燒廚房 : 음식을 담당한다. 안소주방과 밖소주방으로 나뉜다. 음식은 대령숙수가 했으며, 궁녀는 그 외의 잡일을 담당했다.
- 세답방洗踏房 : 빨래방이다. 빨래 이외에 다듬이질, 다리미질, 염색 등도 한다.
- 복이처僕伊處 : 아궁이를 담당하고 침실에 불을 때며, 내전에 등불을 밝힌다. 매화틀을 나르는 것도 여기서 한다. 세답방洗踏房에 예속되어 있지만 임무는 전혀 달라서 독립적이다.

본래 궁녀는 공노비에서 선출하는 것이 원칙으로 조선 후기의

대한제국의 궁녀

『속대전續大典』과 『대전회통大典會通』 형전刑典에도 명시되어 있다. 효종孝宗 대에 궁녀를 공노비에서 선발하는 원칙을 깨고 양인良人 중에서 선발하려 했던 적이 있는데, 『효종실록孝宗實錄』의 기록에 따르면 양인들이 딸을 궁녀로 보내기 싫어 내수사內需司의 궁녀 차출 수색을 피해 딸을 숨기거나 10세 전후의 여자아이들을 조혼早婚시키는 사태도 일어났다고 한다. 결국 양인 궁녀 선발 계획은 무효로 돌아가고, 계속해서 공노비 중에서 선발한다는 원칙을 유지하게 되었고, 양인 여성을 궁녀로 만들었을 경우 60대의 장형杖刑과 1년의 도형徒刑에 처해지도록 하였다.

궁녀는 입궁入宮 경로에 따라 두 가지로 구분되었다. 첫째는 국가에서 공식적으로 선발하는 궁녀로서, 이들은 일종의 공채 궁녀라 할 수 있었다. 둘째는 왕과 세자의 배우자들, 즉 왕비, 후궁, 세자빈 등이 혼인할 때 친정에서 개인적으로 데리고 들어가는 궁녀로서 이들은 일종의 특채 궁녀라 할 수 있었다.

왕비, 대비나 후궁들은 궁녀가 필요할 때 환관에게 궁녀 선발을 요청하면 공노비 중 필요한 인원을 선발하여 궁녀로 입궁시키었다.

순헌황귀비엄씨純獻皇貴妃嚴氏와 의친왕비義親王妃가 궁녀 3인 등과 찍은 사진이다.

그러나 궁녀의 선발 방식을 차출에만 의존하지 않았다. 해당 처소들은 대부분 궁녀들의 친척으로 충원했는데, 이는 서로간의 신뢰성 때문이었다. 모르는 아이를 뽑기보다는 자기 친인척을 뽑아들임으로써 대상자 집안에는 경제적인 혜택을 누리게 하고, 추천자에게는 상대적으로 부리기도 수월하게 했다.

궁녀를 고를 때 먼저 검토한 것은 가족이었다. 후보자의 가족 중 전과나 중환자가 있는지부터 확인했으며, 가족 중 기생妓生이 있으면 궁녀가 될 수 없었다. 또한 종친부宗親府나 의정부議政府의 공노비는 될 수 없었고, 성균관成均館의 공노비도 금지되었다. 이는 성균관 대성전에 공자孔子를 중심으로 한 성현聖賢의 위패를 모셨기 때문에, 성인聖人을 모시는 여자를 왕의 여자로 삼는 것은 도리에 어긋난다고 여긴 것으로 보인다. 관노비인 관기 또한 금지되었는데,

여러 남자의 수청을 드는 여자를 왕의 여자로 삼는 것은 왕의 권위에 손상이 가기 때문이었다. 예외는 기생인 장록수張綠水를 들여와 후궁으로 삼기까지 했던 연산군燕山君 뿐이었다.

서류심사를 통해 본인과 가족에게 문제가 없다 간주되면 면접심사를 했고, 대화나 관찰 등등으로 됨됨이를 심사했다. 이 과정에서 숫처녀인지를 확인했는데, 아주 어린 경우에는 필요가 없었겠지만 어느 정도 나이가 있다고 간주되면 반드시 했다. 숫처녀를 가려 선발하기 위해 궁녀가 될 예정인 소녀의 손목에 앵무새 피를 떨어뜨렸다고 전해진다. 손목에 떨어뜨린 앵무새 피가 흘러내리면 숫처녀가 아니며, 흘러내리지 않으면 숫처녀라는 판별법이었다. 터무니없는 미신이지만, 당시에도 내수사內需司에서는 판별 효과가 없는 것을 알면서 다른 목적으로 이러한 선발 방법을 시행했을 것이라고 보고 있다.

열 몇 살도 안 된 어린 소녀들에게는 충분히 이런 미신이 먹혀들었을 것이다. 혹시라도 숫처녀가 아닌 소녀가 있다면 애초에 궁녀로 나서려 하지 않으며, 만일 받았더라도 몸의 떨림을 감추기 어려워 앵무새 피가 흘러내리라는 점을 이용했다는 것이다. 애초에 조선시대에 앵무새는 귀한 생물이라 모든 궁녀 후보들에게 앵무새 피 감별을 해볼 수도 없어 가끔씩 몇몇만 형식 삼아 했거나 다른 동물의 피를 앵무새 피로 속여 시행했을 것이고, 앵무새 피의 역할은 공포를 심어주는 것으로 끝이었다.

문제없다고 간주되면 합격자에게 입궁 날짜를 가르쳐주고, 궁궐에서 치마저고리와 바지의 재료인 명주 1필을 지급했다. 입궐하는 날 궁궐에서는 소녀가 탈 가마를 보냈고 주의사항을 듣는 것으로 시작되었다.

항일기抗日期에 조선과 대한제국의 내명부 관직에 대해 정리한 『여관제도女官制度의 연혁沿革』에 의하면, 지밀至密은 4~10세, 침방針房과 수방繡房은 6~7세, 세수간洗手間·생과방生果房·소주방燒廚房·세답방洗踏房 등은 12~13세에 입궁했다. 그러나 이것은 어디까지나 법적 기준이고, 빠르면 4~6세에, 늦으면 20~30대에도 궁에 들어왔다. 궁녀의 입궁 나이가 이렇듯 어린 것은 당시 혼인 연령이나 일의 전문성과 관련 있다. 당시 여성의 평균 혼인 연령은 15세 정도였는데, 궁녀는 결혼하지 않은 여성이어야 했다. 또한 궁궐생활의 적응이나 교육, 성적性的인 문제 등 여러 가지를 고려해 어린아이들을 뽑아 훈련시켰다.

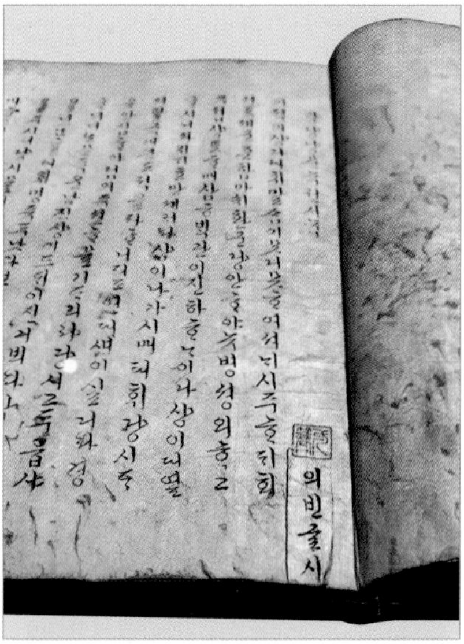
드라마 「옷소매 붉은 끝동」의 주인공 의빈성씨宜嬪成氏 첨지籤紙가 붙은 『곽장양문록郭張兩門錄』 6권

처음으로 입궁한 생각씨들은 섣달그믐날 밤에 무시무시한 신고식을 치렀다. 환관들은 그해에 입궁한 아기나인들을 저녁 식사 후 대궐 뜰에 한 줄로 세워놓고, 궁녀들의 입에 횃불을 가져다 지지는 시늉을 하며 "쥐부리 글려, 쥐부리 지져!" 하고 위협을 하였다. 이것은 궁궐 내 각 처소의 비밀을 유지하기 위해 어린 궁녀들에게 말조심을 시키는 의식인 동시에 잡귀들을 몰아내는 주술적인 행위였다.

궁녀는 입궁 후 15년이 되면 관례冠禮를 치르고 정식 나인이 되었다. 남색 치마에 옥색 저고리, 머리에는 개구리첩지를 단 제복이 일생 동안 그들의 복장이었다. 나인이 된 뒤 다시 15년이 경과되면 尙宮으로 승격했으므로, 가장 빠른 4~5세 입궁을 기준으로 할 경우에 35세 이후라야 상궁尙宮이 될 수 있었다.

왕실 구성원이 늘면 궁녀도 늘었고, 왕실 구성원이 줄면 궁녀도 감축되었다. 연산군燕山君 때에는 1,000명이 넘었다고도 하지만 이것은 과장된 듯하다. 인조仁祖 때에는 230명 정도, 영조英祖 때에는 600명 정도였고, 18세기의 성호星湖 이익李瀷의 『성호사설星湖僿說』에는 당시 궁녀가 684명이라고 기록되어 있다.

궁녀는 크게 상궁尙宮과 나인(內人)으로 구분된다.

- 제조상궁提調尙宮 : 큰방상궁. 후궁後宮과 승은상궁承恩尙宮을 제외한 모든 궁녀들의 필두에 위치하는 상궁이므로 학식과 지도력이 모두 뛰어나야 했다. 제조상궁提調尙宮은 중전이나 대비와 직접 대면을 하는 것이 가능할 정도로 영향력이 막강했다.
- 부제조상궁副提調尙宮 : 서열 2위. 아리고상궁阿里庫尙宮이라고도 불리기도 한다. 아리고란, 하고下庫, 즉 내전 창고를 의미하는데, 왕의 사유재산인 각종 보물과 귀중품이 보관되는데 이곳의 물품 출납을 책임진다.
- 지밀상궁至密尙宮 : 대명상궁待命尙宮이라고도 한다. 항상 왕을 따라다니면서 어명을 기다리는 상궁이다. 지밀至密은 '지극히 은밀한 곳'이라는 뜻으로 이곳에 속한 나인들은 상

전을 보호하고 의식주를 시중뿐만 아니라 공사의 업무를 수행했다. 지밀은 임금과 왕비, 대비의 처소를 가리키는 말이기도 한데, 가장 가까운 곳에서 임금을 만날 수 있다 보니 승은承恩을 입을 기회도 그만큼 많았다. 대표적으로는 고종황제高宗皇帝의 후궁인 순헌황귀비純獻皇貴妃 엄씨嚴氏가, 본래 명성황후明成皇后의 지밀에 속한 궁녀였다.

- 감찰상궁監察尙宮 : 궁녀들의 행동을 관찰하고 평가하는 임무를 맡는다. 주로 일반상궁과 나인을 감찰하며, 잘못을 저지르거나 법도에 어긋난 행동을 하면 형벌을 가한다. 가볍게는 종아리형에서 크게는 유배형까지 내릴 수 있다.
- 보모상궁保姆尙宮 : 왕자나 왕녀의 보모保姆 노릇을 한다. 동궁에게는 2명, 다른 왕자녀에게는 1명씩 붙는다. 왕의 자녀들은 보모상궁을 '아지'라고 불렀다.
- 시녀상궁侍女尙宮 : 지밀에 속하는 상궁으로, 서적이나 문서에 관하는 일을 맡고, 세자나 세자빈을 시위하는 일도 한다. 종실이나 외척의 집에 내리는 하사품을 전달하거나, 왕비나 왕대비의 친정에 특사로 가는 일도 있다. 어명을 받고 행차하는 봉명상궁奉命尙宮도 대개 시녀상궁侍女尙宮이 맡는다.
- 승은상궁承恩尙宮 : 임금의 승은承恩을 입어 상궁으로 봉해진 경우이다. 대개 나인이 해당되며, 당연히 상궁들 중에서도 나이가 어리다. 그러나 신분이 상궁임에도 복식은 상궁의 복장이 아닌 후궁의 복장을 입게 된다. 일반 궁녀로서 15년 이상을 보내야 진급할 수 있는 다른 상궁과는 달리 승

청와대 내에 위치한 칠궁七宮. 조선의 왕들을 낳은 친어머니지만 왕비王妃가 되지 못한 후궁 7명의 신위를 모셨다. 궁녀에서 승은承恩을 받아 승은상궁承恩尙宮이 된 후 후궁이 된 궁녀들이다.

은상궁承恩尙宮은 왕의 승은을 입는 그날 바로 상궁이 되는 특별 상궁이기 때문이다. 하지만 임금의 승은을 입은 터라 다른 상궁들이 함부로 대할 수 없었다. 일단 승은을 입게 되면 궁녀 시절 부여되었던 모든 직무에서 벗어나게 되나, 한번 승은을 입고는 왕이 다시 찾지 않아 쓸쓸히 보내던 상궁들도 있었다.

그러나 왕의 아기를 갖게 되면 내명부 종4품 숙원淑媛의 후궁이 될 수 있었다. 대표적 일례로, 숙종肅宗의 아들인 경종景宗을 낳은 희빈禧嬪 장씨張氏와 영조英祖를 낳은 숙빈淑嬪 최씨崔氏 등이 있다. 장희빈張禧嬪은 중인 역관譯官 가문 출신으로 궁녀로 입궐했다가 숙종肅宗의 승은을 입어 왕자를 낳고 정1품 빈嬪이 되었으며, 마침내는 왕비에까지 책봉되었다. 숙빈淑嬪 최씨崔氏는 본디 인현왕후仁顯王后를 모시는 궁녀였다가 왕의 승은을 입고 후궁이 되었고 숙원淑媛, 숙의淑儀, 귀인貴人을 거쳐 '빈嬪'이 되었다. 사실 임금이 직접 선택한 궁녀라는 의미로 인해 이 신분은 사실상 후궁으로 대우를 받으며, 그래서 상궁尙宮 중에서는 공식 서열이 가장 높다.

왕에게 승은承恩을 입게 되었다면, 그 궁녀는 우선 깨끗이 목욕을 하여 몸을 정갈히 하고 혹시나 옥체玉體에 상처가 나는 사고를 방지하기 위해 손톱 발톱을 말끔히 다듬는다. 그 다음 옷을 다 벗고 알몸으로 샅샅이 몸수색을 하여, 혹시나 궁녀가 왕을 해하기 위해 흉기를 숨겨두진 않았는지 철저히 검사한다. 모든 검사와 준비가 끝나면 왕이 오기 전에 먼저 침소에 들어가 있어야 하는데, 옷을 미리 주면 침소에 들어가기 전에 옷 안에 무엇을 숨겨서 들여올 수도 있으니 속옷조차 주지 않고 달랑 수건 한 장 걸쳐준다. 이것도 왕의 욕정을 자극하기 위해서가 아니라, 왕의 안전을 위한 일이다. 마침내 왕과 거사를 치른 궁녀는 왕이 잠에서 깨기 전에 먼저 일어나 방 안에 미리 준비해 둔 궁녀복을 챙겨 입고 빠져나와야 한다. 이때 겉치마를 뒤집어 입는데, 이것은 자신이 승은承恩을 입었다는 의미이다.

승은상궁承恩尙宮은 본인이 끝내 후궁 첩지帖旨를 받지 못했더라도, 낳은 딸은 옹주翁主의 봉작封爵을 받는다. 그럼 승은상궁承恩尙宮이 낳은 아들은 어떻게 되나 할 텐데, 조선 역사상 아들을 낳고도 후궁이 되지 못한 사례는 없다.

하지만 자식과는 별개로 승은상궁 본인은 상당히 힘든 훗날을 감수해야 한다. 승은을 입었다고 해서 인생역전은 아니다. 물론 승은상궁으로 머문다 해도 특별대우를 받으니, 나인 시절에 비해서는 훨씬 쾌적한 생활을 할 수 있다.

하지만 왕의 사랑을 특별히 받는 것이 아니면 다른 궁녀들과 똑같이 마냥 기다려야 할 뿐이다. 그리고 정실正室인 왕비王妃와는 달리 측실側室인 후궁들은 자신에게 승은을 베풀어 준 왕이 죽으면 궁을 나와야 했다. 집안이 후궁 덕택에 폈거나, 자식이 장성해서 혼례를 올리면서 한 재산 받아 나왔다면 기댈 곳이라도 있겠지만, 승은상궁들에게는 거의 해당되지 않는 일들이고, 그러면 정업원淨業院으로 가 비구니 노릇을 하는 수밖에 없다.

• 나인(內人) : 애기항아가 관례冠禮를 치르면 나인이 되었다. 견습나인에서 승격되었으며, 정식으로 여관의 임무를 수행하게 되어 월봉月俸과 품계品階를 받았다. 나인의 품계는 종9품에서 정7품이었다. '항아姮娥님' 이라고 부르며 서로를 '김씨 형님' 이나 '박 항아님' 등으로 불렀다. 선배 상궁들은 그들을 부를 때 '이가 봉림', '성가 순아' 등으로 불렀다.

여말선초麗末鮮初 시대 목은牧隱 이색李穡의 시문집인 『목은시고牧隱詩稿』에 따르면, '붉은 소매' 라는 뜻이자 미인을 비유하는 '홍수紅袖' 라고도 불렀다. 본래는 입궁 후 15년이 지난 후에 관례冠禮를 올렸는데, 처소마다 관례를 올리는 연령이 달라졌다. 가장 어린 나이에 입궁하는 지밀에

1906년 순정효황후純貞孝皇后 친잠례親蠶禮 기념사진

는 3~4세에 들어온 애기나인도 있어서, 18~19세 정도에 관례를 치렀다. 민간에서 계례筓禮를 결혼식 직전에 행하는 것과 같이, 궁녀들의 관례는 결혼식과 유사했다.

궁녀가 된다는 것은 왕의 여자가 된다는 것이었기 때문에 관례 의식은 결혼식처럼 꾸며졌으며, 나라에서는 겉옷을 내려주고, 본가에서는 옷이나 세간, 음식을 보내왔다. 본가에서도 나름대로 집에서 결혼식에 버금가는 잔치를 하고 조상에게 예를 올렸다. 이때 소속 집단에 따라 지밀至密, 침방針房, 수방繡房은 떠구지를 얹은 성장수식盛裝修飾(전통 결혼식 헤어스타일)을 했고, 이외에는 화관花冠을 썼다. 관례를 치른 나인에게는 따로 방이 주어졌는데, 반드시 2명의 나인이 함께 쓰도록 되어 있었고, 이들은 상궁이 될 때까지 동거하게 되어 있었다. 또한 심부름하는 하녀도 1명씩 배치되었다.

• 무수리 : 몽골(蒙古)말이며, 궁중 각 처소에서 막일을 담당하는

여인을 말한다. 수사水賜라고도 한다. 물 긷는 일이 주된 일이었기 때문에 붙여진 이름이나, 반드시 물만 담당한 것은 아니고, 아궁이에 불 때기나 그 외의 잡다한 막일도 했다. 궁중에는 우물이 전각 내부에 있는 것이 아니라 바깥에 있었기 때문에 사용할 물을 모두 길어 날라야 했고, 무수리들이 모두 이 일을 도맡아 했다. 무수리는 비자婢子처럼 궁궐 안에서 생활하지 않았고, 신분패를 차고 다니면서 궁궐을 출입하며 출퇴근을 했다.

- 각심이(비자婢子, 또는 방자房子) : 상궁의 개인 처소에서 부리는 가정부 · 식모 · 침모 등의 총칭이다. 이들의 월급을 국가에서 지급했으므로 방자房子라고도 한다.
- 손님 : 후궁의 처소에서 살림을 맡아하던 일종의 가정부 같은 여인이다. 대개 친정붙이이며, 보수는 후궁의 생계비에서 지출된다. 따라서 손님이라는 이름은 궁 밖에서 온 사람이라는 의미로 무수리나 각심이와는 달리 예의를 갖춘 말이다.
- 의녀醫女 : 약방기생이라고도 하는데, '대장금大長今' 으로도 유명하다. 약방이란 궁중 내의원內醫院의 별칭이며, 의녀의 소속이 내의원이지만 전신이 기생이기 때문에 붙여진 이름이다. 소임은 평상시에 궁녀들에게 침鍼을 놓아주기도 하고 비妃 · 빈嬪들의 해산에 조산원 노릇도 하지만, 궁중의 크고 작은 잔치가 있을 때에는 기생으로 변신한다. 원래 의녀醫女 제도는 궁중에서 비빈妃嬪을 비롯해 궁녀들이 내외법으로 말미암아 남자 의원의 진맥診脈을 회피해

죽는 자가 많았으므로 어린 비자婢子 중에서 수십 명을 뽑아 진맥診脈과 침 놓는 법을 가르친 것이 그 시초이다. 그러나 원래 배우지 못한 천민이라 무식해서 별로 성과가 없었으므로, 연산군燕山君 때에 와서는 서울 각 관청에서 잔치가 있을 때 아예 화장을 시켜 기생으로 참가시켰는데, 이러한 제도는 조선시대 말기까지 내려왔다. 고종高宗 때만 해도 의녀의 수가 80명이나 되었으나, 서양 의사가 궁중에 들어오고 나서부터 의녀 제도는 없어졌다.

내명부內命婦는 철저한 조직으로써 관리나 군대와 동일한 위계서열을 갖게 되는데, 오늘날 군대로 따지자면 중전中殿이 국방부장관에 대응되고, 후궁後宮이 장교, 상궁尙宮이 부사관, 일반 궁녀가 兵에 대응된다. 때문에 제조상궁은 말 그대로 내명부의 주임원사나 다를 바 없기에 후궁들이 아무 사유 없이 곤장을 때리거나 할 수 없었으며, 반대로 제조상궁이 후궁에게 기어오르다 적발되면 사약賜藥을 받을 수도 있다. 궁녀들은 한글은 물론 『소학小學』, 『삼강행실도三綱行實圖』, 『여사서女四書』 등 기본적인 학문과 궁중생활에 필요한 동작과 용어, 한글 궁체宮體 쓰기 등을 배웠다. 일부 궁녀들은 『계축일기癸丑日記』, 『인현왕후전仁顯王后傳』 등의 궁중문학을 남기기도 했다.

또한 궁녀의 근무 상황은 처소의 업무 내용에 따라 달랐지만 일반적으로 하루에 당번과 비번으로 교대 근무를 하거나, 세 번으로 나누어 근무했는데 보통 8시간 일하고 다음 날은 쉬었다. 지밀나인은 상전의 침실을 지켜야 했는데, 대전의 경우 평균 8명이 왕이 자고 있는 방 주변에서 뜬눈으로 침실을 지켰다. 따라서 근무 시간이 길어 주간조와 야간조로 나뉘어 통상 12시간 근무하는 격일제였다.

궁녀는 사용자인 정부에 노무勞務를 제공하고, 임금賃金과 복지福祉 등 경제적 보상을 받는 노동자였다. 1926년 순종황제純宗皇帝 때 창덕궁昌德宮 나인에게 지급됐던 월봉명세서月俸明細書에 따르면 가장 높은 보수를 받았던 이는 지밀상궁으로서 당시 월급이 196원이었다. 하지만 궁녀들은 맡은 일, 연차, 품계에 따라 받는 월급이 달랐으므로 지밀 중 가장 적은 액수를 받은 이는 50원을 받았고, 나머지는 40원부터 95원 사이였다. 기타 비자婢子는 한 사람이 20원을 받은 것을 빼고는 모두 18원을 받았다.

왕실을 받드는 직책인 만큼 본의도 아닌 정치적 사건에 휘말려 곤욕을 치르는 경우도 많았다. 당연히 왕실과 관련된 사건이라 사건 조사가 역모사건급으로 가혹하게 진행되는데다 지체 높은 여인네들을 직접 고문을 할 수 없으니, 대신 의금부義禁府로 끌려나와 혹형을 당하는 일이 빈번했다. 처벌 또한 궁녀 자신은 거열형車裂刑 등으로 끔찍하게 처형되는 것은 물론, 가족까지 연루되어 죽거나 유배를 당하기도 하였다.

궁녀는 관념상으로는 모두 왕의 여자였으므로 다른 남자와 성관계를 할 수 없었다. 만일 궁녀가 외간 남자와 사통하다가 적발되면 즉시 참형斬刑에 처해지는데, 특이한 점은 궁녀가 임신妊娠한 상태여도 당장 처형한다는 점이었다. 조선은 노동력을 중시하는 국가였고, 죄인의 자식도 노동력이 되기 때문에 여자 사형수가 임신 중이면 출산 후 100일까지 사형을 연기하는 게 원칙이었다. 설사 100일까지는 아니더라도 일단 출산할 때까지는 사형을 집행하지 않는데,

오로지 궁녀의 간통만이 예외였다. 궁녀는 임금의 씨가 아닌 다른 남자의 아이를 임신한 것 자체가 죄였다. 즉 궁녀의 불륜不倫은 살인죄 같은 일반적인 사형 죄목보다 훨씬 심각한 죄로 간주했다는 뜻이다. 아무래도 최고 권력자인 왕의 권위와 위신을 중시했던 데다가, 모든 궁녀가 원칙적으로는 왕의 여자이다 보니 만의 하나 불거질지 모르는 왕실의 혈통 문제를 고려하여 그랬던 것 같다.

서울 은평구 이말산莉茉山의 궁녀들의 묘역墓域. 사람들의 무관심으로 방치되고 있다.

그럼에도 불구하고 연애하고 싶었던 궁녀의 욕망을 완전히 막을 수는 없었다. 1425년(세종 7년) 12월 10일 궁녀 내은이內隱伊가 임금이 쓰던 '푸른 옥관자玉貫子'를 훔쳐서 환관 손생孫生에게 주고 서로 언약을 했다는 사건이 적발되었다. 임금의 여자가 바람을, 그것도 환관宦官과 피웠고, 게다가 임금의 물건을 훔친 것은 용서할 수 없는 일이라며 둘 다 참수형을 당하였다. 또 단종端宗 때에는 궁녀 중비重非와 별감別監 부귀富貴가 비밀연애를 하였는데, 이들은 그것도 모자라 궁녀와 별감 3쌍의 단체미팅을 주선하다가 발각된 사례도 있었다. 그래도 이 세 쌍의 연인들은 앞의 내은이內隱伊, 손생孫生과 달리 단종端宗이 감형을 해준 덕에 곤장을 맞고 관노와 관비가 되었지 죽지는 않았다.

궁녀들은 남자를 만나는 일이 완전히 금지되어 있고, 이 때문에 사실상 같은 궁녀들끼리만 교류하다 보니 궁녀들 사이에서는 동성연애同性戀愛가 횡행하였다. 이를 '대식對食', '교붕交朋', '밴대질'이라고 했는데, 세종世宗 때는 세자인 문종文宗의 세자빈世子嬪인 순빈純嬪 봉씨奉氏가 궁녀와 정을 통한 사건이 발각되어 폐출되기도 했다. 세종은 이 사건을 일컬어 '맷돌 부부'라고 칭하며 아주 황당해했지만, 애당초 풍기문란에 가까운 사건이라 일반 간통에 비해서는 가벼운 처벌을 내렸다. 남성과의 간통과 다르게 여성 간의 동성애 행위는 출산을 할 일이 없기 때문에 왕가 혈통의 정통성을 위협하지 않기 때문이었다.

궁에 한번 발을 들여놓으면 죽을 때나 궁 밖을 나가야 하는 궁녀들도 자신이 모시던 주인이 세상을 떠나거나, 궁녀 자신이 병들었을 때, 혹은 죄를 지었을 때, 가뭄이나 홍수 등 자연재해가 심하게 일어났을 때, 국가 재정이 악화되었을 때 일부 방출되었다. 극심한 가뭄이 들면 결혼하지 못한 여인들의 한恨이 하늘에 닿아 날이 가문다고 믿었기 때문에 궁녀들의 원한을 풀어주기 위해 이따금 출궁을 시켰다. 다만 어떤 이유로 궁을 떠나든 간에 한번 왕의 여자는 영원한 왕의 여자로 취급했기에, 궁 밖에서 살게 되어도 결혼은 할 수 없었다. 만약 관료가 출궁한 시녀 혹은 무수리를 데리고 살 경우 곤장 100대에 처했다.

다음은 조선朝鮮 후기後期 가사歌詞 「한양가漢陽歌」에 묘사된 궁녀宮女의 모습이다.

설한단雪漢緞 남藍치마와 불빛 모단毛緞 족두리며

어여머리 늦은 낭자 오두잠烏頭簪 금죽절金竹櫛과
긴 원삼圓衫 짧은 당의唐衣 요지연瑤池宴 뫼셨는 듯
분대分帶도 절등絕等하고 주취珠翠도 화려하다.
항아姮娥가 적강謫降한가, 속태俗態도 전연 없네.

헌종憲宗 때의 조선 사람 눈에 비친 궁녀 모습이다. 당시 사람들은 화려한 옷차림에 머리 장식까지 한 궁녀를 마치 달나라 선녀 항아姮娥인 양 눈부시게 바라보았다.

압 못세 든 고기들아 뉘라셔 너를 모라다가 넉커늘 든다
북해청소北海淸沼를 어듸 두고 이 못세 와 든다
들고도 못 나는 정은 네오 내오 다르랴.

1885년에 간행된 『화원악보花源樂譜』에 실린 어느 궁녀의 시조時調이다. 연못에 갇혀 사는 물고기의 신세를 궁궐에 갇혀 사는 자신의 신세에 비유하여 묘사한 내용으로 궁녀의 처량함을 토로하고 있다.

일개 궁녀가 가까이서 왕을 만난다는 것은 불가능한 일이었다. 궐내에서의 행동반경이 너무나 제한되었기 때문이다. 또 왕을 둘러싸고 있는 인人의 장막帳幕이 일반 궁녀가 넘기에는 너무 높고 두꺼웠다. 일개 궁녀가 왕을 만난다는 것이 그처럼 힘든 일이기에, 그런 일을 해낸 장희빈張禧嬪과 최숙빈崔淑嬪 등이 두고두고 인구人口에 회자膾炙될 수 있는 것이다.

로또 당첨보다 더 어려운 '왕을 만나보겠다는 꿈'을 안고 평생 궐 안에 갇혀 살기에는 궁녀 생활 그 자체가 너무 힘들었다. 무서운

분위기 속에서 고된 노동을 하는 것도 힘든 일이었고, 지엄한 궁궐에 신분적으로 예속되는 것도 힘든 일이었고, 궁녀를 그만두더라도 평생 이성교제를 할 수 없는 것도 힘든 일이었다.

현대의 관점에서 보면 궁녀가 제때 밥 주고 재워주고 월급 주는 상당히 좋은 직업에다 승은承恩을 입어 출세할 수도 있었기에 인기 있는 직업이었다는 생각을 할 수도 있다. 물론 기아飢餓에 허덕이는 이들이 많았던 시대에는 그럴 수도 있었을 것이다. 그러나 조선시대 사람들은 궁녀가 되는 것을 기피하였다. 궁녀의 업무 자체가 매우 고된 일이었으며, 무엇보다 당시의 가치관으로는 평생 결혼이나 성관계도 못하고 독신으로 살다가 자식도 없이 쓸쓸하게 생을 마쳐야 하는 삶이 좋아 보일 리가 없었다.

여자가 얼마나 잘 살았나 평가하는 기준으로 시집 잘 가고 아들 잘 낳았는가 말고는 다른 기준은 있지도 않은 시대였으므로, 시집을 못 간 여자는 얼마나 배부르고 등 따습게 잘 살았더라도 불행한 여자로 평가받을 뿐이었다. 그러나 궁녀는 여성의 정치 · 사회적 활동이 극히 제한되어 있던 전통사회에서 맡은 분야의 전문인이자 지식인知識人이었고, 궁궐의 음지陰地에서 묵묵히 궁중 문화를 꽃피운 존재였다.

3-3

조선 최고의 부자는 역관譯官

— 장희빈은 정경유착의 수혜자이며 피해자이다 —

조선이 건국한 1392년을 몇 년 앞둔 1388년, 목은牧隱 이색李穡이 새롭게 건국한 명나라에 사신으로 가서 명 태조 주원장朱元璋을 만난 적이 있었다. 『태조실록』에 다음과 같은 기록이 보인다.

> 천자가 이색의 명망을 듣고 있었으므로 불러 조용히 말하기를, "그대가 원나라에 벼슬하여 한림翰林이 되었었으니 응당 중국말을 알 것이다." 하니, 이색이 갑자기 중국말로써 대답하기를, "왕이 친히 조회朝會하기를 청합니다." 하매, 천자가 이해하지 못하여 말하기를, "무슨 말을 하였느냐?" 하므로, 예부의 관원이 전하여 이 말을 아뢰었다. 이색이 오랫동안 중국에 들어와 조회하지 않았으므로 말이 자못 어려워 통하지 아니하니, 천자는 웃으면서 말하기를, "그대가 하는 중국어가 마치 나하추納哈出와 같다."고 하였다.〈『태조실록』 9권, 태조 5년 5월 7일. 이색의 졸기卒記〉

목은 이색이 누구인가? 고려시대 최고의 석학이며, 여말삼은麗末

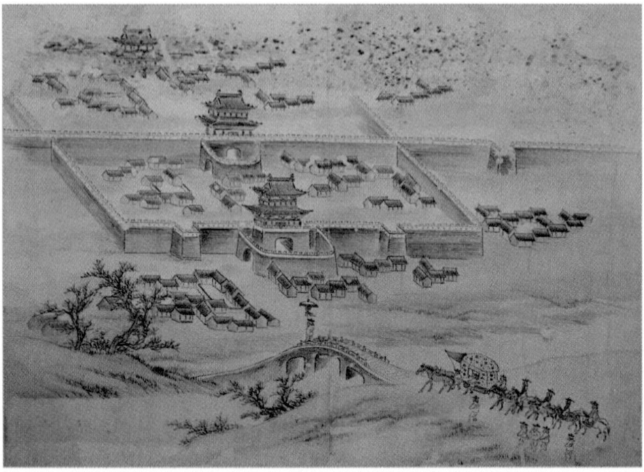

연행도燕行圖. 산해관山海關으로 들어가는 사신 행렬

三隱의 한 사람으로, 원나라 국자감의 생원으로 유학하였고, 원元의 과거에 합격하여 벼슬까지 지낸 인물이었다. 그는 대략 8년 정도를 중국에서 생활하여 명 태조 주원장도 그의 학문적 명성을 잘 알고 있었다. 망해가던 고려의 문하좌시중門下左侍中이었던 이색이 사신으로 주원장을 방문한 자리에서 주원장의 말을 잘 알아듣지 못해 "중국말 하는 것이 원나라 장수였던 나하추(納哈出)과 같다."는 핀잔을 들었다.

이런 말을 한 것은 주원장이 지금의 안휘성 봉양현 출신으로 사투리가 심했기 때문일 수도 있으나, 황제의 말을 잘 알아듣지 못한 상황은 양국 외교에 있어서 상당한 부담으로 작용했을 것이다. 이렇기에 외교에 있어서 역관譯官의 자리는 중요할 수밖에 없었다.

조선은 명나라와의 상호 왕래 중에 발생하는 언어적 문제를 해결하기 위해서, 트집 잡히지 않을 수준의 문장력과 중국어에 능통한 역관을 양성해야만 했다. 그리하여 태조 2년에 "사역원司譯院을 설치하고 중국어를 익히게 했다."고 한다. 역관이라는 자리는 나라의 외교를 책임지는 중차대한 임무를 가지기도 하지만, 또 이를 바탕으로 입신양명과 가문을 일으키게 할 수 있는 주요 요직이었다. 또한 능통한 외국어 실력을 바탕으로 명明과의 조공무역朝貢貿易이나 청淸과 부연사행赴燕使行, 일본과 통신사행通信使行 등을 수행하면서 국제무역상, 외교관, 무기수입상, 정보원, 개화사상가 등으로 다양한 활동을 펼칠 수 있었다. 그러나 양반이 아닌 중인中人의 신분이었기에 엄청난 부를 가졌음에도 사회적으로는 분명한 한계를 지니고 있었다. 역관이 되기까지의 과정과 대표적 역관을 중심으로 그들의 영욕에 대하여 살펴보자.

역관은 고려와 조선시대에 통역과 번역 업무를 담당하였던 관리를 말한다. 조선이 주변 나라들에 취한 외교정책은 '사대교린事大交隣', 즉 중국에는 '사대事大' 정책으로, 일본 및 유구·여진 등의 나라에는 '교린交隣' 정책으로 구분할 수 있다. 역관은 이 정책을 수행함에 있어서 없어서는 안 될 중요한 존재였다. 그래서 조정의 대신들은 역학譯學 또는 역관譯官을 천하게 여기면서도 역관의 임무가 국가의 중대사임을 자주 강조하였다. 역관이 없을 때에는 부득이 한문을 이용해서 필담을 나누기도 하였지만, 원활하고 정확한 소통을 위해서는 외국어 전문가인 역관의 중요성은 매우 컸다.

고려시대에는 통문관通文館과 사역원司譯院을 통해 외국어 학습이 이루어졌다. 초기에는 서민 출신이 임명되었으나, 후기에는 사대부 계층의 사람들도 통문관을 통해 학습하는 경우가 많아졌다.

일종의 출세 지름길로 여겨지기도 했다. 충렬왕忠烈王은 1276년 통문관을 설치하고, 한아언어漢兒言語를 비롯해 주변 국가의 외국어를 교육했다.

한아언어란, 원나라의 수도인 연경燕京(지금의 북경) 일대에서 몽골인들이 쓰던 중국어를 말하는 것이다. 즉 몽골인이 쓰는 중국어 사투리라는 말이다. 몽골이 중원中原을 정복하고 세운 원元나라 이후 북경 지역에는 이전 시대와 전혀 다른 중국어가 탄생했다. 몽골·여진·거란 등 여러 민족의 말들이 섞여 만들어진 '잡탕 중국어'가 공식 언어로 정착했다. 이를 한아언어라고 했다. '한아漢兒'는 양자강 이북 사람들을 일컫는데, 당·송대까지 양자강 이남 사람들인 '오아吳兒'가 쓰던 '정통 중국어'와는 완전히 다른 말이다. 그러기 때문에 한아언어를 익힌 역관의 중요성이 더욱 커졌다. 한아언어는 현재 중국인이 쓰는 북경어 중심의 '보통화普通話'로 발전했다. 중국에서는 이런 사실을 애써 말하지 않는다. 현대 중국어가 '이민족'이 쓰던 말에서 비롯했다는 사실을 불편해하기 때문이다.

통상 역관이 인기가 좋았던 이유는 크게 두 가지로, 외국어를 통해 권력과 부에 다가갈 수 있었기 때문이다. 중국에 가는 사절단에 항상 역관들이 수행했는데, 일반적으로 중국에 가는 사신은 보통 왕자나 정승들이 정사政使가 되었고, 간혹 역관이 정사를 맡을 때도 있었다. 정사가 귀국할 때 황제의 칙서勅書를 가지고 돌아오면 왕세자가 나가서 맞이해야 했으니, 잡과 출신의 중인으로서는 최고의 영예가 아닐 수 없었다.

또 다른 하나는 조선의 유일한 공식 해외 무역상이 역관었기 때문이었다. 조선은 명나라와는 사대, 일본 등 다른 나라와는 교린 관계를 맺었기에 사절단이 왕래할 때는 공무역公貿易뿐만 아니라 사무역私貿易도 부수적으로 행해졌다. 이 사무역은 전적으로 역관들의 영역이었으며, 이 과정에서 막대한 부를 축적할 수 있었던 것이다. 실로 조선의 최대 갑부는 역관들이었던 것이다. 예전에도 유창한 외국어는 그만큼 권력과 부에 다가가는 통로였다.

조선시대에는 사역원司譯院과 승문원承文院을 통해 외국어학습을 장려하였다. 과거의 잡과 중의 하나로 역과譯科가 있었는데, 한학漢學, 몽학蒙學, 왜학倭學, 여진학女眞學(청학)의 네 종류가 있었다. 대부분의 합격자가 한학이었지만, 다른 언어에서도 각각 2명 정도는 합격하였다. 합격자는 종7품에서 종9품의 품계를 받았고, 후에 정3품 당하관까지 승진할 수 있었다.

사역원은 지금의 광화문 정부종합청사 뒤쪽의 적선동과 도염동에 걸쳐 있었다. 사역원에서 가르치는 외국어는 과거시험보다는 많은 여섯 개로 중국어, 몽골어, 여진어, 일본어, 위구르어(偉兀語, 현재

광화문 정부종합청사 뒤편의 사역원司譯院 터

의 중국 신강 위구르 자치구), 유구어(현재의 오키나와)였다. 그런데 몽골어 전공은 위구르어를, 일본어 전공자는 유구어를 함께 공부해야 했다. 복수 전공인 셈이다.

역관 양성은 5~6세부터 시작했다. 지금의 외국어대학교 같은 모습의 사역원은 지원자가 많아서 입학 조건도 까다로웠다. 부·조부·증조부·외조부의 명단인 사조단자四祖單子를 제출해 이상이 없어야 했고, 여기에 참상관 이상 2인과 교회敎誨(사역원 관리) 1인의 신원보증서를 제출해야 했다.

사역원에 들어갔다고 바로 역관이 되지는 않았다. 미친 듯이 공부해야 했다. 외국어 연수 기관인 우어청偶語廳에 들어가면, 기숙사 생활을 하면서 하루 종일 해당 언어로만 대화하는 등의 전문적인 공부를 하고, 매달 2일과 26일에 시험을 쳤으며, 3개월에 한 번씩 기말고사에 해당하는 원시院試를 쳤다. 굳이 따지자면, 영어마을의 원조격이라고 할 수 있겠다. 이 시기의 외국어 교육은 조기교육과 실용회화 중심의 반복학습 등 조직적이고 과학적이었다. 수련을 거친 뒤에는 잡과의 역과에 응시해야 했는데, 초시와 복시에 통과한 후에 역관이 될 수 있었다.

사역원에서 공부하던 교재로는 『노걸대老乞大』가 있었다. 이 책은 고려 말에 편찬된 것으로 추정되지만, 기록상으로는 『세종실록』에 처음 등장한다. 노걸대의 내용은 세 명의 상인이 인삼·모시 같은 특산품을 싣고 중국 수도에 들어갔다가 귀국하는 여정에서 마주하는 상황을 106화의 회화로 구성하여 이야기를 전개하면서 학습을 꾀한 책이다. 『老乞大』의 '老'는 존칭어, '乞大'는 10세기 초부터 200년간 만주 및 중국 북부 지역을 지배하던 '거란契丹(Kitai)'을 지

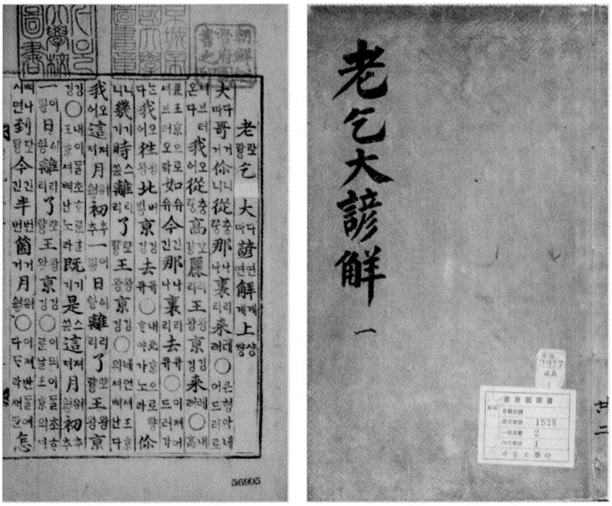

조선시대의 외국어 교재인 『노걸대언해老乞大諺解』

칭하는 말이다. 『노걸대』 다음으로 유명한 중국어 학습서로는 『박통사朴通事』가 있다. 『노걸대』가 상인 중심의 비즈니스 회화에 가깝다면, 『박통사』는 일상생활을 중심으로 하고 있다. 『노걸대』보다 고급 단계의 중국어를 다루고 있다.

일본어 교재로는 『첩해신어捷解新語』나 『인어대방隣語大方』이 있다. 임진왜란 때 일본에 잡혀갔다 돌아온 강우성康遇聖이란 사람이 자신의 경험을 바탕으로 이 책을 완성했다. 조선 초기에는 일본어를 다루지 않다가 나중에 개설되었기에, 일본어를 '신어新語' 또는 '신학新學'이라 불렀는데, 역과 시험 답안지를 살펴보면, 『첩해신어』를 거의 통째로 외워서 그대로 쓸 수 있어야 합격이 가능한 것으로 추정된다.

조선시대 최고의 어학의 달인으로 유명한 보한재保閑齋 신숙주申

叔舟는 중국어, 몽골어, 여진어, 일본어, 인도어, 아랍어에 능통했다는 기록이 있다. 신숙주뿐만 아니라 당시 고위 지식계층은 중국어 정도는 구사할 수 있었다고 한다.

외국어 습득 방법은, 예나 지금이나 구전으로 배우는 것이 가장 효율적이다. 그래서 할아버지가 아버지에게, 아버지가 아들에게 외국어를 가르치는 과정을 통해서 역관으로 유명한 집안이 나오기도 했다. 인동장씨仁同張氏, 밀양변씨密陽卞氏, 우봉김씨牛峰金氏, 천녕현씨川寧玄氏, 해주오씨海州吳氏 등이 대표적인 역관 가문이다.

「통신사일행착복지圖通信使一行着服之圖」 중 역관의 모습

조선왕조는 국가 초기부터 19세기 말까지 일관되게 '사대교린事大交隣'이라는 외교 원칙에 따른 조공朝貢 같은 형식의 정부 간 거래만을 공식적으로 인정하였을 뿐, 민간에 의한 무역은 금지하거나 제한된 범위에서만 암묵적으로 허용하였다. 조공이란 대국, 혹은 종주국에 대해 약소국, 혹은 종속국이 충성의 표시로 물품을 바치는 외교적 행위이다. 때문에 모르는 사람들은 조공을 착취나 약탈이 아닌 거래, 혹은 무역이라고 지칭하는 것에 대해 의아해할지 모르겠다. 하지만 조공이 가지고 있는 겉모습을 걷어내고 실태를 들여다 보면, 쉽게 이해할 수 있다.

당송팔대가로 유명한 동파東坡 소식蘇軾은 고려가 송宋에 보내는 조공을 받지 말라고 강력하게 주장하였다. 소식은 1089년에 올린 상소문에 "고려가 16~17년간 (송나라에) 조공을 바쳐왔습니다. 그런데 고려 사신들을 접대하고 답례품을 하사하는 비용이 이루 헤아릴 수 없습니다. 성을 쌓고 배를 만들고 관사官舍를 짓느라 각 지방의 백성들이 동원되고 있습니다."라고 하며, "고려 사신을 접대하는 비용이 10만 관도 넘습니다."라고 하였다. 그리고 더불어 "고려가 바치는 공물은 모두 노리개처럼 허접한 물건인데 반해, 송나라가 지출하는 경비는 모두 백성들의 고혈膏血"이라며 조공을 반대한 것이다.

이러한 조공의 모습은 명과 청나라 때에도 크게 다르지 않았다. 가령 조선이 중국에 조공을 바치면, 중국은 '사여賜與' 라고 해서 답례 물품을 주어야 했다. 이 과정에서 양측은 서로가 줄 수 있는 물품과 원하는 물품 목록을 미리 제시한 뒤 이들을 얼마만큼 주고받을지에 대해 의논을 하였는데, 이 과정은 사실상 일반 상거래에서의 흥정과 큰 차이가 없다. 물론 양측의 관계가 자유거래에서처럼 동등했다고 보는 것은 지나친 비약일 수 있겠지만, 조공을 강대국이 약소국을 일방적으로 수탈하는 굴욕적인 의례로 보는 것은 실상과는 동떨어진 것이다.

청과의 무역은 매년 수차례씩 북경(연경)을 왕래한 부연사행赴燕使行을 통해 실현될 수 있었고, 그것을 주도한 것은 역관들이었다. 부연사행은 정기사행과 임시사행으로 구분된다. 정기사행은 매년 음력 11월에 출발하여 이듬해 4월에 귀국하는 '삼절년공행三節年貢行' 과 중국으로 책력, 즉 달력을 받으러 가는 '황력뢰자행皇曆賚咨行' 이 있다. 그리고 여러 가지 이유로 시도 때도 없이 사신을 보냈다. 사행이라는 이름으로 무역을 활발하게 하고 있었던 것이다.

조선이 조공 무역 외의 교역을 엄격히 통제한 데에는 명 · 청과의 외적 요인이 중요했지만 내적 요인, 즉 조선왕조를 떠받치던 성리학적 세계관도 크게 작용하였다. 사대부들이 사유의 지침으로 삼은 성리학은 자영농이 주축을 이루는 농업 사회를 이상적인 사회로 묘사하고, 상업 활동은 가능한 한 최소화해야 한다고 강조하고 있다. 결국 생활의 근본을 이루는 농업에 힘쓰고 말단인 상업을 억제한다는 '무본억말務本抑末' 의 경세관에 따라 조선왕조는 모든 상업 활동을 국가관리 아래 두고자 했다.

유의할 점은 이 같은 조선왕조의 폐쇄적인 교역정책이 지난 수천 년간의 우리 역사를 돌이켜볼 때 다소 예외적인 것이라는 사실이다. 삼국시대와 통일신라 · 고려는 중국, 일본과는 물론이고 인도, 서남아시아 국가들과도 문화 · 경제적 교류를 하고 있었고, 이러한 활동은 인도풍의 불상, 장보고의 해상활동, 신안 앞바다의 유물, 그리고 처용가處容歌에서도 볼 수 있는 이슬람인 등에서 다양한 흔적을 찾을 수 있다.

중국도 당, 송, 원까지 다른 나라와의 접촉에 적극적이었다. 당나라 수도인 장안이나 원나라 수도인 대도는 국제도시로서 면목을 갖추고 있었다. 그런데 이를 이어가지 못하고 명나라 들어오면서 홍무洪武 4년(1372) 해금海禁정책을 시작했는데, 이것은 원말 · 명초 혼란기에 중국 동남부 연해를 중심으로 활동한 해상세력과 한반도와 중국 동부 해안에서 준동하기 시작한 왜구 때문이었다.

'약방에 감초' 란 말이 있듯, 조선시대 무역을 이야기할 때면 역관과 인삼을 뺄 수가 없다. 역관은 상대와 의사소통을 하는 데 반드시 필요한 통역관이었고, 인삼은 교역상품 중 가장 인기가 있는 수

출품의 하나였다. 원칙적으로 사무역이 금지됐던 조선에서는 사행 인원들에게 출장비 대신 인기 품목이었던 인삼의 무역권을 줬다. 조선 초에는 사행 1인당 인삼 10근으로 수량을 제한했으나, 인조 후반에는 휴대량이 80근으로 대폭 늘어났다. 숙종 8년(1682), 당시 인삼 1근당 가격을 은 25냥으로 환산하면, 인삼 80근은 자그마치 은 2,000냥이나 되는 거금이었다.

당시에도 인삼은 중국과 일본에서 그 효능이 입증돼 만병통치약으로 불릴 정도로 인기가 있었다. 특히 인삼은 17~18세기 청 · 일간 중개무역을 하면서 교역 상품의 꽃으로 부피가 크지 않아 일본으로 밀반출하기가 쉬웠기에 잠상潛商(밀수꾼)들에게 인기가 있었다.

역관들이 재산을 모을 수 있었던 또 다른 요인은 관아官衙의 은銀을 사용할 수 있었다는 것이다. 조선의 관아들은 역관에게 대량의 은을 빌려주어 각 관아에서 필요한 물품을 수입하였고, 역관은 이를 통해 몇 배의 이익을 얻었다. 그리고 역관의 신분을 담보로 관아의 은을 빌려 쓸 수 있었다. 즉 관아에서는 역관에게 은을 빌려주면서 이자를 받을 수 있기 때문이었다. 이를 통해 역관들은 자본이라는 날개까지 달게 된 것이다.

관아의 은을 빌려 명으로 떠났다가 큰 곤욕을 치룬 역관의 이야기는 유명하다. 역관譯官 홍순언洪純彦(1530~1598)이 바로 그이다.

> 홍순언은 젊어서 불우했으나 의기가 있었다. 일찍이 연경에 가다가 통주通州에 이르러 밤에 청루靑樓에서 노닐다가 자색이 매우 뛰어난 한 여자를 보고 즐거워했다. 주인 할미에게 부탁해 접대하게 했는데, 그가 소복을 입은 것을 보고 물으니, 이렇게

말했다. "제 부모는 본디 절강浙江 사람으로서, 명나라 연경에서 벼슬 살다가 불행히 돌림병에 걸려 동시에 모두 돌아가셨는데, 관棺이 객관에 있습니다. 저 혼자서 고향으로 모셔가 장사지내고자 하나 장사 지낼 밑천이 없으므로 마지못해 스스로 몸을 팝니다." 말을 마치자 목메어 울며 눈물을 흘리므로, 공이 듣고 불쌍히 여겨 그 장례비를 물으니 300금이 필요하다 하기에, 곧 전대纏帶를 털어서 주고 끝내 가까이하지는 않았다.〈『통문관지通文館志』〉

명나라의 석성石星 초상

후에 그 여인은 명나라 조정의 예부시랑禮部侍郎(외무부 차관) 석성石星의 후실이 되었고, 홍순언은 조선으로 돌아와 관아의 은을 갚지 못해 옥에 갇히고 말았다.

이때 조선에서는 명의 『태조실록』과 『대명회전』에 이성계가 이자춘李子春이 아닌 정적이었던 성주이씨星州李氏 이인임李仁任의 아들이며, 고려 왕씨 네 왕을 차례로 시해했다고 기록되었기에 조선은 개국 초부터 그 오명을 벗기려고 하는 '종계변무宗系辨誣' 문제로 전후 수십 차례에 걸쳐 사신을 명나라에 보냈으나 모두 허락받지 못하고 돌아왔다.

200여 년이 지나도록 종계변무가 해결을 보지 못하자, 선조가 노해 교지敎旨를 내리기를, "이것은 역관의 죄로다. 이번에 가서 또 청請을 허락받지 못하면 역관 한 사람 목을 베겠다."고 하명하였다. 이에 모든 역관이 "어차피 옥에 갇힌 홍순언은 죽기 전에 풀려나기 어려우니, 우리가 돈을 모아 홍순언을 빼내어 명나라로 보내자."고 의논하였고, 홍순언도 어쩔 수 없이 수락하였다.

홍순언이 북경이 이르렀을 때 예부시랑 석성이 "장인어른 어서 오십시오. 따님이 기다린 지 오래입니다."하며 절을 올리자, 부인 또한 엎드려 절을 올렸다. 바로 홍순언이 청루에서 빼내준 그 여인이었다. 홍순언으로부터 종계변무 문제로 왔다는 말을 들은 석성은 이를 해결하여 주었다. 홍순언이 돌아오자, 조정에서는 200년 동안 해결하지 못했던 왕실의 정통성을 회복해준 공을 치하해 광국공신光國功臣 2등에 책봉하고, 역관으로는 처음으로 공신 작호인 당릉군唐陵君에 봉했다. 홍순언의 공은 여기서 그치지 않는데, 몇 년 뒤 임진왜란이 발발했을 때 명의 원군을 받아내는데 큰 공을 세웠다. 홍순언과 석성 부인의 인연이 나라에 큰 힘이 된 셈이었다.

왜란이 끝나는 해에 홍순언은 할 일을 다한 듯 숨을 거두었다. 또한 석성도 반대파인 심유경沈惟敬에 의해 옥에 갇혀 옥사를 하고 만다. 그러나 석성의 부인과 가족들은 석성의 유언에 따라 조선으로 건너와 황해도 해주에 정착했는데, 선조는 석성의 공을 기려 그 아들 석담石潭을 수양군에 봉하고 토지를 하사하였다. 그 후손들은 해주를 본관으로 하는 해주석씨海州石氏로 아직도 이 땅에 살고 있다.

다음의 기록은, 북경 사행 과정에서의 무역의 모습을 보여주는 소화笑話이다. 민담적 허구가 남아있기는 하지만 꽤나 그때를 살필 수 있는 이야기이다.

주인 옹은 말을 마치자 채생蔡生을 부축해 일으키더니, 그를 이끌어 행랑行廊으로 들어가 이리저리 지나 한 화원에 도착하였다. 이 화원은 둘레가 수백 걸음이 넘고 사방을 갖가지 색으로 꾸며놓은 담으로 둘러놓았고, 담장 안으로는 널찍한 연못에 두세 사람이 탈법한 작은 거룻배 한 척이 물가에 대어 있었다. 곧 함께 배에 올라 저어 가자, 연꽃이 쑥 뻗어 나와 얼마나 큰지 알 수 없었고, 그윽한 향기 속을 거슬러 들어가길 한참이 지나자 그 앞으로 우뚝한 봉우리가 서있었다. 봉우리는 무늬가 수놓인 돌을 쌓아 올려 가운데로 계단을 놓아 그 정상에 오를 수 있도록 만들어진 것이었다. 채생이 배에서 내려 계단을 올라가는데, 그 끝에는 열두 굽이 난간을 두른 집 한 채에 수놓은 방석이 화려하였고 구슬로 만든 발이 늘어져 빛을 발하고 있었다. 주인 옹이 그를 잠시 머물러 두고 안으로 들어가자, 채생이 가만히 서서 몰래 둘러본 주위로는 기이한 화초와 특이한 모양의 돌, 이름난 꽃과 화려한 깃털의 새들로 꾸며져, 마치 신기루를 보는 듯하여 황홀함을 이루다 설명할 수 없을 정도였다.〈임방任埅, 『천예록天倪錄』 「결방연이팔낭자結芳緣二八娘子」〉

이 글은 첫날밤도 치르지 못하고 청상과부가 된 딸의 짝을 맞춰 주고자 한식 성묘 길에 나선 젊은 채생을 끌고 온 주인공 김영감의 저택을 그리고 있다. 세상 어느 곳에 궁궐과도 같은 별천지로 있을까도 싶다. 작품에서 김영감은 자신의 집안이 역관으로 대를 이어 당상관에 올라 지중추부사까지 지냈다고 소개하고 있다. 주목할 것은, 김영감의 재력이 자신의 개인적 능력이 아니라 대를 이은 역관 가문에서 유래한 것이라는 점이다. 당시 역관들의 부유함을 볼 수 있다.

조선 제일의 국중거부國中巨富라고 하면, 역관 변승업卞承業(1623~1709)을 들 수 있다. 변승업은 인조 23년(1623) 역과譯科에 급제해 역관이 되었는데, 숙종 6년(1680) 일본의 관백關白 도쿠가와 이에쓰나(德川家綱)가 사망했을 때 조의사弔儀使의 일원으로 일본을 방문하기도 했다.

박지원의 『열하일기』 중 '옥갑야화玉匣夜話'에는 역관 변승업이 은 50만 냥(약 1800억원)에 이르는 채권 장부를 불태워버린 일을 적고 있다. 숙종 35년(1709) 변승업의 노환이 깊어지자, 아들들은 "시일을 오래 끌면 좋지 않으니 꿔준 돈을 그만 거둬들이는 것이 어떻겠습니까?"라고 물었다. 살아 있을 때 채권을 정리해야지, 돌아가신 후에는 자칫 나 몰라라 하는 사람이 나올 수도 있다고 생각한 것이다. 하지만 변승업은 고개를 저었다. "한양에 사는 사람들 중 내 돈을 빌리지 않은 사람이 없다. 갑자기 돈을 회수하겠다니, 이들의 명맥을 하루아침에 끊으려 하느냐?" 하며, 손수 채권 장부를 불태워버리고 앞으로 이 돈에 대해 거론하지 말며 절대 돌려받지도 말라고 엄명을 내렸다. 그리고 "내가 보건대, 권세가 있거나 재물을 모은 사람 중 삼대를 넘기는 이가 없었다. 지금 이 돈을 흩어 버리지 않는다면, 장차 우리 집안에 재앙이 닥칠 것이다."라고 하였다. 이자를 붙인 것도 아니고, 자기가 빌려준 돈을 반환 받는 것인데 굳이 포기할 필요가 있냐 싶겠지만, 이는 가문을 보호하기 위해 심사숙고한 결정이었다. 연암 박지원의 『허생전』에서 허생에게 돈을 빌려준 변부자卞富者는 변승업의 조부인 변계영卞繼永이나 부친인 변응성卞應星으로 추정된다.

또 역관으로 국중대부國中大富라는 소리를 듣던 장현張炫(1613~?)이라는 다재다능한 인물이 있었다. 그는 병자호란 이후 소현세자昭顯世子와 봉림대군鳳林大君이 청나라에 볼모로 잡혀갔을 때부터 세자와 대군을 보살폈다. 두 왕자를 보호하기 위해 절치부심하던 장현은 청나라 인사들에게 접근하여 친분을 나누고 거대한 인맥을 구축하였는데, 그가 만든 인적 네트워크는 결과적으로 청나라의 정세를 탐지하는 데 큰 도움이 되었다. 장현은 막대한 은을 소비하면서 청나라의 정보를 입수하였고, 청나라 관리를 매수하여 궁궐 깊숙이 숨겨둔 내각 문서를 훔쳐오기도 하였다. 그리고 또 조선에는 제조가 금지된 홍이포紅夷砲(서양 대포) 25문을 몰래 들여오려는 시도도 하였다. 사실상 조선의 스파이였던 것이다. 그 공로로 숙종 3년(1677) 품직이 종1품 숭록대부崇祿大夫를 내렸으며, 이후 공을 세울 때마다 정1품 보국대부輔國大夫로 품계를 올려주려 하였으나 그가 역관이라는 이유로 문관들이 반발해, 결국 그의 아들들의 품계를 대신 올려주었다고 할 정도로 임금에게 총애를 받았다.

그는 복창군福昌君 이정李楨과 복선군福善君 이남李枏의 심복으로 유명하였는데, 정쟁에 휘말려 경신환국庚申換局(숙종 6년, 1680) 때 유배에 처해졌다가 복직되었고, 기사환국己巳換局(숙종 15년, 1689) 때 장희빈과 남인세력이 권력을 잡자, 활동이 원활해졌다가 갑술환국甲戌換局(숙종 20년, 1694) 때 장희빈의 오빠인 장희재張希載의 친족이란 죄명으로 노론의 탄핵을 받아 다시 유배되는 등 다사다난한 생을 살았다.

영화나 역사 이야기 속에 그려진 장희빈과 인현왕후의 모습은 늘 요부와 요조숙녀의 대결이었다. 타고난 끼와 간교한 계략으로 임금의 총애를 얻고 모함으로 인현왕후를 몰아낸 못된 왕비 장희빈은 온갖 사치와 횡포로 백성들의 원성이 자자해지자 뒤늦게 정신을 차린 임금에 의해 쫓겨나고, 후에 사약을 받아 죽은 요부! 이것이 지금까지의 역사가 그려낸 장희빈의 모습이다. 과연 정말 그럴까?

장희빈을 요화妖花로 표현하고 있는 영화 포스터

장희빈은 1659년 역관 출신인 아버지 장경張烱과 파평윤씨 집안 어머니 윤씨의 1남 1녀로 출생했다. 본관은 인동仁同. 우리에게 잘 알려진 장희빈의 '희빈禧嬪' 은 조선시대 내명부 품계 중 정1품에 해당하는 '빈嬪' 이라는 위호이다. 쉽게 말해 벼슬 이름이다. 양반 가문의 여종으로 일하는 윤씨는 남인 측에 속한 역관 윤성립尹誠立의 딸인데, 남인과 서인의 당파 싸움에 휘말려 아버지를 잃는다. 후에 그녀는 중인 출신의 거부 장경張烱의 후처로 들어가 '옥정玉貞(장희빈)' 이라는 딸을 낳았다. 장희빈의 친가와 외가 모두 역관 집안으로 매우 부유한 환경이었다. 국중대부國中大富 장현張炫의 종질녀從姪女가 장희빈이다. 변승업은 맏아들 변이창卞爾昌을 장현의 딸과 혼인시켰다. 변승업의 여섯째 형 변승준卞承俊의 손자와 손녀도 장씨 집안과 결혼했다. 변승업의 조부인 변계영卞繼永의 조카사위 윤성립이 장희빈의 외조부이기도 하다. 이와 같이 역관 가문인 변씨卞氏와 장씨는 혼인으로 맺어진 인척으로 깊은 관계를 형성하고 있었다.

그 당시 역관은 신분상으로는 중인계급이었지만, 무역을 통해 경제적으로 급성장하여 양반과 더불어 사회주도 세력의 한 축軸으로 자리잡았다. 중인인 역관들은 신분의 한계를 뛰어넘기 위해 정치권과 손잡으려 하였고, 서인에게 밀려난 남인들은 정치적 영향력과 자본을 함께 거머쥔 역관들과의 연합으로 권력의 재탈환을 시도하려 했다. 이리하여 정경유착이 생겨나고, 그들에 의해 '왕비 만들기' 작전의 주인공으로 선발된 이가, 바로 장희빈인 것이다.

장옥정張玉貞(장희빈)은 어린 나이에 나인(內人)으로 뽑혀 입궁했다. 숙종 6년(1680) 무렵부터 숙종의 총애를 받았으나, 숙종의 생모인 명성왕후의 명으로 궁에서 쫓겨났다. 당시 당숙인 장현도 경신환국(1680)으로 서인이 집권한 뒤에 유배되었다. 장옥정은 숙종 9년(1683) 명성왕후가 죽은 뒤에야 다시 궁으로 돌아왔으며, 숙종 14년(1688) 왕자 윤昀(뒷날의 경종)을 낳았고, 이듬해 음력 1월 아들이 원자로 책봉되면서 희빈이 되었다. 당시 송시열宋時烈 등의 서인은 이를 반대하다가 정권을 남인에게 넘겨주는 기사환국(1689)이 일어났다. 기사환국으로 서인이 몰락하면서 숙종의 계비인 인현왕후 민씨가 폐비되고, 장희빈이 왕비로 책봉되었다.

그러나 숙종 20년(1694), 갑술환국으로 남인南人이 실각하고 서인이 다시 집권하면서 인현왕후 민씨가 복위되었고, 장희빈은 그해 왕후의 자리에서 쫓겨나 다시 희빈의 작호를 받았다. 그리고 숙종

27년(1701), 인현왕후가 죽은 뒤에 영조의 생모인 숙빈최씨淑嬪崔氏의 발고로 거처인 취선당就善堂에 신당을 차려놓고 인현왕후를 저주해 죽게 했다는 혐의를 받아 사사되었다.

갑술환국 당시에 서인은 인현왕후의 복위 문제를 놓고 노론老論과 소론小論으로 나뉘어졌다. 노론은 인현왕후의 복위를 찬성했던 반면, 소론은 장희빈의 왕비 자리를 그대로 두자고 했다. 그런데 여기서 주목해 보아야 할 것은, 서인들의 인현왕후 복위 운동의 자금줄 역할을 한 것도 바로 역관과 상인들인 중인 계층이라는 것이다. 결국 경제력을 갖춘 중인 계층과 정치력을 갖춘 양반들의 결합, 즉 정경유착에 의해 힘을 갖게 된 양 세력이 각각 장희빈과 인현왕후라는 두 상징적인 여인을 통해 권력투쟁을 한 것이라고 볼 수 있다.

역관, 특히 청을 상대하는 역관은 여러 면에서 영향력이 대단했다. 청과 사대관계를 맺고 있던 조선의 왕은 왕권 유지를 위한 첫 번째 조건이 바로 청의 지지였고, 이를 위해서는 역관의 지지가 필수 조건이었다. 이런 맥락에서 보면, 숙종은 명문 역관의 딸인 장희빈을 통해 역관의 지지를 끌어내려 했던 측면이 강했다고 볼 수 있다. 또한 신하들의 힘이 강했던 시기에 왕위에 오른 숙종은 왕권의 강화를 위해 당쟁을 적극 활용했다. 남인의 힘이 강해지면 환국을 통해 서인을 기용하고, 다시 서인의 힘이 강해지면 또 다른 환국을 통해 남인을 기용하는 정권교체를 통해 서로의 균형을 유지하면서 왕권에 도전하지 못하도록 했다. 장희빈에 대한 숙종의 총애는 남녀간의 사랑 노름이 아니라, 서인의 힘이 강했던 시절 서인에 대한 견제세력으로 남인을 끌어들이기 위한 상징적인 몸짓이었던 것이다.

역관들은 기술과 행정 실무뿐만 아니라 지식과 경제력에서도 양반계층에 뒤지지 않았으나, 늘 중인으로 대우받는 것에 불만을 가졌다. 그러다 조선 후기에 들어서자, 신분 해방을 위하여 적극적으로 나섰고 근대화의 흐름도 주도적으로 이끌었다. 그중 개화파와 개화당의 형성에 큰 영향을 끼친 대표적인 인물이 오경석吳慶錫(1831~1879)이다.

역관 오경석吳慶錫을 찍은 우리나라 최초의 사진

오경석은 순조 31년, 역관인 오응현吳膺賢의 아들로 태어났다. 오응현은 역관 최고위직인 정3품 당상역관과 지중추부사를 지냈으며, 7대에 걸쳐 역관을 지낸 집안으로 오경석이 8대째 역관이다. 오경석의 아들들도 모두 역관이었다. 이들이 조선의 마지막 역관 세대인데, 1894년 갑오경장 이후에 과거가 모두 폐지되었기 때문이다. 오경석의 아들인 역관 오세창吳世昌은 3·1운동 민족대표 33인 중 한 사람이다.

역관 오경석은 병인양요丙寅洋擾 때 자신이 평소에 알고 지내는 중국 관리들을 통해 프랑스군 정보를 빼내 조선에 전달해 프랑스군을 물리치는 데 기여하기도 했다. 그리고 오경석은 성리학에 젖어 있는 지배층을 일깨우기 위해 새로운 사상을 담고 있는 책들을 국내로 반입했다. 서세동점西勢東漸으로 인한 '문명의 충돌'과 함께 청국이 붕괴 위기에 직면하면서 중국의 위원魏源(1794~1856)은 『해국도지海國圖誌』란 책을 저술하였다. 이 책은 각 나라의 지세와 산업 · 인구 · 정치 · 풍습 등을 기술하였고, 세계 주요국의 역사 · 정치 · 지리 등을 망라한 아시아 최초의 국제편람으로 훗날 '중체서용론中體西用論'과 '양무운동洋務運動'의 단초를 제공했다. 오경석은 이 서책들을 구입해 조선의 근대화를 선도하는 지침서로 삼았다. 이 책을 처음 접한 인물들이 조선 개화파로 발전한 것이다. 우리 역사는 오경석과 그와 생각을 함께한 백의정승白衣政丞 유홍기劉鴻基(1831~1884), 그리고 연암의 손자 박규수朴珪壽(1807~1876) 등 3인을 '개화파의 비조鼻祖'라고 기술하고 있다.

또한 오경석은 서양 문물과 제도를 알 수 있도록 세계지도를 비롯하여 자명종, 망원경 등도 조선에 들여왔다. 대원군이 애용하던 회중시계도 오경석이 청에서 구입해 선물한 것으로 전해진다. 또한 1853년, 주청 프랑스공사 필립에게 초상 사진을 찍어달라고 부탁하여 청에서 귀국할 때 가지고 돌아왔는데, 이 사진이 한국인으로서는 최초로 찍은 사진인 것으로 알려져 있다.

조선의 과거제도에는 중인을 위하여 역과譯科를 포함한 의과醫科, 음양과陰陽科, 율과律科 등 4개 분야의 잡과雜科가 운영되었다. 이들 잡과 출신은 양반과 상민의 중간에 위치하는 중인 신분으로 실무와 기술을 전담하는 전문 인력이었다. 이들 중인은 오늘날의 의료(의원), 법률(율관), 금융(계사), 외교(역관), 천문지리(음양과), 미술(화원), 음악(악공) 등의 분야와 예술 및 문화 등의 영역에서 활약하는 전문가에 해당한다고 볼 수 있다. 직업적 특성상 왕실 및 조정과 밀접한 관련을 맺고 있어 거처가 궁궐 근처에 있어야 했기 때문에 주로 인왕산 기슭과 청계천 일대에서 마을을 이루고 살면서 문화와 예술에 상당한 재능을 보였다.

그중 역관은 요즘 말로 '투잡족'으로, 외교관이자 국제무역상이었다. 한국 기업의 초기 성장사가 종합무역상사의 성장사였듯, 그때도 국제무역은 부자가 되는 지름길이었다. 역관은 또 외국 사신이 오면 통역을 해야 했기에 직업상 왕이나 고위 관료들과 자주 대면하고 깊은 관계를 맺었다. 한마디로, 역관은 변화하는 국제정세에 대한 깊은 이해와 앞선 시대 감각으로 조선사회의 변혁을 촉진한 주력이었다.

『양반전兩班傳』에 나오는 변부자는 한양의 갑부였는데, 남산 사는 허생의 인물됨을 알아보고 선뜻 거금을 빌려주었다. 허생이 귀국해서 남산으로 돌아온 후 변부자는 허생을 자주 찾아가 가계를 보태 주었고, 마음의 벗이 되어주었으며, 당시 인재 등용에 힘쓰던 이완李浣 대장에게 허생을 소개시켜 주었다. 허생이 세상에 나와 자신의 경륜을 시험해 볼 수 있었던 것도 변부자의 도움 때문이었고, 집으로 돌아와 다시 글을 읽을 수 있었던 것도 변부자의 도움 때문이었으며, 허생과 이완李浣의 만남이 성사된 것도 변부자의 도움 때문이었다. 역관 변씨는 허생과 세상을 연결시킨 매개자, 세상 속에서 허생의 할 일을 찾아준 조력자, 나아가 허생을 통해 세상을 바꾸기를 열망한 기획자는 아니었을까?

역관이 기획하고 선비가 정치를 해서 세상을 바꾼다는 것, 이로부터 조선 말기 비밀결사 개화당의 형성까지 나아간다면 지나친 상상일까? 만약 개화당의 오경석과 김옥균이 박지원의 손자 박규수의 안내를 받아 『열하일기』「옥갑야화玉匣夜話」 속 허생 이야기를 읽었다면 어떤 생각을 했을까?

3-4

귀양 가면 고생하나? 호강하나?

— 조선시대 금수저와 흙수저의 귀양살이 —

노세 노세 젊어서 노세 늙어지면 못노나니
화무花無는 십일홍十日紅이요 달도 차면 기우나니라
얼씨구 절씨구 차차차, 지화자 좋구나 차차차

이 노래는 어르신들이 모여 노는 곳에 가면 자연스레 흥얼거리는 노래 가사 중 일부이다. 즉 자연 순환의 이치를 노래 말에 담아 놓았다. 그러나 이것은 노래의 가사로 존재하기 전에 하나의 인생철학이다. 본래 '화무십일홍花無十日紅'이란 말은 단독으로 존재하지 않고, 반드시 뒤에 다른 말이 따라온다.

"花無十一紅(화무십일홍) 權不十年(권불십년)."

아무리 아름다운 꽃도 열흘을 넘기지 못하고, 아무리 막강한 권력이라 해도 10년을 넘기지 못한다는 말이다. 요즈음 이 가사를 뼈저리게 느끼는 사람들이 많을 것이다. 권력의 핵심에서 밀리어 지방으로 좌천 내지 귀양 가는 이들을 일컬을 때 쓰는 말이다. 죄를 지

조선시대의 곤장棍杖치는 풍속화

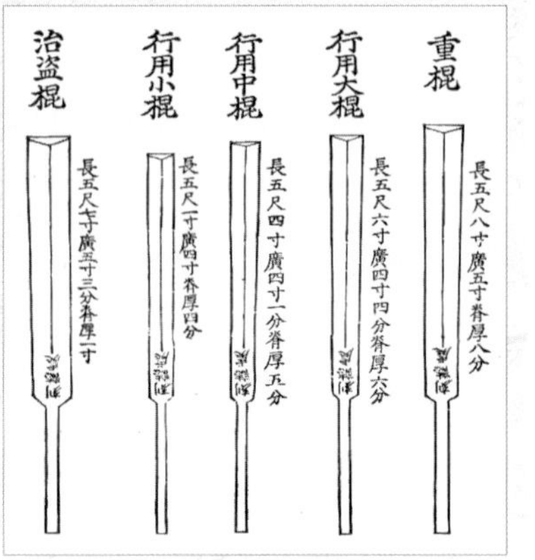

곤장棍杖의 종류

었는지, 아니면 권력자의 눈 밖에 났는지 모르겠으나 귀양 가는 것이 즐거운 일은 분명히 아닐 것이다.

이성계李成桂에 의해 건국한 조선은 태조의 교서를 통해 모든 공사 범죄의 판결을 명明나라의 『대명률大明律』에 맞춘다는 원칙을 세웠다. 즉 조선의 형刑 체계를 명나라의 법전대로 한 것이다.

『대명률』은 범죄자의 형벌을 크게 5가지로 규정하고 있다. 즉 사형死刑, 유형流刑, 도형徒刑, 장형杖刑, 태형笞刑으로 구분하였기에 조선시대에서도 이를 행형行刑의 근본으로 삼았다.

오형의 첫째 형벌은 사형死刑이다. 사형은 형벌 중에서 극형에 해당하는 것으로 교형絞刑과 참형斬刑의 극형으로 정하였다. 교형은 신체를 온전한 상태로 두고 목을 졸라 죽이는 형벌이며, 참형은 보통 신체에서 머리를 잘라 죽이는 방법이다. 더욱이 교형과 참형은 죄의 경중과 감형을 전제로 여러 방법으로 법이 시행되었다. 교형과 참형 이외에 사약(賜藥, 死藥이 아님)이라 하여 독약을 마시게 함으로써 죽게 하는 방법이 있었으며, 이밖에도 시신을 여러 토막으로 잘라 이를 각처에 보내어 백성에게 보게 하는 육시戮屍 또는 능지처사陵遲處死가 있었다.

오형의 두 번째 형벌은 유형流刑이다. 유형은 사형이라는 중벌에 처하지는 않고, 다만 먼 변방으로 귀양 보냄으로써 죽을 때까지 고향에 돌아오지 못하게 하는 형벌이었다. 조선시대에도 옥은 있었지만 형이 아직 확정되지 않은 미결수를 가둬두는 곳이었다. 지금으로 치면 구치소인 셈이다. 따라서 기결수는 옥 대신에 별도의 형벌로 다스렸는데, 그것이 바로 유배형이다.

오형의 세 번째 형벌은 도형徒刑이다. 도형은 일정한 기간 지정된 장소에서 노역勞役에 종사하게 하던 형벌로 요즘의 징역이다. 이는 반년씩의 차이를 두어 1년, 1년 6개월, 2년, 2년 6개월, 3년의 5등급으로 규정되고 있다.

다음은 장형杖刑과 태형笞刑인데, 장형은 곤장으로 볼기를 치던 형벌로서, 60번에서 100번까지 때렸다. 장형보다 죄가 가벼운 죄인에 가하는 태형은 곤장 10번부터 50번까지 곤장을 때리는 형이다. 장형과 태형은 죄인의 신체에 가해지는 형벌이기 때문에 곤장의 크기라든지, 하루에 시행하는 곤장의 수가 규정되기도 하였다.

'귀양살이' 라는 말로 잘 알려진 유배형은 중죄를 지은 자를 고향에서 멀리 떨어진 타관 땅에 보내 종신토록 살게 하는 형벌이었다. 그런데 오해가 있다. 유배형은 양반들에게만 행해진 형벌로 이해하는 사람이 많은데, 이는 사실과 다르다. 정치범으로서 양반 관료들이 유배된 사례가 많긴 하지만, 일반 평민, 천민들도 유배형에 처해

죄인의 이동

지곤 했다. 또 임금뿐 아니라 지방의 관찰사도 형사 잡범에게 유배형을 내릴 수 있었다.

유배형은 벽지僻地, 절해고도絶海孤島, 원지遠地에 처치處置하게 함으로써 철저하게 고독 속에서 있게 하는 형벌이었다. 따라서 유배형에 처해지는 순간부터 압송과정과 유배지에서 거처하는 기간 동안 죄인은 일관되게 뼈를 깎는 외로움과 고독과 싸워야 했다. 유배에는 정배定配·부처付處·안치安置·정속定屬·충군充軍·천사遷徙·사변徙邊·병예屛裔·투비投畀 등의 표현이 있다.

부처付處 : 중도부처中途付處의 약자로, 유배 가던 길(중도)에 머무르게 하는 것을 말한다. 정해진 유배지까지 가는 것과 중도에 머무르는 것이 무슨 차이냐 할 수 있으나, 부처는 사실상 유배지가 비교적 가까운 곳이 된다. '외방에 부처하라'는 표현이 있는데, 외방은 '서울 밖'을 뜻한다. 즉 교외 추방 정도로 이해하면 된다. 또 부처의 형에 처해지면 그것으로 그치는 것이 아니라 경우에 따라서는 부처의 형에 처해진 사람을 다시 노비로 삼는 경우도 있었다.

안치安置 : 배소와 일정한 장소에 격리하여 거주시키는 것인데, 여기에는 본향안치本鄕安置, 절도안치絶島安置, 위리안치圍籬安置가 있다. 본향안치는 죄인을 자신의 고향에 유폐시키는 것으로, 유배의 형벌 중에서 죄질이 가벼운 사람에게 적용되었던 형벌이었다. 절도안치는 유배의 형벌 중에서 가장 가혹한 형벌로, 중죄인을 도서島嶼에 유폐시키는 형벌이다.

사실 조선시대 거의 전 국토가 유배지였다. 19세기 후반에 편찬된 유배지의 거리와 유배지로의 이동 경로 등에 관한 내용을 담고 있는 『의금부노정기義禁府路程記』를 보면, 336개 고을이 유배지로 이용되었음을 알 수 있다.

유배지 가운데 가장 혹독한 곳으로는 삼수三水, 갑산甲山과 같은 함경도 변경 고을이나 흑산도, 추자도 등 전라도의 외딴 섬과 제주도를 들 수 있다. 이들 지역은 거리도 거리지만 워낙 변두리이다 보니 해당 지역 사람들이 살기에도 기후나 물자 등 생활 여건이 열악하였다. 특히 섬 지역은 육지와 차단되어 있어서 죄인들이 도망갈 수 없는 최적의 유배지였다. 즉 죄인들에게는 절대로 벗어날 수 없는 악몽 같은 땅이었다.

조선시대 당파 간의 대립이 격화되면서 정쟁의 소용돌이에 연루된 지식인들 상당수가 유배를 경험하였다. 그럼 이들 유배 죄인들의 유배지까지의 노정은 어떠했는지 알아보자. 먼저 유배인이 관원 신분일 경우 호송 책임은 의금부에서, 관직이 없는 평민이나 천민은 형조에서 담당했다.

유형은 거리에 관계없이 장형 100대를 치고 본다. 신체가 강건한 사람도 이렇게 장형을 당하고 나면 초주검이 된다. 조선 후기에 오면서 '귀양'이 죄인에 대한 처벌보다는 정치적 숙청이 목적으로 쓰이는 경우가 많아지면서 장형은 생략되는 경우가 많았다. 정확하게는 속전贖錢이라고 해서 돈을 내고 장형을 면제받았던 것이다. 그래서 임금이 특별하게 "때려죽여라"라고 명하지 않는 한, 대부분의 죄인들은 돈을 내고 장형을 면제받았으며, 이후 장형은 사실상 국가에 내는 '벌금'과 비슷하게 변질된다.

속전贖錢을 했든 안했든 장형이 집행된 다음에는 죄의 경중에 따라서 2,000리(800km), 2,500리(1,000km), 3,000리(1,200km)로 나누어서 유배를 보내는 것이 원칙이다. 이 또한 중국의 『대명률』을 가져왔기 때문인데, 조선에서는 영토의 면적상 도성에서부터 2,000리 밖으로 유배를 보내는 게 사실상 불가능했다. 그렇기 때문에 거리를 채우기 위해서 일부러 여러 지역을 거치는 식으로 '빵빵' 돌아서 갔다. 이에 우리의 성군 세종은 조선의 실정에 맞게 2,000리는 600리, 2,500리는 750리, 3,000리는 900리로 수정했다.

흔히 사극에 나오듯이 소가 끄는 수레에 실려서 편하게 가는 일은 없고, 대부분 걸어서 갔다. 물론 유배지까지 어떻게 가는지는 자기가 알아서 할 일이다. 돈 있는 사람이라면 못할 것도 없겠지만 유배지 대부분이 험지인데 조선의 도로 사정상 달구지를 타고 가기는 어려웠다. 소달구지로 죄수를 호송하는 건 사형수를 사형장으로 호송할 때 뿐이라고 한다.

유배지 생활과 유배 가는 과정은 이를 기록한 유배일기流配日記가 많이 전하여 비교적 자세하게 유배 과정과 유배 생활을 살펴볼

소달구지를 타고 귀양가는 것은 거짓이다.

수 있다. 대표적인 유배일기로는 1545년 을사사화乙巳士禍에 연루되어 경상도 성주에서 유배 생활을 한 묵재默齋 이문건李文楗의 『묵재일기默齋日記』, 중봉重峯 조헌趙憲이 함경도 길주로 유배 가서 쓴 『북적일기北謫日記』, 백사白沙 이항복李恒福의 『백사선생북천일록白沙先生北遷日錄』 등이 있다. 이 외에도 1722년 윤양래尹陽來가 함경도 갑산에 유배 간 과정을 쓴 『북천일기北遷日記』가 있으며, 관직이 없는 유생儒生 이필익李必益이 1674년 2차 예송禮訟 때 송시열宋時烈을 옹호하는 상소를 올렸다가 함경도 안변으로 유배가 쓴 『북찬록北竄錄』 등이 있다.

도로와 교통시설이 발달하지 않았던 조선시대에는 죄인들이 유배지까지 수십일이 소요되는 게 예사였다. 규정상 하루 평균 8~90리는 가야 했기 때문에 이동 수단으로는 말이 자주 이용되었다. 이때 소요되는 비용은 대개 죄인이 부담하였으며, 더 나아가 압송관의 여행 경비까지도 부담하는 것이 관례였다. 압송관 입장에서도 죄인의 압송은 여간 성가신 일이 아니었으므로 으레 수고비를 챙겼다.

정조正祖 때 심노숭沈魯崇은 경상도 기장현機張縣에 유배되었는데, 그의 『남천일록南遷日錄』에 따르면 유배 가는 노정과 유배지에서 사용할 금전 27냥을 곳곳에서 융통하여 유배지로 떠났다. 그는 이 돈으로 말을 빌리고 숙식을 해결하였다. 그런데 유배지에 도착하였을 때 압송관이 예상치 못했던 노잣돈을 요구하였다. 압송관은 말이라도 팔아서 지급하라며 무례하게 굴자, 심로숭은 불쾌한 감정을 억누르며 어려운 금전 사정을 토로했지만 결국 거절하지 못하고 2냥을 지급하였다고 한다.

또한 유배길도 죄인 처지에 따라 대우가 크게 달랐다. 특히 조만간 정계 복귀 가능성이 높은 관리, 제법 힘깨나 쓰던 돈 많은 양반들의 경우 유배길의 불편함은 그리 크지 않았다. 1618년(광해군 10) 1월, 63세의 연로한 나이인 백사白沙 이항복李恒福은 인목대비仁穆大妃의 폐비를 반대하다가 함경도 북청으로 유배되었는데, 1617년 12월 19일 극변極邊에 정배定配하라는 명을 받았으나 유배지가 수차례 변경되면서 여러 날 동안 단자가 내려오지 않았다. 결국 해가 바뀌어 다음 해인 1월 6일에야 의금부에서 최종적으로 북청을 유배지로 결정했고, 8일에 출발하게 되었다. 그때 그가 철령을 넘으며 읊은 임금을 사모

백사白沙 이항복李恒福은 북청으로 유배 가 그곳에서 죽었다.
(국립중앙박물관 소장)

하는 시詩는 세인의 입에 회자되어 임금의 귀에까지 들어갔다.

> 철령鐵嶺 높은 봉峰에 쉬어 넘는 저 구름아
> 고신원루孤臣寃淚를 비삼아 띄어다가
> 님 계신 구중궁궐九重宮闕에 뿌려 본들 어떠하리

북청은 서울에서 1,000리 길이었는데, 12일 내에 도달해야 하는 거리였으나 이항복은 29일 만에 도착했다. 규정보다 17일이 더 소요되었다. 뿐만 아니라 도중에 쉬는 날도 7일이나 되었다.

이항복은 유배 길목에 있는 포천抱川의 선산先山에 들러 성묘를 하기도 하고, 저녁에 숙소에 들면 해당 지역의 수령이나 지역 사족들이 와서 인사하고 접대하는 경우가 많았는데, 함흥에서는 관찰사, 도사, 판관이 모두 찾아와 인사를 하였다. 간혹 중인이나 기생집에 묵는 경우도 있었는데, 함흥과 홍원에서 기생 덕선德仙·조생趙生의 집에서 묵기도 하였다. 특히 기생 조생趙生은 이전에 유배 왔던 윤선도尹善道와의 술자리로 인해 그 총명함이 서울까지 알려져 있었으므로, 이항복은 유배 가는 길에 일부러 그녀를 만나는 호사를 부렸다.

경종 2년(1722) 위리안치圍籬安置의 명을 받고 갑산 유배길에 오른 윤양래(尹陽來, 1673~1751)의 경우 전체 18일 여행 동안 가는 곳마다 고을 수령으로부터 후한 접대는 물론 많은 노자를 받았다. 그가 중간에 얼마나 많은 물자를 제공받았던지 수령이 챙겨준 물건을 싣고 가던 말이 무게를 이기지 못해 넘어지는 일까지 발생하였다. 선조 22년(1589) 함경도 길주로 유배된 조헌(趙憲, 1544~1592)은 경유지인 안변에서 부사와 활쏘기와 만찬을 즐기다가 다음날 술이 깨질 않아 출발하지 못하는 일도 있었다.

한편, 섬으로 떠나는 유배길은 육지와는 사정이 또 달랐다. 간혹 파도 때문에 목숨을 걸어야 했기 때문이다. 실제로『조선왕조실록朝鮮王朝實錄』에는 제주도로 가는 죄인을 실은 배가 풍랑 때문에 표류하여 행방을 찾을 수 없다는 보고가 적지 않게 등장한다. 육지에서 제주도로 들어갈 때에는 전라도 해남海南, 강진康津, 영암靈巖 등지에서 출발하여 보길도甫吉島, 소안도所安島, 진도珍島 등을 경유하는 경우가 일반적이었다. 이 과정에서 거센 바람 때문에 며칠씩 배를 띄우지 못해 지체하기도 했으며, 풍랑에 떠밀려 제주도의 어느 포구에 도착할 지도 일정하지 않았다.

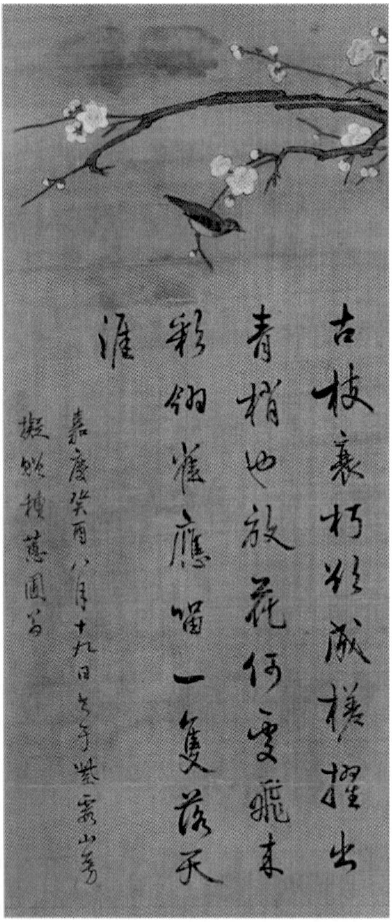

다산茶山 정약용丁若鏞이 부인의 속치마에 그려 딸에게 보내준「매조도梅鳥圖」

한편, 특별한 경우가 아니라면 법적으로 가족을 동반하여 유배지에서 생활할 수 있도록 허용됐다. 숙종肅宗 때 대표적인 영남사림의 한 명이었던 이현일李玄逸이 1694년(숙종 20) 갑술환국甲戌換

局으로 함경도 종성으로 유배를 갈 때 아들 이재李栽 뿐만 아니라 조카, 노비 등이 동행했는데, 이는 이재李栽가 부친 이현일李玄逸의 유배길을 시종하면서 쓴 일기인 『창구객일蒼狗客日』에서 확인할 수 있다. 그렇지만 낯선 유배지에 가족을 데리고 가기란 쉽지 않아서 가족을 동반하는 사례는 그리 많지 않았다.

유배지에 도착한 후에는 요즘 식으로 말하자면 가택 연금이나 다름없어서, 주막이나 정해진 집과 주변지역 이외에는 관리의 허가를 받지 않으면 바깥으로 못 나갔다. 그리고 국가는 유배된 자들을 위한 지원을 전혀 하지 않았기 때문에, 유배당한 죄인의 생활비는 본인이 부담하는 것이 원칙이었으며, 없으면 본인이 벌어서 먹고 살아야 했다.

유배지 죄인의 생활은 고을 수령이 좌우한다고 해야 할 것 같다. 관리 감독을 총괄하고 있는 수령은 유배생활에 큰 영향을 미치는 거처 및 보수주인保授主人 선정을 좌우하였다. 여기서 보수주인이란 유배지에서의 숙식을 책임진 사람을 말하는데, 어떤 보수주인을 만나느냐는 앞으로의 생활의 질을 가늠하는 중대 사안이었다. 대개 자신의 가족들 챙기기도 빠듯한 생활에 군식구가 느는 일이므로, 당연히 보수주인이 죄인을 떠맡는 일은 영 내키지 않는 일이었다.

그래서 보수주인은 수령의 명을 거역하기 쉽지 않은 읍내의 아전衙前, 군교軍校, 관노官奴 등 관속들이 맡는 경우가 많았다. 일반 백성들의 경우 관에서 유배인을 배정하고자 하면 갖은 핑계로 빠져나가기 일쑤였고, 어쩔 수 없이 떠맡는 경우에도 불만이 이만저만이 아니었기 때문이다.

정조 때에 주색잡기로 국고를 탕진해 추자도로 유배간 대전별감

정약용丁若鏞이 유배할 거처하였다는 다산초당茶山草堂. 지금의 모습은 후대에 다시 지은 것이다.

출신 안조환의 경우는 노골적으로 보수주인으로부터 구박을 받았다. 그는 추자도 유배지에서의 비참한 생활 모습을 유배가사 「만언사萬言詞」에 묘사하였는데, 추자도에 도착한 첫날 아무도 그를 맡으려 하지 않아 관원이 강제로 한 집을 지정하자 집 주인은 그릇을 내던지며 그에게 화를 내기 시작했다. 자기도 세 식구 먹고살기 힘든 마당에 무슨 유배인을 맞느냐는 것이다.

억지로 정해진 보수주인 집이 방 한 칸이었기에 안조환은 처마 밑에 자리 한 장을 깔고 궁박한 유배 생활을 시작했다. 누더기가 된 옷 한 벌로 사계절을 나고 거친 음식을 먹거나 굶주리기도 하면서 비참한 생활을 이어갔다. 두둑한 돈이 있는 것도 아니요, 코흘리개 애들이라도 가르칠 학식을 쌓아둔 것도 아닌 이상 척박한 외딴 섬에서 살기 위해선 몸으로 때우는 수밖에 없었다. 흡사 종살이처럼 주인집 마당 쓸기, 불 때기, 쇠똥치기, 도랑치기, 집 지키기 등 하루도 편할 날이 없던 안조환은 마침내 허기진 배를 채우기 위해 비렁뱅이처럼 동네를 돌며 동냥을 하였다고 한다. 참으로 불쌍한 귀양살이다.

비록 생면부지의 땅에서 천덕꾸러기 신세로 전락하긴 했지만 유배인들의 유배지에서의 생활에 큰 구속은 없었다. 하지만 한 달에 두 차례, 즉 초하루와 보름에 행하는 삭망점고朔望點考과 부정기적인 별점고別點考를 받았다. 이는 고을 수령이 있는 관아에 들어가 자신이 도망가지 않고 잘 있다는 것을 확인시켜 주는 것이다. 그러나 실제로는 직접 관아에 가서 점고를 받기 보다는 양반의 경우에 아전들이 찾아가서 동정을 살피는 일로 대체하는 경우가 많았다.

> 초 4일에는 새 사또가 내가 점고에 나오지 않았다고 느닷없이 주인에게 곤장 석 대를 때렸다. 그래서 15일에 내가 직접 갔더니만 이번에는 또 문을 닫아걸고 만나보지 않으려 하면서, "이후로는 주인이 대신 점고를 하게 해도 괜찮다." 고 하더구나. 그 경박하기가 이와 같으니 말해 무엇 하겠느냐.〈박제가朴齊家, 『정유각문집貞蕤閣文集』〉

초정楚亭 박제가朴齊家가 아들에게 보낸 편지 중의 일부이다. 점고에 불참했다고 보수주인을 처벌하더니, 점고에 참석하자 일부러 만나주지 않고는 보수주인이 대신 점고에 참석해도 된다고 한 것이다. 이것으로 볼 때 점고는 유배인을 손 안에 쥐고 휘두르기 위한 목적으로 활용되었음을 짐작해 볼 수 있다.

순조純祖 때의 문신文臣인 조정철趙貞喆은 조선시대 최장기 유배

위리안치圍籬安置. 가시나무로 울타리를 만들어 출입을 금하였다.

인으로 제주도에서 무려 27년을 적거謫居하였으며, 총 29년 동안을 유배지에서 떠돌았다. 그의 시詩 「퇴자관점退自官點, 서비원書悲寃」(관아의 점고에서 물러나와 슬픔과 원망을 쓴다)을 보면, 귀양살이의 아픔이 고스란히 전해온다.

體羸脚痿不勝衣	마른 몸, 저는 다리는 옷도 힘에 부친데,
扶曳恭趨太守扉	힘든데도 공손히 태수의 사립문에 추창하네.
去姓呼名知我罪	성은 빼고 이름 불러 나의 죄 알려주어,
高尻下首畏官威	엉덩이 높여 고개 떨어뜨리니 관아 위엄 두렵도다.
百窮閱去心維剌	온갖 곤궁 겪느라고 마음은 상처 입고,
萬事量來涕欲飛	모든 일 헤아리니 눈물이 날리려 하네.
過處尋常人側目	지나는 곳마다 예사롭게 남들이 째려보는데,

誰疑其飽誰疑饑　누가 배부른지 누가 주린지 의심하네.

고을 경내를 벗어나지 않는 한 이동에도 큰 제약이 없었으나, '위리안치圍籬安置'의 경우는 사정이 달랐다. 위리안치는 무거운 죄를 짓고 국왕의 큰 노여움을 산 왕족이나 관료들에게 종종 내려졌는데, 유배형 중에서도 가장 가혹한 조치였다. 위리안치에 처할 경우 가족 동반 자체를 금지시켰음은 물론, 집 주위에 탱자나무 따위로 가시울타리를 둘러 감옥살이나 다를 바 없는 감금과 격리 조치를 취하였다.

집 주위를 둘러싼 높은 가시울타리 때문에 낮에 햇빛조차 볼 수 없는 경우도 적지 않았다. 중종 때 기묘사화로 함경도 온성에 위리안치된 기준奇遵의 경우 가시울타리의 높이가 4~5길(장丈), 울타리 둘레가 50자(척尺)였다고 하며, 영조의 계비 정순왕후의 오빠로 1776년 흑산도로 유배된 김구주金龜柱도 문집 속에 자신의 거처 주변 울타리의 높이가 3길 정도였다고 쓰고 있다. 이들의 말을 곧이곧대로 믿는다면 위리圍籬의 높이는 5~9m에 달하였던 셈이다. 이처럼 둘러친 높은 가시울타리가 처마를 가려 대낮이라도 한밤중과 같았으며, 숨을 쉬려고 해도 공기가 통하지 않았다는 기준奇遵의 불평이 지나친 과장은 아니었던 것 같다. 실제로 고을 사람들은 기준의 집을 '산 무덤〔生冢(생총)〕'이라 부를 정도였다.

그러나 사람에 따라서는 유배를 온 건지, 유람을 온 건지 알 수 없는 정도로 호화판 귀양살이도 있었으니, 철종 4년(1853)에 함경도 명천에 유배된 김진형의 사례가 대표적이다. 그는 과거에 급제하여 홍문관교리에 있다가 관직을 삭탈 당하고 명천明川에 유배되어 두

김진형金鎭衡의 「북천가北遷歌」, 출처 : 한국민족문화대백과사전

달 동안 생활하였는데, 명천 유배지로 오는 길에 이미 여러 수령들로부터 극진한 대접을 받았으며, 도착해서는 삼천석꾼을 보수주인으로 배정받아 넓은 집에 살며 그곳 선비들과 어울려 음주가무를 즐겼다. 또한 배소를 벗어나 경성의 칠보산 구경을 떠난 것은 물론, 스물도 안 된 기생과 동침하며 꿈같은 날들을 보내기도 했다. 이처럼 기생과 만나 맘껏 즐기며 방탕하기까지 한 경험을 「북천가」 곳곳에 늘어놓았으니, 근신과 반성은 찾아볼 수도 없었다.

16세기 학자 관료 유희춘은 1547년(명종 2) 양재역벽서사건에 연루되어 제주도에 유배되었다가, 그의 고향이 제주도와 가까운 해남이라는 점 때문에 곧 함경도 종성에 안치되었다. 유희춘은 종성에서 19년간 귀양살이하면서 그곳 현감의 여종을 첩으로 들여 딸 넷을 낳고 살며 독서와 저술에 몰두하였는데, 이때 국경 지방의 풍속에 글을 아는 사람이 적었으나 그가 교육을 베풀어 글을 배우는 선비가 많아졌다 한다.

귀양살이, 곧 유배는 기본적으로 무기無期이기 때문에 언제 풀려날지가 아득하였다. 그러니 유배를 시작한 이들 가운데 일부는 나름대로 자신이 풀려나기 위해서 노력을 하는데 배운 것이 글쓰기라고 "풀어주세요"라고 요약할 수 있는 글쓰기가 많았다. 이를 유배문학이라고 부른다. 단적으로 정철이 지은 「사미인곡」과 「속미인곡」이 바로 이 유배문학이다. 사실 요즘에도 아직 최종 판결이 나지 않은 수감자들은 판사에게 일종의 반성문 같은 것을 제출한다. 더구나 유배된 사람들은 다 글깨나 읽은 사람들이었으니, 상당히 잘 써진 반성문이었을 것이다.

조선시대 유배형은 중형에 해당되었다. 특히 이 형벌은 고독하게 치르도록 하는 형벌이었다. 그러나 조선시대는 신분제 사회였기 때문에 왕족으로부터 일반 백성에 이르기까지 모두에게 공평하게 적용되지는 않았다. 그러나 대부분의 유배인들은 하루하루 운명처럼 받아들인 체념의 삶을 살아갈 뿐이었다. 지역의 백성들과 똑같은 일상을 살아가야 한다는 사실이 힘들고 고통스러운 일이었지만, 무엇보다 예측을 불허하는 암담한 생활이었기 때문에 결국 모든 결과를 자신의 모자람과 부덕의 소치로 돌리고 운명의 힘을 온 가슴으로 끌어안을 수밖에 다른 방도가 없었다.

이러한 고통의 삶에서 오히려 예술과 학문을 탐구하면서 자아실현을 달성한 인간승리의 면모를 살필 수 있다. 무오사화로 유배 온 한훤당寒暄堂 김굉필金宏弼은 그 동네에 관리의 아들인 정암靜庵 조광조趙光祖의 스승이 되었고, 구암龜巖 허준許浚은 세계기록유산인 『동의보감東醫寶鑑』을 결집하였다. 다산茶山 정약용丁若鏞은 유배지에서 결코 좌절하지 않고 자신에게 채찍질을 하여 불후의 저작 『목민심서牧民心書』, 『경세유표經世遺表』, 『흠흠신서欽欽新書』 등을 모두 저술하였으니 크나큰 쾌거라 아니할 수 없다. 또한 다산의 형인 손암巽庵 정약전丁若銓의 『자산어보玆山魚譜』를 유배생활 중에 지었으며, 추사秋史는 국보 「세한도歲寒圖」와 같은 위대한 예술품을 완성하였다.

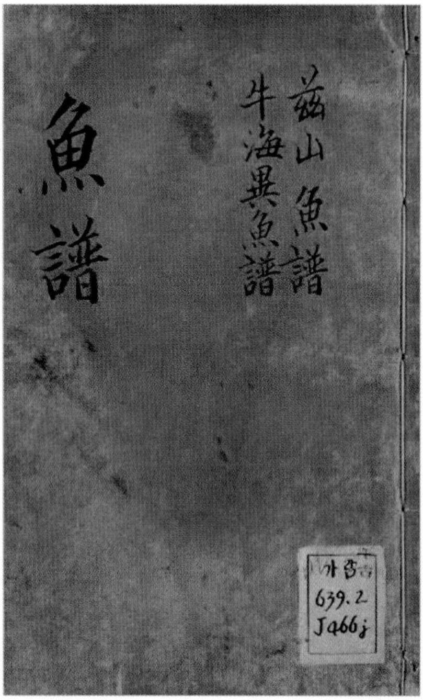

손암巽庵 정약전丁若銓의 『자산어보玆山魚譜』 정약전도 유배지 흑산도黑山島에서 죽었다.(국립중앙도서관 소장)

이처럼 수많은 저술활동과 심오한 학문의 집대성이 유배지에서 이루어졌음을 보면 유배라는 형벌은 자신을 회고하는 기회의 장이었고, 유배지는 정신세계를 가다듬을 수 있는 심신의 수련장이었다. 곧 시련은 견디기 힘든 고통이 아니라, 빛나는 성취의 계기가 되었을 것이다.

3-5

칠거지악七去之惡과 삼불거三不去

처음부터 이혼을 생각하고 결혼하는 사람은 거의 없을 것이다. 이혼에 대해 비교적 관대한 문화는 있지만, 적극 권장하는 문화는 하나도 없다. 그럼에도 불구하고 이혼은 모든 문화권에서 보이는 현상이다. 인류는 오래전부터 일부일처제一夫一妻制를 만들어왔는데, 아마도 이혼도 그때부터 시작되었을 것이다.

아담의 아내는 이브이다. 그런데 이브가 아담의 첫 아내인지는 확실하지 않다. 최초의 인간, 아담도 이혼과 재혼을 한 재혼남이었다면 믿을 것인가? 『벤 시라의 알파벳』(Alphabet of ben Sira)이라는 7~10세기의 중세 유대교 문헌에 보면, 아담의 이혼과 재혼에 관한 이야기가 나온다. 물론 기독교를 믿는 분들에게는 거북스러운 이야기일지는 모르겠으나 말이 그렇다는 이야기이지 꼭 그렇다는 것은 아니다.

유대 신화에 의하면, 하느님은 흙을 빚어 남자와 여자를 동시에 창조했다. 아담(Adam)과 릴리트(Lilith)다. 즉 릴리트가 아담의 첫 번째 아내였다는 주장이다. 이 주장의 근거는 이렇다. 『성서聖書』 창세기 1장과 2장에 다음과 같은 구절이 있다.

고대 수메르의 릴리트 상

19세기 영국 화가 존 콜리어의 『릴리트』

하나님이 자기 형상, 곧 하나님의 형상대로 사람을 창조하시되 남자와 여자를 창조하시고(창 1:27)

아담이 돕는 배필配匹이 없으므로 여호와 하나님이 아담을 깊이 잠들게 하시니, 잠들매 그가 그 갈빗대 하나를 취取하고 살로 대신 채우시고, 여호와 하나님이 아담에게서 취하신 그 갈빗대로 여자를 만드시고, 그를 아담에게로 이끌어 오시니, 아담이 이르되 이는 내 뼈 중의 뼈요 살 중의 살이라, 이것을 남자에게서 취하였은 즉 여자라 부르리라 하니라. 이러므로 남자가 부모를 떠나 그의 아내와 합하여 둘이 한 몸을 이룰지로다.(창 2:20~24)

중세 유대교의 랍비들은 이 첫 구절을 하느님이 남자와 여자를 동시에 만들었는데, 남자는 아담이고 여자는 '릴리트'라고 해석하였다. 두 번째 구절은 '이브'를 만든 것이라 한다. 이브는 아담의 배필이다. 히브리어로는 하와라고 부른다. 그래서 천주교와 개신교가 힘을 합쳐 만든 공동번역『성경聖經』에서도 하와를 채택하였다. 그러나 익숙한 대로 이브라고 칭하겠다.

유대 신화에 의하면, 하나님이 동시에 만든 아담과 릴리트는 성교性交 문제로 부부싸움을 시작하였다고 한다. 릴리트는 성관계할 때 늘 남성 상위 체위를 하는 것과 아담이 원하면 무조건 응해야 한다는 것에 불만을 가졌다. 릴리트는 "똑같이 흙으로 만들어졌는데, 왜 나만 당신 밑에 누워야 하느냐?"며 항의했다. 아담은 "나는 너보다 윗사람이니, 너는 내 말에 복종해야 한다."고 말했으나, 릴리트는 "우리는 둘 다 흙으로 만들어졌기 때문에 동등하다. 그래서 우리는 서로 복종해야 할 이유가 없다."고 하면서 이혼을 선언하였고, 홍해 근처 동굴로 도망가 악마 루시퍼의 연인이 되었다. 아담이 하느님에게 하소연하니, 하느님은 천사 셋을 보내 릴리트를 데려오도록 하였다. 그러나 릴리트는 아담의 곁으로 돌아가기를 거절했다.

릴리트가 도망가자 아담은 너무 심심하고 쓸쓸하고 외로웠다. 이에 하느님이 두 번째 여자를 창조하였다고 한다. 아담이 잠들어 있는 사이에 아담의 갈비뼈를 떼서 이브를 만든 것이다. 그런데 이 대목에서 주목해야 할 것이 있다. 릴리트는 아담과 똑같이 흙으로 만들었는데, 이브는 아담의 갈비뼈로 창조되었다는 것이다. 다시 말해 릴리트는 출발이 동등하였으나, 이브는 출발부터 남녀차별男女差別, 남존여비男尊女卑로 시작한다는 것이다.

남자는 흙에서 태어났지만, 여자는 남자의 갈비뼈에서 태어났기에, 태생적 상하관계, 태생적 종속관계가 있다는 것이다. 게다가 독립적이고 진취적인 릴리트와 달리, 이브는 아주 순종적이고 희생적이었다. 남성 중심의 가부장적인 고대사회에서 요구하는 여성상인 것이다. 이를 현대식으로 풀어 해석하면 릴리트는 인류 최초의 페미니스트였고, 아담은 인류 최초의 이혼남이자 재혼남인 것이다. 물론 유대의 신화이니 알아서 새겨듣기를 바란다.

> 남녀 간의 혼인에도 경솔히 합치고 쉽게 헤어져 전례典禮를 따르지 않으니 진실로 비웃을 만하다.(男女婚娶 輕合易離 不法典禮 良可哂也. 『宣和奉使高麗圖經』 卷19 民庶)

1123년, 송宋나라 서긍徐兢은 고려에 사신으로 왔다 가면서 쓴 여행기인 흔히 『고려도경高麗圖經』이라고 부르는 『선화봉사고려도경宣和奉使高麗圖經』을 쓰면서 고려 사람들의 결혼과 이혼풍습을 이렇듯 조롱했다. 서긍은 물론 "고려가 이적夷狄의 나라 가운데서는 그래도 문물과 예의를 갖춘 나라"라고 평가했다. 하지만 "고려가 궁벽窮僻한 곳에 자리 잡고 있어 풍속이 박잡駁雜하여 야만적 풍속을 다 고치지 못했다."면서 손쉽게 이혼하는 고려의 풍조를 비꼰 것이다.

이렇듯 고려시대의 경우에는 신분에 관계없이 이혼과 재혼이 자유로웠다. 심지어 왕실에서도 그러해서 고려 초에는 문덕왕후文德王后 유씨劉氏가 과부가 된 상태에서 성종成宗과 혼인하였고, 고려 말에는 순비順妃 허씨許氏가 3남 4녀를 낳고 충선왕忠宣王과 재혼하기도 했다. 그런데 고려 말에 이르러 재가再嫁를 점차 규제하기 시작했다. 공양왕恭讓王 때에 6품 이상의 처는 3년상을 치르는 동안에는 재가를 금지하였다.

조선이 건국된 후로는 세 번 시집가는 삼가三嫁부터 규제하여 삼가를 실행失行과 동일한 것으로 취급하고, 이어서 삼가녀는 행실이 나쁜 여자들의 명부인 「자녀안恣女案」에 기록해 두고, 그 자녀들이 관직에 진출하는 데에 제한을 두었다. 즉 세 번째 결혼 전에 낳은 자식은 관직의 품계에 제한을 두었고, 세 번째 결혼 후 낳은 자식은 금고(禁錮, 죄과 혹은 신분에 허물이 있어 벼슬에 쓰지 않음)에 처하여 벼슬살이를 하지 못하게 하였다.

그 후로 1477년(성종 8)에는 두 번 시집가는 재가도 규제 대상이 되었다. 재가를 한 경우에는 자손들을 금고에 처하여 문과文科, 무과武科, 생원과生員科, 진사과進士科에 응시하지 못하게 하여 벼슬길을 막았고, 이는 재혼 전에 낳은 자식에게도 적용되었다. 그러므로 양반가의 자식들은 출세를 하려면 홀로된 어머니의 재혼을 막아야 했다.

이러한 완고한 사고방식은 조선의 법령에도 영향을 미쳤다. 1477년에 성종은 의정부, 육조, 사헌부, 사간원 등의 고위 관원들을 모아놓고 재가 규제에 대한 의논을 했는데, 일부를 제외하고는 거의 대부분이 재가까지 규제하는 것은 너무 심하다고 하였지만, 성종은 재가 규제의 편을 들었다. 결국 이 조항은 『경국대전經國大典』에 수록되고 말았다.

그러나 일반적으로 조선 중기까지만 해도 재가에 대해 일반인들의 견해가 그다지 심하게 부정적인 것은 아니었던 듯하다. 그래서 16세기에 퇴계退溪 이황李滉이 젊은 나이에 과부가 된 둘째 며느리

조선 후기 양반 부부

를 재가시켰다는 이야기가 전하기도 한다. 그리고 실제로 조선 중기까지만 해도 여자들의 재혼을 심각한 도덕적 흠으로 여기지는 않았던 듯하다. 그래서 족보에도 재혼한 사실을 밝히고 전남편과 후남편의 이름을 모두 족보에 올리기도 하였다.

혼인관계를 파기하는 법적인 행위에 대하여 오늘날에는 '이혼離婚' 이라는 용어로 통일하여 사용하고 있지만, 조선시대에는 혼인이 파기되는 요인이나 그 방법의 차이에 따라 '이이離異 · 출처出(黜)妻 · 기별棄別 · 기처棄妻' 등 다양한 용어들이 사용되었다. 이 중 '이이離異' 는 합법적인 이혼을 지칭하는 것으로, 국가에서 공식적으로 이혼을 강제하거나 허락할 경우에 주로 사용된 반면, '출처出妻 · 기별棄別 · 기처棄妻' 등은 공식적이든 비공식적이든 처와의 혼인관계가 사실상 파기된 상태를 나타낼 때 주로 사용되었다.

오늘날의 재판상 이혼에 해당되는 당시의 용어는 '이이離異' 라 하겠으나, 조선시대에는 많은 경우 '기별棄別' 이나 '기처棄妻' 또는 '출처出妻' 와 같이 아내를 버리거나 내쫓는다는 의미의 용어가 많이 사용되었으니, 이는 남편에 의해 일방적으로 결정되는 이혼이 주류를 이루었던 당시 사회의 실상을 반영한 것으로 보인다.

조선시대 양반의 경우에는 이혼의 유형이 세 가지가 있었다. 첫째 합의이혼, 둘째 국가에 의한 강제 이혼, 셋째 재판상 이혼이다.

두 번째 유형은 가령 평민 남자가 양반집 여인과, 혹은 남자 종이 평민 여인과 혼인하는 등 국법을 어기는 경우에 행해졌고, 세 번째 유형의 경우 법적으로 이혼사유가 엄격하게 정해졌는데, 대부분 남편이 아내를 쫓아낼 경우이다. 이를 칠거지악七去之惡이라고 한다.

통일 진秦나라(B.C. 221~206) 이전의 의례儀禮를 정리한 책인『대대예기大戴禮記』본명편本命篇에는 '처妻를 내칠 수 있는 7가지 죄', 즉 '칠거지악七去之惡' 이 나와 있다. 그러고 보니 무척이나 그 역사는 깊다.

시부모에게 순종하지 않음(不順父母)

아들이 없음(無子)

음탕함(不貞)

질투함(嫉妬)

나쁜 병이 있음(惡疾)

말이 많음(口說)

도둑질을 함(竊盜)

재미있는 사실은 조선조에 들어서 '이혼' 을 할 수 있는 조항이 애매모호하고 복잡해진다는 것이다.『경국대전經國大典』등에는 '이혼' 의 특별한 규정이 없었기 때문이다. 물론 '칠거지악' 이라는 관념은 있었지만 지나치게 포괄적인 개념이었다. 더욱이 '칠거지악' 을 무색하게 만드는 '삼불거' 가 있었다.

내쫓아도 돌아가 의지할 곳이 없는 경우(有所取無所歸不去)

함께 부모의 삼년상을 치른 경우(與共更三年喪不去)

전에 가난하였으나 혼인한 후 부자가 된 경우(前貧賤後富貴不去)

조선시대 이혼의 대부분은 일방적 이혼이었고, 또 대부분은 칠거에 의한 것이었다. 그러나 처에게 칠거의 사유가 있다고 하여 항상 이혼이 가능한 것이 아니었으니, 칠거의 언급은 다분히 명분론적 성격을 띤 것이었다. 칠거의 조건 중 거의 절대적으로 이혼이 성립되는 것은 처가 간통姦通한 경우뿐이었다. 그 외에 무자無子나 다언多言, 질투嫉妬 등은 전혀 이혼 조건으로 받아들여지지 않았고, 불효不孝와 악질惡疾 정도가 처를 내쫓을 수 있는 요건이 될 수 있었다. 이들 요건은 간통과 함께 가문의 제사를 담당할 자격을 상실하는 것으로 받아들여졌기 때문이었다.

그러나 중기 이후에는 이혼이 더욱 제한되어 간통 이외의 이혼 조건은 거의 그 기능을 발휘하지 못하였다. 즉 임란壬亂과 호란胡亂 이후에는 칠거지악의 음란과 시부모 봉양 항목이 효력을 잃어 오거지악五去之惡으로 축소되었고, 여성을 보호하는 삼불거三不去는 자식이 있는 경우에는 이혼을 할 수 없다는 조항이 추가되어 사불거四不去가 되었다.

어쨌든 당시의 이혼은 사안에 따라 명明나라 법률인 『대명률大明律』을 참고해서 판단할 따름이었다. 당시에도 『대명률』에 등장하는 "지아비가 이혼을 원하면 들어준다."는 대목을 들어 이혼을 원하는 경우가 많이 있었으나, "아내가 남편을 때리거나 쫓아낼 때"라는 단서가 붙어 있었다.

사실 전통사회에서 이혼은 그리 간단히 규정할 수 있는 일은 아니었다. 전처를 내치고 후처와 첩을 들일 경우 신분질서에 엄청난 혼란을 야기할 수 있기 때문이다. 그래서 조선은 '천민 남자와 양민 여성의 혼인' 과 '처妻가 있는 데도 다시 처妻를 얻는 일' 만큼은 엄격하게 금했다. 그렇기에 남의 집 이혼 문제에 조정대신과 심지어는 국왕까지 나서서 참견을 하고 있는 모습들이 심심치 않게 보인다. 사안에 따라 강제이혼을 명령하기도 하고, 거꾸로 '이혼불가' 판결도 내렸다.

조선시대 왕실에서도 많은 이혼이 있었다. 태조太祖 이성계李成桂는 막내아들 세자 의안대군宜安大君 방석芳碩의 첫 번째 부인이며, 조선의 첫 번째 왕세자비인 현빈賢嬪 유씨柳氏를 이혼시켜 폐출廢黜하였다. 그리고 우리의 성군聖君 세종世宗은 소헌왕후昭憲王后와의 사이에 8명의 대군大君을 두었는데, 장남인 문종文宗은 세자 시절 2번이나 이혼하여 세자빈을 폐출하였고, 4남 임영대군臨瀛大君은 1번, 8남 영응대군永膺大君은 2번의 이혼과 1번의 재결합을 했다. 그리고 성종成宗은 스스로 폐비廢妃 윤씨尹氏와 이혼을 하였으며, 예종睿宗의 아들이자 성종成宗의 사촌인 제안대군齊安大君은 2번의 이혼과 1번의 재결합을 했다.

세종은 8남이자 막내아들이었던 영응대군을 매우 사랑하였고, 죽을 때도 그의 저택인 동별궁에서 죽었을 정도로 세종의 총애는 남달랐다. 세종은 영응대군을 12살 때에 송복원宋復元의 딸 송씨宋氏와 혼인시켰다. 송복원의 아들 송현수宋玹壽는 세종의 둘째 아들인 수양대군首陽大君의 친구였으며, 수양대군은 후에 단종端宗의 비妃로 송현수의 딸을 간택하는데 큰 영향을 미쳤다. 즉 영응대군의 처

영응대군의 묘비墓碑. 전처前妻와 후처後妻가 합부合祔되어 있다.

송씨는 단종의 장인이 되는 송현수의 누이로 단종비 정순왕후定順王后 송씨의 고모이기도 했다.

그런데 혼인한지 불과 5년즈음에 세종은 송씨를 쫓아냈다. 그리고 세종은 직접 나서서 영응대군의 재혼을 서둘렀다. 영응대군은 세종의 뜻에 따라 송씨와 이혼하고 3달 뒤 정충경鄭忠敬의 딸 해주정씨海州鄭氏와 재혼하였다. 정충경은 정역鄭易의 아들로, 첫째 누이가 태종太宗의 2남 효녕대군孝寧大君과 혼인해 태종의 며느리가 되어 영응대군은 삼촌인 효령대군과 처남 매부 사이가 되었다. 또 정충경의 외아들 정종鄭悰은 세종의 손녀이자 당시 세자였던 문종의 외동딸이며 단종의 누나인 평창군주(平昌君主, 뒤의 경혜공주敬惠公主)와 혼인해 영양위寧陽尉에 봉해졌다.

그런데 영응대군은 세종이 죽고 난 뒤인 단종 1년에 후처인 정씨를 내쫓고 전처인 송씨를 다시 맞아들였다. 영응대군은 두 명의 부인과 세 번의 혼인과 두 번의 이혼을 한 것이다. 영응대군은 처음에 아버지 세종의 명령 때문에 송씨를 버렸고, 정씨는 또한 특별한 죄가 없는데도 내쫓았다.

사실 영응대군은 전처 송씨와 이혼한 뒤 사적으로 그 집을 드나들면서 두 딸을 낳았다. 이 딸들을 서녀庶女로 만들지 않기 위해서는 자식이 없는 정씨를 내칠 수밖에 없는 실정이 되었다. 즉 영응대군은 두 딸을 적녀嫡女로 만들기 위해 다시 송씨와 혼인해야 하는 복잡한 상태가 된 것이다. 영응대군의 졸기卒記에도 "처음에 군부의 명령 때문에 송씨宋氏를 버렸고, 정씨는 또한 버릴 만한 죄가 없는데도 사랑과 미움으로 내쫓고 받아들였으므로 당시의 의논들이 이것을 단점으로 삼았다."고 하였다.

예종睿宗이 즉위할 때 세 살이었던 제안대군齊安大君은 네 살 때 원자元子가 되었다. 그러나 그해 아버지 예종을 여의었다. 당시 대왕대비였던 정희왕후貞熹王后 윤씨尹氏는 원자가 너무 어리다며 제안대군 대신 예종의 조카인 열세 살의 자을산군(者乙山君, 잘산군乽山君)을 후계자로 지명했다. 이 자을산군이 성종이 됨으로써 제안대군은 원자에서 왕자로 격하됐다.

왕자가 된 제안대군은 열 살 전후에 김씨 부인과 혼인해 궁을 나갔다. 그런데 합방을 치러야 하는 열다섯 살이 되자, 제안대군은 김씨 부인을 미워하기 시작했다. 제안대군은 늘 말하기를, "여자는 더러워서 가까이 할 수 없다."며 부인과 마주 앉지도 않았다. 또 제안대군은 누군가의 부인이 죽었다는 이야기를 들으면 "나의 부인 김씨는 언제나 죽을 것인가?" 하며 몹시 부러워했다고 한다. 결국에는 이혼까지 했다.

곧바로 제안대군은 박씨 부인과 재혼했는데, 재혼 후에도 보는 사람마다 자신의 부인이 죽었으면 좋겠다는 말을 하고 다녔다. 이런 사실로 미뤄보면, 제안대군은 전처나 후처 모두에게 관심이 없었던 것이 분명하다. 그럼에도 두 번이나 혼인한 것은 왕실 어른들의 성화 때문이었다.

특이한 일은 제안대군이 후처와 이혼도 하지 않은 상태에서 전처와 재결합했다는 사실이다. 여자에 무관심한 제안대군이 전처를 사랑해서 재결합한 것은 물론 아니었다. 후처에 대한 무관심과 미움 때문이었다. 그처럼 여자를 싫어한 제안대군이 두 명의 부인을 거느리게 된 것은 기막힌 역설이었다.

조선시대에 한 남성이 여러 명의 첩을 거느리는 것은 용인되었지만, 두 명의 처를 거느리는 것은 불법이었다. 사헌부에서 문제를 제기해 전처 김씨는 친정으로 쫓겨났다. 그러자 제안대군은 후처 박씨와도 이혼하고 홀로 됐다. 이를 딱하게 여긴 성종이 장가들 것을 명하고 부인을 물색하자, 제안대군은 "지금 듣건대, 신을 위하여 여자를 고른다고 하시니 실망을 이기지 못하겠습니다."하며 차라리 전처 김씨와 재결합하겠다고 했다. "만약 들어주지 않으면 평생토록 홀로 살 것입니다."라며 버텼다. 제안대군의 고집에 결국 성종도 굴복했다. 제안대군은 전처 김씨와 다시 살게 됐다. 하지만 제안대군은 김씨 부인은 물론 박씨 부인과의 사이에서도 한 명의 자녀도 보지 않았다. 끝까지 부인을 가까이하지 않은 결과였다.

임금과 왕비의 사이의 자녀는 대군大君과 공주公主가 되고, 임금과 후궁 사이에 소생은 한 등급 아래인 군君과 옹주翁主로 불렸다. 조선시대 공주는 왕과 왕비, 대군 등과 같이 품계를 초월한 무품無品이었다. 공주는 여성 가운데 가장 신분이 높은 사람이었다. 따라

정절을 강요하려 자결시킨 후 받은 열녀문烈女門

서 남편인 부마駙馬보다도 위상이 더 높았으며, 공주가 먼저 죽을 경우 부마는 일반 남성들에게 허용되었던 재혼까지 금지되었다. 그렇기에 공주의 이혼 사례는 잘 보이지 않는다. 그렇지만 공주 가운데 시집에서 쫓겨나 이혼을 당했던 공주가 있었으니, 연산군燕山君의 딸 휘순공주徽順公主이다.

연산군의 맏딸 휘순공주의 시아버지 구수영具壽永은 영응대군의 사위이다. 휘순공주는 당대 왕실과 혼인관계를 구축하고 연산군의 총애를 받으며 출세가도를 달리던 구수영具壽永의 며느리였다. 대략 11살 즈음에 구수영의 아들 구문경具文璟과 혼인하였고, 1년 정도 더 궁궐에 살다가 출궁을 한 것으로 보인다. 그러나 혼인한지 불과 5년 만에 이혼을 당했다. 중종반정으로 연산군이 폐위되었기 때문이었다.

중종반정으로 휘순공주와 구문경은 폐위되어 공주와 부마의 지위를 박탈당하고 서인庶人이 되었다. 그러자 중종반정에 참여하여 공신이 된 시아버지 구수영은 조정에 연산군과의 절혼을 청하여 이혼한 것이다. 아무리 공주라 하여도 가장의 명을 거역할 수 는 없었다. 그러나 휘순공주가 쫓겨난 지 2년 뒤에 대간大諫들은 휘순공주와 구문경의 이혼이 중종반정이라는 변란을 만나서 부득이하게 이루어졌던 것이니, 이들 부부를 재결합시켜야 한다고 주장했다. 대간들은 "출가한 딸은 그 친부 쪽의 죄에 연좌連坐시키지 않는다."는 것을 명분으로 내세웠다. 그리하여 휘순공주는 이혼 2년 만에 다시 구문경과 재결합하였다. 그 뒤 휘순공주는 구문경과의 사이에 아들 구엄具渰을 두었고, 구엄은 왕실의 외손으로 연산군 부부의 제사를 받들었다.

환향녀還鄕女는 특정한 역사의 산물이지만 의미가 파생되면서 여성 비하의 용어인 '화냥년'이 되었다. 당시 용어로는 속환녀贖還女인데, '적에게 잡혀가 값을 치르고 찾아온 여자'를 뜻한다. 인조仁祖 14년(1636)에 병자호란으로 만주 땅에 끌려간 조선인 남녀의 수는 60여만 명이었다고 한다. 그중 곱고 나이 어린 규중처녀들과 사대부가의 내당 마님들이 상당수 있었다. 병자호란 당시 난리를 피해 사대부들은 안전하다는 강화도로 가족을 이끌고 들어갔지만, 섬이 함락되자 수많은 사람들이 청군淸軍의 포로가 되었다. 청군들은 신분이 높은 여자들을 주로 골라갔는데, 나중에 속환비贖還費를 넉넉하게 받을 수 있었기 때문이었다.

딸과 부인, 그리고 며느리가 포로로 잡혀간 사대부가에서는 어떻

환향녀還鄕女가 목욕하던 세검정 앞의 홍제천

게 해서든 돈을 마련하여 속환해 왔다. 끌려간 지 거의 1년 만에 850여 명이 공식적으로 속환이 이루어졌고, 얼마 후인 인조 16년에 3만여 명나 되는 사대부집 여자들이 심양瀋陽에서 서울로 되돌아왔다. 이를 두고 세간에서 '환향녀還鄕女', '속환녀贖還女'라 불렀다.

이미 오랑캐에게 더럽혀질 대로 더럽혀진 여인을 다시 맞아들여야 하는 조정과 사대부가의 고민도 이만저만 아니었다. 심양에서 돌아온 여성들은 갈 곳이 없었다. 뼈대 있는 집안에서는 이들을 화냥년이라 해서 받아들이지 않았기 때문이었다. 여인의 절개가 도덕의 척도로 평가되던 시대, 설사 그것이 전란으로 인한 후유증이라고 할지라도 이미 더럽혀진 여인들에게는 오직 화냥년이라는 치욕의 굴레가 씌워질 뿐이었다. 버림받은 여인들은 죽어가기 시작했다. 더러는 목을 매고 죽었고, 더러는 강물에 몸을 던지기도 했다. 길가에는 여인들의 주검이 즐비하였다.

조정은 환향녀에 대해 골몰하다가 다음과 같은 대책을 세웠다. 각 고을에 있는 강을 지정하고, 정해진 날에 환향녀들로 하여금 지정된 강에서 몸을 깨끗이 씻으면 심신이 모두 처음처럼 깨끗해진 것으로 인정하자는 것이다. 그런 연후에는 따뜻이 맞아들이도록 교지를 내렸다. 교지 내용은 도성과 경기도 일원은 한강漢江, 강원도는 소양강昭陽江, 충청도는 금강錦江, 황해도는 예성강禮成江, 평안도는 대동강大同江을 각각 회절강回節江으로 삼을 것이다.

서울 근교에는 4院(홍제원弘濟院, 보제원普濟院, 이태원利泰院, 전관원箭串院)이 있었는데, 홍제원은 중국에서 오는 사신이 성안에 들어오기 전에 마지막으로 휴식을 취하며 예복을 갈아입었던 곳이었다. 인조는 영을 내려 "홍제원의 냇물에서 목욕을 하고 서울로 들어오면 그 죄를 묻지 않겠노라." 하면서, 돌아온 여자들의 정조 문제를 다시 거론하는 자가 있으면 엄벌을 내리겠다고 하였다.

사지에서 살아서 돌아왔는데, 사랑하는 가족이라면 무엇을 더 바라겠는가. 그러나 또다시 삶과 죽음의 경계에 선 환향녀들의 뒷모습은 하염없이 처참하였다. 그중 윤씨尹氏의 사례는 당시 정치인들의 민낯을 가감 없이 보여주는 사건이었다. 1638년(인조 16) 3월, 윤씨의 시부모는 아들 내외의 이혼을 허락해달라고 예조禮曹에 소를 올렸다. 잡혀갔다 돌아온 며느리에게 조상 제사를 맡길 수 없다는 이유였다. 윤씨의 시아버지는 판서를 지낸 계곡溪谷 장유張維이고, 시어머니 김씨는 강화도에서 순절한 선원仙源 김상용金尙容의 딸이었다. 훗날 남편 장선징張善澄의 행장에 변란 때 부모를 잘 보호하여 화를 피하게 한 아들로 부각되고 있어 가족 중 윤씨만 적진으로 끌려갔음을 알 수 있다. 당시 윤씨의 나이는 25살 안팎으로, 아들이 하나 있었다.

며느리를 내치려고 하는 계곡溪谷 장유張維는 봉림대군鳳林大君(효종)의 장인으로 '나라 어른'의 자리에 있었지만 사회적 책임 따위는 안중에도 없었다. 전후의 복구에 집중해야 할 시기에 속환녀를 주요 논제로 삼고 있다는 사실만 해도 그렇다. 포로 속환을 위해 동분서주한 좌의정 지천遲川 최명길崔鳴吉은 장유張維의 요구가 온당치 않음을 알고 있었다. 그는 "한 사람의 소원을 이루기 위해 백 집에서 원망을 품는다면, 어찌 화기가 상하지 않겠느냐?"고 따졌다. 국왕 인조도 속환녀에게 책임을 묻는 꼴을 용납하지 않았다. 그런 가운데 시아버지 장유의 갑작스런 죽음으로 윤씨의 이혼은 유야무야되는 듯했다.

그런데 3년 후 장유의 아내 김씨가 죽은 남편의 유언이라며 다시 아들의 이혼을 허락해달라는 소를 올린다. 그 사이에 무슨 일이 있었는지, 김씨는 "며느리의 타고난 성질이 못되어 시어른에게 순종하지 않고 또 편치 않은 사정이 있다."고 했다. 칠거지악을 내세워 이혼을 관철시키고자 한 것이다. 죽은 사람의 소원이라며 떼를 쓰는 안사돈에게 인조는 훈신勳臣의 독자임을 감안하여 장선징의 이혼을 특례로 허락하고, 그 외의 어떤 이혼도 허락하지 않는다는 영을 내렸다. 하지만 이것이 선례가 되어 대부분의 사람들은 '사대부의 가풍'에 누가 될까 두려워 환향한 부인과 갈라섰다.

수기手記.

애통하구나. 가슴이 미어진다. 부부유별夫婦有別은 사람이 반드시 지켜야 할 윤리 중 세 번째로 큰 윤리인데 무상無常하구나.

나의 아내는 그동안 나와 함께 어려운 살림 속에서도 동고동락同苦同樂하였는데, 뜻하지 않게 오늘 아침에 나를 배반하고 다른 사람에게 시집을 갔으니 슬프다. 그녀와의 사이에서 낳은 저 두 딸은 장차 누구에게 의지하여 자랄 것인가? 생각이 여기에 미치자, 말이 나오기도 전에 눈물이 흐른다. 그러나 그녀가 나를 배신하였으니, 어찌 내가 그녀를 생각하겠는가? 그녀가 나에게 한 행위를 생각하면 칼을 품고 가서 죽이는 것이 마땅한 일이나 그렇게 하지 않은 이유는 장차 앞길이 있기 때문이다. 그러므로 십분 생각하여 용서하고 엽전 35냥을 받고서 영원히 우리의 혼인 관계를 파하고 위 댁宅으로 보낸다. 만일 뒷날 말썽이 일어나거든, 이 수기를 가지고 증빙할 일이다.

을유년乙酉年 12월 20일

최덕현 수표

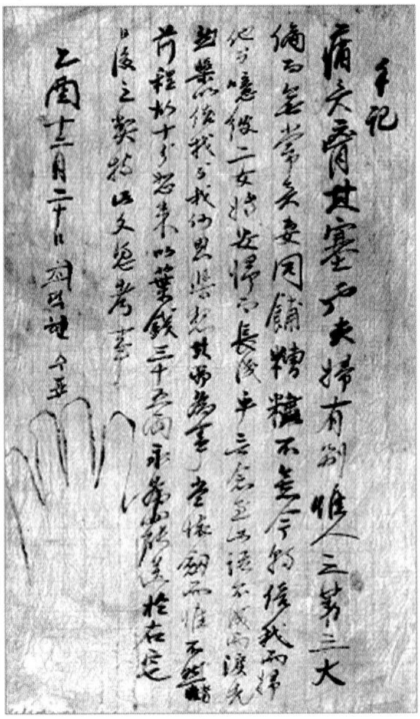

전북대학교박물관에 소장된 「최덕현 수기」

위 기록은 전북대학교박물관에 소장된 「최덕현 수기」로 1825년이나 1885년(乙酉年)에 작성된 것으로, 최덕현이 자신의 아내와 혼인 관계를 청산하고 어느 양반댁의 첩으로 들여보내면서 작성해 준 수기手記이다.

내용을 보면 이 수기가 아내의 이혼을 허락하는 것임을

알 수 있다. 아내와 어려움 속에서도 동고동락해왔지만 이제 배반하고 돌아서서 다른 남자에게 간 아내에 대한 원망과 분노가 표현되어 있으며, 또 남겨진 두 딸에 대한 걱정도 있다. 그뿐만이 아니라 이혼을 허락할 수밖에 없는 좌절감도 절절히 묻어난다.

최덕현이란 인물은 평민이나 천민 계층이었을 것이라고 유추해볼 수 있다. 특히, "우리의 혼인 관계를 파하고 위 댁으로 보낸다."는 문장으로 미루어보면, 그의 아내와 정을 통하고 데려간 사람은 최덕현이 '댁宅' 이라는 높임 표현을 써야 하는 양반 신분이 아니었을까? 결국 이 문서는 최덕현이라는 남자가 자기보다 신분이 높은 남자와 바람이 나서 이혼을 요구하는 아내에게 35냥, 그러니까 오늘날로 치면 백만 원 정도의 저렴한 이혼합의금을 받고 써준 일종의 이혼증명서인 것이다. 두 딸을 버젓이 두고도 바람이 난 아내를 알량한 돈 몇 푼에 떠나보내며 굴욕적인 이혼 증빙서류를 써주어야 했던 최덕현의 속은 얼마나 까맣게 타들어갔을까?

또한 최덕현을 평민이나 천민 계층으로 추정할 수 있는데, 문서 전체가 한자로 작성되고 작성자의 이름만 한글로 쓰인 점과, 양반들이 사용한 일종의 사인인 '수결手決' 대신, 문서에 손을 대고 그린 '수장手掌' 을 사용한 것으로 미루어 볼 수 있다. 35냥에 아내와 헤어질 수밖에 없는 천민의 애환이 묻어난 문서이다.

낭군郎君은 외모로 보면 면목面目과 몸과 수염이 여느 사람과 흡사하지만, 방 안의 일에 이르면 중들과 마찬가지입니다. 서있는 나무처럼 형체를 갖추었지만 크기만 할 뿐 힘이 없어 사나운 범이 주저하는 듯하니 벌이나 벌레가 쏘는 것만도 못합니다.

조선시대, 남편과의 잠자리 문제로 불화를 겪은 중하층 여성이 관아에 올린 이혼 요청서다. 헛되이 보내는 밤이 이어지자 자결하려던 여성이 실패한 후 정식으로 이혼하기로 마음먹는다. 여성은 남편을 '쓸모없는 장군', '수염 난 아녀자'로 묘사하며 억울하게 소박맞은 이유를 사또에게 호소한다. 19세기 조선 평민들을 위한 민원문서 사례집에 실린 곡진曲盡한 사연이다.

평민과 천민 계급을 중심으로 조선시대에는 이혼이 상당히 많았다. 예를 들어, 박의훤朴義萱이 선조宣祖 35년(1602) 자식들에게 재산을 상속해준 내역을 적은 분재기分財記에는 다섯 번 결혼해서 네 명의 아내가 모두 부정을 저질렀다면서 다섯 번째 아내가 낳은 아들들에게 모든 재산을 물려준 것으로 보아 알 수 있다.

또 1428년 (세종 10년) 군자감 소속 관리였던 방구달房九達은 부모 간의 결정으로 아내 김씨를 맞았으나, 그녀의 얼굴에 충격을 금할 수 없었다. 그녀는 지독히도 추녀醜女였기 때문이었다. 국법조차 금한 이혼이지만 방구달은 못생긴 아내와 얼굴을 맞대고 살고 싶은 생각이 추호도 없었을 뿐만 아니라 소박 놓는 것보다 아예 아내를 내쫓고 새장가를 들고 싶은 마음이 간절했다. 그는 당시 처妻가 간통하였을 경우 이혼을 허하는 정책의 허점을 노리고, 아내 김씨가 처녀가 아니라고 무고誣告한 뒤 혼인 며칠 만에 그녀를 마음대로 내쫓았다. 억울한 김씨 집안이 움직였을까. 방구달의 행각은 의금부로까지 그 내용이 새어나가 세종의 귀까지 들어가게 됐고, 세종은 방구달의 죄를 엄히 물어 장杖 60대, 도徒 1년을 명한 뒤 이후 다시 살림을 합쳐 살도록 명했다. 박색한 부인을 내쫓으려다 곤장과 사회적 망신만 얻은 셈이었다.

조선시대에 이혼은 법적으로 인정되었다. 이혼에 관한 법규는 『대명률』을 준용하였지만, 실제로 법규를 적용할 때에는 조선사회의 실정에 맞추어 시기별로 약간씩 변용하였다. 그러나 조선시대에는 이혼을 성사시키기 위한 공식적인 절차를 별도로 마련하지 않았다. 여기에는 가급적 이혼을 허락하지 않으려 했던 위정자의 입장이 반영된 것으로 보인다.

법적으로 이혼이 인정되기는 하였으나 국가로부터 이혼을 허락받는 것이 워낙 까다로웠기 때문에, 일반민은 말할 것도 없고 양반조차 사사롭게 이혼하는 경우가 간혹 있었다. 양반 여성은 이혼을 하고 재혼을 하게 되면 자손이 과거에 응시할 수 없었지만 양민이나 천민 여성은 그런 규제와는 상관이 없었다. 양민이나 천민의 이혼에서 주목할 만한 것은 '사정파의事情罷議' 와 '할급휴서割給休書' 이다. '사정파의事情罷議' 란 부득이한 사유가 있을 때 부부가 서로 마주앉아 부부생활을 계속할 수 없는 사정을 말하고 결별의 말을 하여 서로 응낙한 뒤에 이혼하는 것이다.

'할급휴서割給休書' 는 이혼문건 같은 것으로, 칼로 웃옷의 자락을 베어 그 조각을 상대방에게 주어 이혼의 표지로 삼는 것이었다. 이 삼각형 모양의 옷섶을 '할급휴서' , '수세' 또는 '나비' 라 했다. 할급割給은 '가위로 옷을 베어서 준다' 는 뜻이며, 수세는 휴서休書가 와전된 것이고, 나비는 그 모양을 이른 듯하다. 얼른 들으면 야박하게 느껴지지만, 오히려 그 반대이다. 여자의 재혼이 불가능했던 시대에 이를 가능하게 하는 일이었기 때문이다. 같은 이혼의 절차이지만 '사정파의' 는 너무 싱겁고, '할급휴서' 는 지나치게 극적이다.

남편에게서 쫓겨난 여인이 이른 새벽 서낭당에서 가위로 자른 옷

깃과 이불보를 들고 남자를 기다리면 다시 시집갈 수 있었다. 불문율처럼 그 여자를 처음 본 남자는 그 이불보로 싸서 '보쌈'을 가장해 데려가야 했기 때문이다. 그래선지 간혹 노총각들에게 '새벽에 서낭당에나 가 보아라.' 하며 놀리기도 했다. 이런 여인을 '습첩拾妾'이라고도 한다. 암행어사를 만나 호강을 하게 된 여자의 이야기가 전설처럼 내려온다.

조선시대의 엄격한 이혼 제한 정책은 형식적인 혼인관계만 유지하게끔 하는 양날의 칼과 같은 역할로 무려 500년간 지속된다. 지금도 사회적 문제로 떠오른 쇼윈도 부부의 숫자는 아마 조선시대에 훨씬 더 많았을 것이다. 그러나 역설적으로 이혼을 가급적 허락하지 않으려 했던 조선시대의 이혼 제한 정책은 부당하게 이혼 당하는 피해를 줄여 처妻로서의 지위를 안정되게 유지케 하는 데 공헌하기도 하였다. 또한 불가피한 경우가 아닌 한 양반가의 여성을 보호하려는 계급적 이해가 작용된 것이다.

청상과부青孀寡婦로 살다가 자결을 강요당하고 그를 빌미삼아 열녀문烈女門을 받아 가문의 영광으로 여기는 모습들, 독수공방하며 정숙과 인내를 요구당했던 우리네 여인들의 모습이 우리가 알던 조선시대의 여인들이었다. 그들이 효孝와 열烈을 강조하는 유교 이념 때문에 인간답지 못하게 살아왔던 점은 아무도 부인하지 못할 것이다.

그러나 이혼도 결혼을 전제로 한다. 결혼하지 않으면 이혼을 할 수가 없다. 결혼하지 않는 21세기 대한민국의 현실이 개탄스럽다.

3-6

구불미口不美하니 구용정口容正하시게!!

— 일화로 살펴보는 담배 이야기 —

불과 몇십 년 전까지만 해도 담배는 인류에게 다양한 멋과 정취를 제공하였으며, 최고의 기호품으로써 전폭적인 애정을 받아왔다. 우리나라에서는 고등학교를 졸업하면 남자는 으레 담배를 피우는 것이라고 인식되었고, 담배를 안 피우는 사람이 오히려 별종 취급을 받았다. 어디나 테이블마다 한가운데는 큼지막한 재떨이가 놓여 있었는데, 재떨이가 꽁초로 수북하게 쌓이도록 피워대도 누가 뭐라고 하는 사람이 없었다. 이는 아주 당연한 풍경이었고 낭만의 상징으로 여겨지기도 했다. 택시는 물론이고 시외버스나 기차 안, 심지어는 병원 복도에서도 담배를 피웠다. 당시 애연가들은 "식후불연초食後不煙草면 만수무강萬壽無疆에 지장이 있다."는 농

제2차 세계대전 당시의 독일군과 담배

담까지 했었다.

담배 하면 군대 이야기를 빼놓을 수 없다. 가수 현인이 부른 「전우戰友야 잘자라」는 서정성과 비장미가 절묘하게 어우러진 우리나라 진중가요陣中歌謠의 백미다. 6·25 전쟁에서 죽어가는 전우를 끌어안고 목 놓아 부르던,

> 전우戰友의 시체를 넘고 넘어 앞으로 앞으로
> 낙동강아 잘 있거라 우리는 전진한다. …
> 화랑 담배연기 속에 사라진 전우야

라는 가사는 지금 음미해도 가히 절창絶唱이다. 죽음의 공포로 뒤덮인 전장에서 병사들끼리 나눠 피우는 담배는 심리적 안정감과 함께 전우애를 높이는 효과가 큰 것으로 간주하였다.

훈련병 시절에 50분 훈련하고 10분 쉴 때, 조교는 우렁찬 목소리로 "담배 일발 장전, 발사!" 하고 구호를 외쳤다. 땅개처럼 구르다 피우는 담배 한 대는 정말 꿀맛 같았다. 군대가 아니고서는 느낄 수 없는 맛이다. 군 생활 때 목이 터지라고 부르던 군가 중에 "한 가치 담배도 나누어 피우고, 기쁜 일 고된 일 다 함께 겪는…"이라는 구절이 나온다. 그만큼 군대와 담배, 아니 한국의 남성과 담배는 인연이 깊다.

세계적인 인물 중에도 골초가 많다. 역사상 가장 유명한 골초 중 한 사람은 영국의 수상 처칠일 것이다. 식사할 때와 잠자리에 드는 것 이외에는 입에서 시가를 놓은 적이 없다고 전해질 정도로 골초였다. 어떤 사진기자가 그의 입에 담배가 물려 있지 않은 사진을 찍

영국의 수상이었던 윈스턴 처칠. 그의 손에서 시가가 떠나지 않았다.

으려고 며칠을 따라다녔으나 결국 실패하고 말았다는 일화가 전해진다.

정신분석학의 창시자 프로이트도 대단한 골초였다. 젊었을 때부터 코카인과 담배를 즐겼는데, 그에게 '쾌락과 위험의 탁월한 결합물' 인 담배는 그의 삶과 연구의 촉진제이자 동시에 독약이었다. 결국 구강암 때문에 생전 30번이 넘는 수술을 하면서도 담배를 끊지 못하고 죽었다. 담배 중독은 그만큼 지독하다.

이밖에도 세계적인 골초는 많다. 러셀 · 피카소 · 헤밍웨이 · 체게바라 · 모택동 · 등소평 등도 담배를 물고 살았다. 마크 트웨인은 "담배를 끊는다는 것은 내가 겪은 일 중에서 가장 쉬운 일이었다. 나는 그것을 천 번이나 끊었다." 고 말했다. 담배를 신주단지처럼 생각했던 임어당은 끽연의 도덕적 약점을 인정하면서도 "담배는 현명한 자의 사고를 끌어내고, 어리석은 자의 입을 다물게 한다."라고 말했다.

왕들 가운데는 정조正祖, 고종高宗, 순종純宗이 애연가로 알려져 있으며, 명성황후도 궐련을 즐겨 피웠다고 한다. 근세에는 시인 공초空超 오상순吳相淳이 애연가로 유명하다. 그는 '꽁초'로 통할 만큼 담배를 즐겼다. 눈 뜨고 잠잘 때까지 손에서 담배를 놓지 않았다. 그는 "내가 싫어하는 글자로는, 금연이라는 두 자다. 이 두 자를 볼 때는 무슨 송충이나 독사를 보는 것 같이 소름이 끼친다."고 말했다.

멕시코 팔렌케 유적의 석판. 담배 피는 최초의 기록이다.

루이 14세 · 제임스 1세 · 나폴레옹 · 히틀러 등은 담배를 매우 싫어했다. 면전에서 담배 피우는 행위는, 곧 반항이라고 간주했다. 독일의 문호 괴테도 담배에 대해서는 알레르기 반응을 보였다. 그는 "니코틴의 향락은 기껏해야 100년을 넘기지 못하고 문학 파탄의 원인이 될 것"이라고 말했다.

인류가 언제부터 담배를 이용하였거나 섭취하였는지는 명확하지 않으나, 가장 먼저 거론되는 것은 멕시코 치아파스주에 있는 세계유산 팔렌케(Palenque) 유적의 L신神이다. 팔렌케 유적은 서기

7~8세기에 영화를 누렸던 마야문명의 유산이다. L신은 십자가 신전의 돌기둥에 도드라지게 조각되어 있다. 이 조각에서 파이프 모양의 물건을 입에 물고 연기를 피우는 모습이 있다. 이것은 사람의 형상으로 된 신이 담배 피우는 모습을 표현하고 있는 것으로 알려져 있다.

1498년에, 왕의 깃발과 십자가를 앞세우고 산살바도르 섬에 상륙한 콜럼버스 일행이 처음 만난 원주민은 아라와크족이었다. 아라와크족은 거울과 유리구슬을 준 콜럼버스 일행에게 우호의 표시로 특별한 음식과 과일 등을 주었다. 그것들 중에서 마른 잎(담뱃잎)이 있었고, 그것의 향기가 아주 좋았다. 이 순간이 유럽 사람들이 담배를 처음 접하는 순간이었다.

1550년, 스페인의 펠리페 2세가 담배를 의약용으로 재배하기 시작했고, 1561년, 프랑스 외교관인 장 니코(Jean Nicot, 니코틴의 어원이 된 것으로 유명함)가 현재에도 통용되고 있는 니코티아니 타바쿰(nicotiana tabacum)이라는 담배 품종을 확산시켰다. 그 후 유럽 각국은 신대륙의 노동력을 이용하여 담배 플랜테이션(대규모 농장)을 경영했으며, 담배는 서구 세계의 자본주의 발전에 지대한 공헌을 하게 된다.

담배가 동아시아에 등장한 것은 일본을 통해서였다. 1570년, 덕천가강德川家康이 나가사키長崎에서 포르투갈 상인의 무역을 허가한 이래 1601년 성프란시스코회 수도사가 덕천가강에게 담배씨를 헌상했다는 기록이 최초이다. 중국의 경우 1613년 요려姚旅의 『노서露書』에 따르면, 복건福建의 상인에 의해 필리핀 여송呂宋(필리핀의 루손)에서 들어왔다고 전하고 있다.

온돌방에서 할머니에게 옛날이야기를 들을 때면, 으레 "옛날 옛

수원 팔달사의 벽화

적 호랑이 담배 먹던 시절에…."라고 시작을 하곤 하였는데, 그 '호랑이 담배 먹던 시절'은 언제일까? 답부터 말하면, 임진왜란 이후 광해군光海君 때이다. 우리나라의 담배는 1611~1612년쯤에 담파고淡婆姑라는 이름으로 일본에서 들어왔다고 한다. 1614년, 이수광李睟光이 지은 『지봉유설芝峯類說』에 "담파고淡婆姑는 풀의 이름이고, 남령초南靈草라고도 부른다. 근세에 왜국에서 시작하였다."라고 기록된 것이 최초의 기록이다.

우리나라의 담배 이야기는 계곡谿谷 장유張維를 빼놓으면 안 된다. 계곡 장유張維(1587~1638)는 조선 중기의 4대 문장가로 이름을 떨친 인물이다. 이규경李圭景의 『오주연문장전산고五洲衍文長箋散稿』 등 각종 문헌을 보면, 조선에서 가장 먼저 담배를 피운 사람이 바로 장유라고 한다. 장유는 자신의 『계곡만필谿谷漫筆』에서 조선에서 담배가 전래되고 퍼진 경위를 설명하고 있다.

> 남령초南靈草의 연기를 피워 마시는 법은 본래 일본에서 건너온 것이다. 일본 사람들은 그것을 담박괴淡泊塊라고 부르는데,

단원 김홍도의 「타작」. 마름이 담배를 피우고 있다.

> 그 풀이 생산되는 남양 여러 나라에서 그렇게 부르기 때문에 생긴 말이다. 우리나라에서는 20년 전쯤부터 피우기 시작했는데, 오늘에 이르러 위로는 공경대부로부터, 아래로는 상여 메고 꼴 베는 초동草童에 이르기까지 피우지 않는 이가 없게 되었다.… 요즈음 세상에서는 피우지 않는 사람이 천 명이나 백 명 가운데 한 명이 될까 말까 할 정도가 되었다.〈『계곡만필谿谷漫筆』〉

장유의 말에 따르면, 담배가 들어온 지 20년 만에 100명 중 99명이 피우고 있다고 하였다. 물론 과장이겠지만 그만큼 급속도로 퍼졌다는 이야기가 된다. 관향이 덕수德水인 그는 홍미롭게도 아랍계 귀화인의 후손으로, 그 딸이 봉림대군鳳林大君에게 시집 가, 그는 효종孝宗의 장인이 되었다. 일찍이 장유가 인조와 신하들이 모여 정사를 논하는 자리에서 담배를 피웠는데, 그때 장유의 장인인 선원仙源 김상용金尙容(1561~1637)이 그 자리에서 핀잔을 주었다고 한다. 다음은 김상용의 아들 김광환金光煥의 말이다.

> 그런데 지금 어떤 사람이 말하기를, "신의 아비가 남령초南靈草를 피우다가 잘못하여 불을 내 자신이 타는 화를 초래하였다." 고 합니다. … 신臣의 아비는 평생에 남초를 몹시 싫어하여 입에 가까이한 적이 없습니다. 그러므로 일가의 자제가 모두 감히 연초煙草를 피우지 못하였으니, 이것은 온 세상이 다 아는 바입니다. 신들이 삼가 들으니, 신의 아비가 일찍이 연석筵席(임금과 신하가 모이어 자문주답諮問奏答하던 자리)에서 사위 장유가 연초를 피우는 잘못을 면대하여 지척指斥하였다고 합니다.〈『승정원일기承政院日記』 1637년 11월 2일〉

이 말이 무슨 말인가 하면, 김상용은 병자호란 때 왕족을 시종하고 강화江華로 피란 하였다가, 이듬해 강화성이 함락되자 화약에 불을 질러 자결하였는데, 세간에 김상용이 담배를 피다가 불씨가 화약에 옮겨 붙어 죽었다는 소문이 있어, 그 아들이 어전에서 임금에게 이를 해명하는 말이다. 그 때문에 고초를 겪은 김상용 일가는 금연이 가훈이었다고 한다. 『승정원일기』에 나오는 공식 기록이니 사실일 것이다. 그런데 이 '어전 핀잔'의 내용이 민간에 퍼졌다. 아마도 세자의 스승인 장유가 임금 앞에서 담뱃대를 빡빡 빨았을 것이고, 이 모습을 보다 못한 장인이 사위에게 이렇게 핀잔을 주었

혜원 신윤복의 「야금모행夜禁冒行」. 기녀는 통죽通竹이 허용되었다.

다는 것이다.

구용정口容正하시게.(입 모양을 바르게 가지시게.)

장인의 꾸지람을 들은 장유가 재빨리 담배를 끄고, 다시는 임금 앞에서는 담배를 피우지 않겠다고 다짐했다고 한다. 구용정은 담뱃대를 빨 때 입 모양을 비쭉대며 빡빡 소리를 내니, 입 모양(口容)을 바르게(正) 하라는 것이다.

또 처음 담배가 들어온 광해군 시절에 궁중에 숙직하는 문관들이 모여 흡연하는 것을 보고는 광해군이 한마디 한다.

구불미口不美하구나.(입 모양이 아름답지 않구나.)

이것이 계기가 돼 담배에 관한 예법이 생겼다고 한다. 이후 윗사람 앞에서는 감히 담배를 피우지 못했고, 천한 자는 귀한 사람 앞에서, 젊은이는 어른 앞에서 담배를 피우는 것이 금기가 되었다. 맞담배질 하는 것을 '통죽通竹'이라고 하는데, 어른과의 통죽通竹(맞담배질)은 해서는 안 되는 짓으로 지금까지 이어져 내려오고 있는 것이다.

병자호란이 끝나고 청의 심양으로 볼모로 잡혀간 소현세자昭顯世子와 봉림대군鳳林大君을 모시고 간 역사적 라이벌 청음淸陰 김상헌金尙憲(1570~1652)과 지천遲川 최명길崔鳴吉(1586~1647) 사이에 담배를 주제로 주고받은 시가 있다. 위에서 보았듯이 담배 때문에 고초를 겪은 김상용의 동생인 김상헌은 심양에서 최명길과 봉암鳳巖 이경여李敬輿(1585~1657)와 함께 있으면서, 이 두 사람이 흡연하는 모습을 바라보며 시로 그들의 흡연을 조롱하였다. 이에 최명길은 흡연은 마음이 저절로 알아서 결정하는 것이라고 답시하였다.

淸陰청음

氷盌蜜香飧雪地 얼음 사발 꿀 향기에 눈을 먹는 자리이고
金鑪獸炭吸烟時 금로 속의 수탄 타는 연기 먹는 때로구나.
兩家風味誰能辨 두 사람의 풍류와 맛 누가 능히 변별하랴
却問靈臺笑不知 영대에게 물어봐도 알지 못해 웃는구나.

〈『청음집淸陰集』〉

遲川 지천

人間萬事吾何與 인간 세상 오만 일들 내가 어찌 관여하랴
冬夏氷湯各順時 여름 겨울 덥고 추움 각각 철을 따르누나.
不用區區較得失 구구하게 득과 실을 따질 필요 없는 거로
終須冷暖自心知 끝내 차고 더운 거를 마음으로 알 것이리.

〈『청음집淸陰集』〉

담배 전래 후 50년 정도가 지난 1668년(현종 9년)의 기록인 헨드릭 하멜(1630~1692)의 『하멜표류기』에 "조선의 아이들은 4, 5세만 되면 담배를 피운다. 남녀노소 가운데 담배를 피우지 않은 사람이 없다."고 하였다. 이렇게 담배가 폭발적으로 유행했으니 너도나도 담배 농사에 나섰고, 그러다 보니 농사지을 땅이 모자랄 정도가 되었다. 급기야 1798년(정조 22), 무려 27명의 대소신료가 나서서 "담배의 경작을 법으로 제한해 달라."는 상소문을 올린다.

그런데 조선의 중흥군주라는 정조는 의외의 반응을 보인다. 정조는 "담배농사를 짓는 여부는 전적으로 각 지방의 지방관에게 달려있는 일"이라고 하면서 나 몰라라 발뺌을 한 것이다. 그 이유는 정조가 역사에 길이 남을 골초였기 때문이다. 단순한 골초가 아니라 정조는 아예 "조선을 흡연의 나라를 만들겠다."고 선포할 정도였다. 이는 과장과 억지가 아니다. 정조의 시문집인 『홍재전서弘齋全書』 정조正祖 20년(1796) 11월에 기록된 사실史實이다.

담배처럼 유익한 것이 없다. 담배가 아니면 답답한 속을 풀지

못하고 꽉 막힌 심정을 뚫어주지 못한다. 담배를 백성에게 베풀어줌으로써 그 혜택을 함께하고자 한다.〈『홍재전서弘齋全書』〉

구한말 의병의 모습. 담배는 필수였던 것 같다.

담배농사로 땅이 부족하다고 하자, 정조는 나 몰라라 발뺌하였다.

참으로 기가 막히는 일이다. 담배를 예찬하는 것도 모자라 온 백성을 흡연자로 만들겠다는 것이 아닌가. 정조는 여기서 그치지 않고 과거시험의 책문策問의 시험문제로 '담배'를 내걸었다. 책문은 간단히 말해, 요즘의 행정고시 3차 구술면접과 유사한데, 초시와 복시를 거친 후 급제한 33인이 국왕 앞에서 순위를 매기기 위하여 치르는 최종 3차 시험이다. 1796년에 규장각 초계문신抄啓文臣들이 보는 전시殿試의 문제로,

왕은 말하노라. 온갖 식물 가운데 이롭게 쓰여 사람에게 유익한 물

건으로 남령초보다 나은 것이 없다. … 자대부子大夫들은 들은 것을 다하여 여러 방면으로 인용하고 곡진하게 증명하여 보아라. 내 친히 열람하리라.〈『홍재전서弘齋全書』〉

라고 한 것이다. 참으로 대단한 담배 사랑임을 알 수 있다. 정조는 어릴 때부터 학문에 몰두하였고, 암살의 위협에 항상 노출되었기에 몸과 마음에 피로가 켜켜이 쌓여 있었다. 따라서 자주 답답해하곤 했는데, 이러한 답답함을 담배로 푼 것이리라. 아마도 정조는 담배의 해악보다 담배가 주는 심리적 안정감에 더 크게 매료되었던 것 같다. 또 정조는 다음과 같은 말로 담배를 예찬하고 있다.

남초南草가 사람들에게 유익한 점으로 말하면, 더울 때는 더위를 씻어준다. 이것은 기氣가 저절로 낮아지므로 더위가 물러가게 된다. 추울 때는 추위를 막아준다. 이것은 입안에 나오는 침이 저절로 따뜻해지므로 추위를 막게 된다. 밥 먹은 뒤에는 담배를 피울 때 나오는 침 덕분에 음식을 소화시키고, 변을 볼 때의 악취를 담배 냄새로 제거하게 한다. 또 잠을 자고자 하나 잠이 오지 않을 때는, 이것을 피우면 잠이 오게 된다. 심지어는 시를 짓거나 문장을 엮을 때, 다른 사람들과 얘기할 때, 그리고 고요히 정좌靜坐할 때도 사람에게 유익하지 않을 때가 없다.〈『홍재전서弘齋全書』〉

조선의 중흥군주인 정조가 이럴진대, 그 당시 세태는 미루어 짐작이 가능하다. 그 대표적인 이야기를 소개한다. 18세기 정조의 총애를 받으며 수원水原 화성華城 축성 당시 재상으로 활약한 번암樊

혜원 신윤복의 「연당여인蓮塘女人」. 기녀의 담배 피는 모습이 자연스럽다.

巖 채제공蔡濟恭(1720~1799)과 관련된 일화이다. 『조선왕조실록』 정조 14년(1790) 5월 22일의 기록이다.

좌의정 채제공이 상소하기를, 세상인심이 험악하기가 어찌 이 지경에까지 이르렀습니까? … 신이 돈의문敦義門 안으로 들어갔을 때 웃옷을 걸치지 않은 두 사람이 서로 팔을 끼고 교자轎子 곁에 서있었는데, 한 사람은 부채로 얼굴을 절반쯤 가렸고, 한 사람은 입에 담뱃대를 가로 물고 있었습니다. 대동한 권두權頭(하인들의 우두머리)가 담뱃대를 빼라고 호령하자, 담뱃대를 가로 물고 있던 자가 신의 이름을 부르면서 말하기를, "내가 무엇 때문에 저 자를 보고 담뱃대를 빼겠는가." 하였습니다. 이에 권두權頭는 분개함을 참지 못하고 따르던 하인들을 시켜 그 두 사람을 잡아 가두게 하였습니다. … 밤 3경쯤 되었을 때 옥리獄吏가 급히 고하기를, 학당學堂의 유생 수십 명이 지금 옥문을 부수려고 하면서 큰 소리로 공갈하기를, "만약 두 사람을 석방하지 않으면 우리들이 전옥서典獄署의 관리를 죽이겠다."고 하였습니다. … 대낮 큰길가에서 홑옷 바람으로 담배를 피워 물고 대신의 이름을 함부로 부르는 자에 대하여 누구도 감히 어찌할 수 없다면, 앞으로 선비라는 이름을 걸고 온갖 패려悖戾한 짓으로 용서하기 어려운 죄과를 저질러도 조정에 있는 자로서, 그것을 보고도 말이 없어야 곧 잘하는 일이 되는 것입니다.〈『조선왕조실록』 정조 14년 5월 22일〉

정조는 채제공의 사직상소를 물리느라 진땀을 뺐다. 결국 주동자에게는 종신토록, 가담자 4명에게는 10년간 과거 응시 금지의 벌을 내리는 것으로 일단락 지었다고 한다.

백탑파白塔派의 리더 연암燕巖 박지원朴趾源(1737~1805)이 지은 『열하일기熱河日記』「태학유관록太學留館錄」에 곡정鵠汀이란 호를 사용하는 왕거인王擧人과 담배를 두고 대화를 나누는 장면이 나온다. 연암은 자신도 애연가라면서 "만력萬曆(1573~1620) 연간에 일본으로부터 들어왔는데, 지금은 토종이 중국 것과 다름없습니다. 청나라가 아직 만주에 있을 때 담배가 우리나라에서 들어갔는데, 그

씨가 본래 일본으로부터 왔기 때문에 남초南草라고 이릅니다."라고 말했다. 그러자 왕거인王擧人은 "이(담배)는 원래 일본에서 나온 것이 아니라 서양 배편으로 온 것입니다."라고 반박하였다.

또 열하熱河(중국 하북성 승덕의 옛 이름)에 도착하던 8월 9일 밤, 연암은 홀로 태학太學의 뜨락에 서니, 때마침 달빛은 한마당에 가득 찼다. 담배를 한 대 붙여 물고 나온 연암은 마당 한복판을 거닌다. '우르르 뛰어 달려보기도 하고, 점잖게 뽐내어 걸어보기도 하며' 달 그림자를 동무 삼아 한참 놀았다. 때는 밤 12시. "애달프다! 좋은 이 밤 밝은 달 아래, 같이 놀아줄 님이 이토록 없다니…."라고 하였으며, 또 「양반전兩班傳」에서 "담배를 피울 때 볼이 움푹 파이도록 빨지 마라."라고 하였다.

다산茶山 정약용丁若鏞(1762~1836)은 『다산시문집茶山詩文集』에 "(담배는) 귀양살이하는 자에게 제일이라네."라고 하기도 하고, "담배맛은 홀로 누웠을 때에 유독 깊어라."라고 하며 담배를 예찬하였다.

陸羽茶經好	육우가 남긴 다경도 좋고
劉伶酒頌奇	유령의 주송도 특이하거니와
淡婆今始出	담배가 지금 새로 나와서
遷客最相知	귀양살이하는 자에게 제일이라네.

〈『다산시문집茶山詩文集』〉

競病敲推本爲誰	경병으로 퇴고하는 게 본디 무엇을 위함인고,
寫懷宜若放翁詩	회포를 쓰는 데는 방옹의 시와 같아야 하리.

藥方不驗全衰後 약방문도 완전히 쇠한 뒤에는 효험이 없고,
煙味偏深獨臥時 담배맛은 홀로 누웠을 때에 유독 깊어라.

〈『다산시문집茶山詩文集』〉

다음은 추사秋史 김정희金正喜(1786~1856)가 그의 제자 오경석吳慶錫(1831~1879)에게 쓴 편지이다. 이 글에는 추사는 "담배는 나의 목숨" 이라 하며, 담배에 대한 사랑을 노골적으로 나타내고 있다.

풀숲이 우거져 푸른 계절이네. 내 스스로 판단하여 사흘 시간을 냈네. 적막한 땅에서 간신히 심부름꾼 한 사람을 자네가 있는 분주하고 번화한 곳으로 보냈었지. 그런데 허탕을 치고 돌아왔네 그려. 늙은 사람의 성질이 소년보다 더 급했네. 용맹스럽게 곧장 나아가 또 심부름꾼 한 명을 선발하여 보내니 헤아려 주게. 비연鼻煙(비연호鼻煙壺, 코담배)은 나의 성명性命(목숨)이니, 두껍고 견고하게 싸서 손상되지 않게 보내주게. 이를 부탁하네.〈『완당전집阮堂全集』 제4권 서독書牘 여오생與吳生 경석慶錫 기삼其三〉

담배를 예찬하는 글만 있는 것은 아니다. 이덕무李德懋(1741~1793)는 『청장관전서靑莊館全書』에 담배에 중독되어 가는 세태를 걱정하면서 다음과 같이 흡연할 때 지켜야 할 일은 적고 있다.

등잔불로 담뱃불을 붙이지 마라, 재가 기름에 떨어진다.
담배를 많이 담지 마라, 화로에 떨어지면 담배가 폭발한다.
반만 태우지 마라, 그것이 자주 떨어져 그릇에 빠진다.
담배통 속 벽 사이에 침을 뱉지 마라.

이불, 요, 책, 음식 옆에서 연배煙盃(담뱃대)를 물지 마라.
식사나 안주를 먹는 중에 담배를 피우지 마라.
환자의 방에서 연기가 꽉 차도록 담배를 피우지 마라.

〈『청장관전서靑莊館全書』〉

1948년 광복 축하대회에서 어른의 담배에 불을 붙이고 있는 청년

조선 후기 문신 윤기尹愭(1741~1826)는 『무명자집無名子集』에서 "아들과 아우가 아버지와 형 앞에서 담배를 물고 있는 세상이 됐다. 그런데도 어느 누구도 탓하지 않는다. 세상의 도리가 망가지게 된 것이 이 보잘 것 없는 풀 하나 때문이다."라고 한탄하면서 다음과 같이 담배의 폐해를 언급하고 있다.

담배는 온갖 해로움만 있을 뿐 유익함이라고는 하나도 없다. 온갖 비용이 들어갈 뿐이고, 쓸데라고는 하나도 없다. 그런데도 온 세상의 남녀노소와 귀한 사람, 천한 사람, 현명한 사람, 어리석은 사람을 가리지 않고, 모두 사족을 못 쓰고 좋아한다. 그래서 그 맛이 쓴데도 쓰다 여기지 않고, 그 냄새가 독한데도 독하다고 여기지 않는다. 담뱃재가 온 방안을 어지럽혀도 싫어하지 않는다. 담뱃진은 아주 더러울 뿐 아니라, 연기를 들이마시다가 목구멍과 혀에까지도 들어간다. … 담뱃불은 옷이며, 이불이며, 서적들을 태우는 경우가 많은데도 아까워하지 않는다. … 담배는 참으로 하늘이 내린 요사스러운 풀 요초妖草라고 하겠다.〈『무명자집無名子集』〉

애연가였던 문무자文無子 이옥李鈺(1760~1815)은 담배의 경전을 뜻하는 『연경烟經』을 지었을 정도였는데, 이런 그도 담배를 주의하라면서 담배를 피우는 것이 미울 때를 묘사하였다.

1) 어린아이가 한 길 되는 담뱃대를 입에 문 채 서서 피우다가, 또 가끔씩 이빨 사이로 침을 뱉는다. 가증스러운 놈!
2) 규방閨房에서 다홍치마를 입은 부인이 낭군을 마주한 채 유유자적 담배를 피운다. 부끄럽다!
3) 젊은 계집종이 부뚜막에 걸터앉아 안개를 토해내듯 담배를 피워댄다. 호되게 야단맞아야 한다.
4) 시골 사람이 다섯 자 길이의 백죽 담뱃대에 가루와 잎을 넣고 침을 뱉어 섞은 다음, 불 붙여 몇 모금 빠니 벌써 끝이다. 화로에 침을 퉤 뱉고는 앉은 자리에 재를 덮어버린다. 민망하기 짝이 없다.
5) 망가진 패랭이를 쓴 거지가 지팡이 길이와 같은 담뱃대를 들고서, 길 가는 사람을 가로막고 한양의 종성연鍾聲烟 한 대를 달랜다. 겁나는 놈이다.
6) 대갓집 종놈이 짧지 않은 담뱃대를 가로 물고, 그 비싼 서초西草를 마음껏 태우는데, 그 앞을 손님이 지나가도 잠시도 피우기를 쉬지 않는다. 몽둥이로 내리칠 놈!

〈『연경烟經』〉

한 인디언 소녀가 있었다. 불행하게도 너무나 추한 얼굴을 갖고 태어난 그녀는 단 한 번의 연애도 할 수 없었다. 마음은 누구보다 착하고 순수했지만, 남자들이 그녀를 보고는 고개를 돌렸기 때문이다. 여자로서 남자의 사랑을 받을 수 없다면 살 가치가 없다고 생각한 그녀는 결국 자살을 선택한다. 그녀는 죽기 전 마지막 말을 남겼다. "다음 생엔 세상의 모든 남자와 키스하고 싶어요." 그리고 그녀가 죽은 자리에 풀이 하나 돋아났는데, 그것이 바로 담배라는 것이 인디언의 전설이다. 과연 그녀는 소원을 이룬 것 같다. 통계에 따르면, 전 세계 흡연자는 무려 11억 명에 이르고, 성별로는 남성의 47%, 여성의 12%라고 하니 말이다.

손님을 모시면 담배부터 권하는 '대객초인사待客初人事', 밥 먹은 후 곧바로 담배부터 입에 무는 '식후제일미食後第一味', 어른과는 한자리에서 담배를 피우지 않는 '맞담배 금지', 윗사람이 담배를 피우려 하면 아랫사람이 재빠르게 불을 붙여주는 '불 상시 대기' 등의 담배 예절이 사라져간다. 금연전도사로 유명한 서울대학교의 박재갑朴在甲 명예교수는,

> 마약과 독극물보다 담배가 더 위험하기 때문에 아예 법으로 제조와 판매, 흡연을 금지해야 합니다. 우리 국민을 가장 많이 아프게, 가장 많이 불행하게 하는 것은 담배입니다. 담배 피우다가 몸 해치면 주변 사람들도 같이 불행해집니다. 담배, 끊으세요.

이제 담배와 이별을 고해야 될 때가 된 것 같다.

3-7

청주清酒는 성인聖人이요, 탁주濁酒는 현인賢人이다

— 일화로 살펴보는 술 이야기 —

"東夷率皆土著(동이솔개토저), 憙飮酒歌舞(희음주가무)."(동이는 거의 모두 토착민으로서, 술 마시고 노래하며 춤추기를 좋아하였다.)

『후한서後漢書』 동이열전東夷列傳에 나오는 말이다. 또 진수陳壽가 쓴 『삼국지三國志』 위지 동이전 '부여'에서는 정월에 제천 대회를 열고 "연일음식가무連日飮食歌舞"를 한다고 하고 있다. 또 '예濊'는 '주야음주가무晝夜飮酒歌舞', '한韓'은 "군취가무음주群聚歌舞飮酒 주야무휴晝夜無休"라거나 '속희가무음주俗喜歌舞飮酒'라 하는 등 여러 곳에서 우리 민족인 동이족이 노래와 춤, 그리고 술 마시기를 즐겨하였다는 기록이 보인다.

요즈음 우리나라의 K-팝이 세계를 휩쓸고 있는 이유를 역사에서 찾자면, 바로 '희음주가무憙飮酒歌舞'라 할 수 있을 것이다. 우리의 핏줄에는 노래와 춤을 좋아하는 기질이 면면히 흐르고 있기에, 그 꽃이 21세기인 현대에 와서 활짝 피었다고 할 수 있다. 노래와 춤을 좋아하였던 우리 민족은 춤과 노래와 함께 술도 같이 좋아하였다.

춤과 노래, 그리고 술을 사랑하였던 우리 민족의 '음주' 세계로 들어가 보자.

술은 전 세계 인류가 농경생활을 시작한 이후 줄곧 함께 해온 음식이다. 술은 인간의 의식에 신성함을 더해주고 축제의 즐거움을 만끽하게 해주며, 사람 사이의 소통에 윤활유 역할을 한다. 술에 대한 우리의 관념은, 이를 긍정적으로 보는 견해와 부정적으로 보는 견해가 공존하여 왔다. 술은 사람에게 유익한 것으로 생각되어 '백약지장百藥之長' 이라 불리는 반면에, 부정적인 면에서 '광약狂藥' 이라고도 불렀다. 술을 마시니 근력이 생기고, 묵은 병이 낫는다고 하여 음주를 권장함은 옛 기록에서 흔히 보는 예이다.

혜원 신윤복의 「주사거배酒肆擧杯」 18세기의 술집 모습을 보여주고 있다.

『성호사설星湖僿說』에는 노인을 봉양하고 제사를 받드는 데에 술 이상 좋은 것이 없다고 하는 내용이나, 『청장관전서青莊館全書』 이목구심서耳目口心書에는 "주유삼酒有三 왈도기曰導氣 왈포정曰布情 왈행례曰行禮." 즉 기혈을 순환시키고 정을 펴며, 예를 행하는 데에 필요한 것이라 하는 내용은, 모두 술을 인간생활에 필요한 것으로 보는 긍정적인 견해이다. 설날에 도소주屠蘇酒(설날 아침에 차례를 마치고 마시는 찬술로, 나쁜 기운을 물리친다고 한다.)를 들고, 이명주耳明酒를 마시며, 또 어른께 만수무강을 빌며 술로 헌수하는 것도 모두 건강과 장수를 바라던 뜻에서 비롯된 것이다.

술을 부정적으로 보는 이유는, 술이 사람을 취하게 하여 정신을 흐리게 하기 때문이다. 사람에 따라서는 주정이 심하여 몸을 해치고 가산을 탕진하기도 하고, 임금으로서 주색에 빠져 나라를 망치는 일도 있었기 때문에 '망신주亡身酒', 또는 '망국주亡國酒' 라는 말이 생기기도 하였다.

술이라는 말은 '술이 술술 넘어간다.' 고 하여 '술' 이 아니고, '수발(소패酥孛) > (수발) > 수울(『두시언해杜詩諺解』) > 술' 로 발전한 말이다. 한자 '주酒' 의 본래 모습은 '유酉' 로 갑골문에 '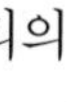, , 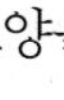', 금문에 ', 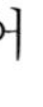' 등의 자형으로서 술이 들어 있는 항아리의 모양을 그리어 술의 뜻을 나타낸 상형자이다. 뒤에 십이지 중의 '닭띠' 를 뜻하는 글자로 전의되자, 술도 물이기 때문에 '酉' 에 '氵' 를 더하여 '酒(술 주)' 자를 다시 만든 것이다.

중국에서 성인으로 평가받는 공자는 상당한 애주가였다. 공자의 음주 습관에 대해 『논어論語』 '향당편鄉黨篇' 에 "유주무량唯酒無量

부급란不及亂(술은 일정한 분량을 정해 두지 않고, 기분이 좋은 정도에서 그친다.)"고 표현했다. 그가 한 번에 많은 양의 술을 마시고도 실수를 한 적이 없기 때문이다. 또한 공자는 『주역周易』을 완성하면서 64괘 중 마지막 괘인 '화수미제火水未濟'의 마지막 효사爻辭를 음주문화와 관련해서 정리하기도 하였는데, "술을 마시는 데 믿음을 두면 허물이 없거니와, 그 머리를 적시면 믿음을 두는 데 바름을 잃으리라.(有孚于飮酒 無咎, 濡其首 有孚失是.)"라고 하였다. 공자가 이처럼 술 마시는 것을 경계한 것은 그 당시에도 잘못된 음주문화가 많았고, 그로 인해 역사 발전을 저해할 수 있다고 판단했기 때문이다.

우리나라의 술에 대한 기록은 최고의 문학이라고 하는 고조선 시대의 「공무도하가公無渡河歌」에 나온다. 머리가 흰 미친 사람(白首狂夫)이 머리를 풀어헤친 채 물을 건너고 있을 때 들고 있던 것이 호리병, 즉 술병이었다. 아마도 가장 오래된 술의 기록이지 않을까 한다.

경주 안압지에서 출토된 「목제주령구木製酒令具」

고구려의 시조인 주몽朱蒙의 탄생에도 술이 나타난다. 고려 때 이규보李奎報가 지은 『동명왕편東明王篇』에 지금은 전해지지 않는 『고삼국사古三國史』의 내용을 인용해 놓은 것이 있다. 원문을 그대로 옮겼으리라는 것이 정설인데, 천제天帝의 아들로서 천제의 명령에 따라 오룡거五龍車를 타고 지상으로 내려온 해모수解慕漱가 하백河伯의 세 딸인 유화柳花, 훤화萱花, 위화葦花를 유혹하는 장면이 나온다.

> 비단 자리를 눈부시게 깔아놓고, 금 술잔에 맛있는 술을 따라 놓았다. 과연 스스로 돌아 들어와서 서로 마시고 이내 곧 취하였다.(錦席鋪絢明, 金罇置淳旨, 蹁躚果自入, 對酌還徑醉.)〈이규보, 『동국이상국』 권3, 동명왕편〉

하백의 큰딸 유화는 해모수에 잡혀 그날 밤 술에 취한 채 해모수와 잠자리를 같이 하였다. 술에 얽힌 하룻밤의 인연으로 유화가 잉태하여 낳은 아이가 바로 주몽이다. 이때 마셨던 술이 어떤 술이었는지는 알 수 없다. 그러나 술로 인해 역사가 바뀐 것이다. 예나 지금이나 그놈의 술 땜에.

신라의 고도 경주에 가면 안압지雁鴨池를 만날 수 있다. 이 안압지는 1975년 발굴조사에 따라 그 모습이 확인되었는데, 이때 목제주령구木製酒令具라는 주사위가 발굴되었다. 귀족들이 술자리에서 이를 던져서 나온 글에 따라 벌칙을 주어 즐기는 놀이기구로 추정되고 있다. 이는 중국이나 일본 등 동양에서는 물론 서양에서도 유례가 없는 것이다. 애석한 것은, 이 주령구 실물은 발굴 후 습기 제거 작업을 하다가 전자레인지의 오작동으로 그만 소실되고 말았다는 점이다. 지금 박물관에 보관되어 있는 것은 사진자료 등을 바탕으로 재현해 놓은, 말하자면 복제품이다. 그중 재미있는 명문銘文과 해석은 다음과 같다.

> 금성작무禁聲作舞(음악 없이 춤추기)
> 중인타비衆人打鼻(여러 사람 코 두드리기)
> 삼잔일거三盞一去(한 번에 술 석 잔 마시기)
> 유범공과有犯空過(덤벼드는 사람이 있어도 가만히 있기)
> 곡비칙진曲臂則盡(팔뚝을 구부려 다 마시기)
> 임의청가任意請歌(누구에게나 마음대로 노래시키기)

오늘날 술자리에서 행해지는 '원샷 하기', '무반주 댄스', '러브샷', '야자타임', '후래자삼배' 등과 흡사한 모습이지 않은가. 예나 지금이나 술자리는 비슷한가 보다.

삼국시대의 술 제조 방법을 구체적으로 알 수는 없지만, 고대 동아시아 술 제조와 크게 동떨어지지 않았을 것이란 점을 고려했을 때, 삼국시대는 곡물을 발효시킨 양조주였을 것이다. 양조주는 한 번 빚어 만드는 단양주單釀酒와 여러 번 빚어 만드는 중양주重釀酒로 구분할 수 있는데, 동아시아에서 중양주는 여러 번 빚어 맑게 거르는 술로 고급술이자 제례에 쓰는 술로 유명하다.

고려시대의 술에 관한 기록은, 북송 때 사신의 서상관으로 따라왔던 손목孫穆이 지은 『계림유사鷄林遺事』와 서긍徐兢이 지은 『고려도경高麗圖經』에서 찾아볼 수 있다.

> 오곡이 모두 있으며 수수가 가장 많고, 찹쌀은 없어서 멥쌀로 술을 빚었다.(五穀皆有之 梁最大 無秫糯以粳米爲酒.)〈손목, 『계림유사』〉

> 고려에는 찹쌀은 없고 멥쌀에 누룩을 섞어서 술을 만드는데, 빛깔이 짙고 맛이 독해 쉽게 취하고 속히 깬다. 왕이 마시는 것을 양온良醞이라고 하는데, 좌고左庫의 맑은 법주法酒이다.… 대체로 고려인들은 술을 좋아하지만 좋은 술은 얻기가 어렵다. 서민의 집에서 마시는 것은 맛은 싱겁고 빛깔은 진한데, 아무렇지도 않은 듯이 마시고 다들 맛있게 여긴다.(國無秫米 而以杭合麴而成 酒色重味烈 易醉而速醒. 王之所飮曰良醞左庫淸法酒. … 大抵麗人嗜酒 而難得佳釀 民庶之家所飮 味薄而色濃 飮歠自如 咸以爲美也.)〈서긍, 『고려도경』〉

서긍徐兢은 고려의 술맛이 떨어진다고 하였는데, 그 이유는 찹쌀을 사용하는 송나라 술과 달리 고려 술은 멥쌀을 사용했기 때문이라는 것이다. 서긍이 지적한 또 다른 고려술의 중요한 특징으로 "조정에서는 맑은 술을 빚으며, 민가에서는 술을 잘 빚기가 어려워 맛이 묽고 색이 진하다."고 하면서, 왕과 귀족이 즐기는 상품인 청주淸酒와 법주法酒, 그리고 서민들이 마시는 색이 진하고 맛이 탁한 탁주濁酒로 구별된다고 하였다. 즉 술은 거른 형태에 따라 청주와 탁주로 나뉘는데, 이를 기준으로 자연스럽게 고급 술과 대중 술로 나뉜다고 한 것이다.

이백李白은 아성亞聖으로 불렀던 안회顔回가 밥을 짓던 중에 티끌이 묻은 밥이 아까워서 먹다가 동료들에게 의심을 받았던 고사와 현인賢人으로 일컬어졌던 윤길보尹吉甫의 아들 백기伯奇가 계모의 옷에 붙은 독벌(독봉毒蜂)을 떼어내려다가 참소를 받은 고사를 소재로, "티끌이 묻은 밥을 걷어내고 독벌을 떼어 내려고 하였건만, 사람들은 성인을 의심하고 현인을 시기했네.(拾塵掇蜂, 疑聖猜賢.)" 라는 시구를 지었다. 그는 이를 통해 청주를 성인으로, 탁주를 현인으로 표현하였다.〈『이태백집』 권8, 설참시雪讒詩 증우인贈友人〉

물론 이러한 중국 고사는 자연스럽게 우리나라에도 전해졌는데, 당대 지식인이었던 목은牧隱 이색李穡(1328~1396)에 의해 전파된 듯하다. 이색이 공민왕 시기 잠시 내린 금주령 때문에 술을 마시지 못했던 시절에 쓴 시를 보면, 그러한 내용이 나온다. 이때부터 '청주淸酒는 성인聖人' 이요, '탁주濁酒는 현인賢人' 이라고 하였다.

酒禁今年異昔年	술을 금한 금년은 예년과 사뭇 달라
滿城疑聖又猜賢	도성 가득 성인을 의심하고 또 현인을 시기하네.
白頭更向鑾坡直	흰머리로 난파에 다시 숙직을 하다 보니
骨冷魂淸月照天	휘영청 달빛에 뼛골은 오싹하고 정신은 청량하다.

〈『목은시고牧隱詩攷』〉

소주燒酒의 발생지가 어디인가에 대해서는 학자 간의 여러 설이 있지만, 대체적으로 인도나 아라비아 지역에서 발생하였고, 해상로와 육상로를 통하여 일찍 우리에게 전해졌다고 한다. 백탑파白塔派인 이덕무李德懋의 손자 이규경李圭景(1788~1856)의 글에 소주의 전래에 대하여 나온다.

노주露酒는 소주燒酒이고, 화주火酒라고도 불린다. 이는 원대부터 중국에서 그 명칭이 알려졌다. 대체로 서남번西南番에서 유입되었는데, 아마도 당조唐朝 때 비롯된 것 같다.〈『오주연문장전산고五洲衍文長箋散稿』〉

흔히 우리가 알고 있던 원나라로 부터의 전래는 수정되어야 할 것이다. 그러나 본격적인 전파는 원나라의 간섭기임에는 틀림이 없다. 고려 중기 어느 시점에 아랄길阿剌吉〔아라키(arakhi)의 음차〕주酒와 소주라 불리던 증류주는 원대의 중국에서 급격히 확산되었다. 이 술은 정치 군사적 관계와 무역 등을 통해 고려에서 확산되고, 이는 곧바로 소주의 대중화에 큰 영향을 끼쳤을 것이다.

몽골군은 마유馬乳를 발효시켜 만든 음료인 마유주馬乳酒를 즐겼는데, 고려에 주둔하면서 장기간의 보존을 위해 높은 도수의 증류주를 필요로 했을 것이고, 이들이 고려에서도 마유나 우유를 발효시킨 음료나 지역에서 구할 수 있는 술을 증류해서 마시고 고려군에게도 증류법을 전수했을 가능성이 있다. 당시 몽골은 많은 수공업자들은 필요에 따라 군과 함께 다른 지역으로 옮겼다. 그 결과 이들이 서로 다른 사회 간의 문화 전파에 공헌했고, 여기에는 증류 기술자가 포함됐을 것이다. 고려에 주둔한 몽골군 중 이 증류 기술자가 있었다면, 이

소주의 증류 방식

러한 새로운 기술은 자연스럽게 고려군에게도 영향을 끼쳤을 것이다.

우리나라에서 이름난 지역 소주로 개성開城소주, 안동安東소주, 진도홍주珍島紅酒, 제주濟州소주를 꼽을 수 있는데, 이들 소주 모두 몽골의 영향을 받은 지역을 기반으로 하고 있다. 개성開城은 고려의 수도였고, 진도珍島와 제주濟州는 삼별초항쟁三別抄抗爭 속에서 몽골의 영향을 많이 받았던 지역이다. 안동은 일본 원정 때 충렬왕이 한 달간 머물고, 홍건적의 침입 때 공민왕이 70일간 머물면서 소주가 정착된 것으로 추정된다.

소주라는 용어가 처음 보이기 시작한 것은 『고려사』이다. 고려 말인 우왕禑王 원년元年(1375)에 "사람들이 검소할 줄 모르고 소주나 비단 또는 금이나 옥그릇에 재산을 탕진하니 앞으로 일절 금한다."고 했다. 또 합포원수合浦元帥 김진金鎭은 최영崔瑩 휘하의 장군으로 소주와 향락을 즐기다가 위기의 시기에 군에서 의무를 다하지 않고 패해서 벌을 받아 결국 몰락했다. 그가 휘하의 병사들과 항상 소주를 마셔서 다른 이들로부터 '소주도燒酒徒'라고까지 불렸다는 기록으로 보아 소주가 고려 군대에 보편화되어 있었다는 사실을 보여준다.

술은 조선 건국 과정에 영향을 주기도 했다. 조선의 군왕들은 백성들이 흠뻑 술을 먹고 기뻐할 수 있는 세상을 만들고 싶어 했다. 정도전鄭道傳은 경복궁景福宮의 이름을 지을 때 『시경詩經』에 나오는 구절 중 하나인 "이미 술에 취하고 덕에 배부르니, 군자만년君子萬年 그대의 덕을 도우리라.(旣醉以酒, 旣飽以德, 君子萬年, 介爾景福.)"에서 큰 복을 빈다는 뜻의 '경복景福'이라는 두 글자를 따왔다.〈정도

전, 『삼봉집』〉 술에 취하고 군왕의 덕에 배부른 것이 가장 이상적인 사회라고 생각했기 때문이다.

또 조선을 건국한 이듬해인 태조 2년 『조선왕조실록』에는 태조 이성계의 장남인 진안군晋安君 이방우李芳雨가 "성정이 술을 좋아하여 날마다 많이 마시는 것으로써 일을 삼더니 소주를 마시고 병이 나서 죽었다."고 기록하고 있다.

술을 좋아하는 총신寵臣을 걱정하는 임금의 마음이 보이는 '삼배주계三杯酒戒' 라는 이야기가 있다. "술을 세 잔만 마셔라."라는 어명인데, 세종은 윤회尹淮와 남수문南秀文에게, 성종은 손순효孫舜孝에게, 정조는 이문원李文源에게 삼배주계를 내렸다는 일화가 있다. 다음 윤회의 이야기는 대표적인 삼배주계 일화이다.

『필원잡기筆苑雜記』에 보면, 윤회尹淮(1380~1436)는 술을 좋아하는 조선 초기 대표적 문인 가운데 한 명이다. 세종은 윤회에게 술 마실 때 세 잔 이상 마시지 못하게 하는 '삼배주계三杯酒戒' 를 내린다. 윤회는 큰 술잔으로 석 잔을 마시면서 표면상 임금의 명령을 지키기는 하지만, 실제로는 다른 사람의 곱이나 되는 많은 술을 마셨다. 삼배주계 일화에서 주당들은 술잔의 수를 전혀 지키지 못하거나, 임금이 내린 술잔의 크기를 늘려서 궁극적으로는 취할 만큼 마시기도 한다. 이 일화들은 이들의 음주가 왕의 명령조차 무색할 정도로, 무절제한 방식으로 이루어졌다는 것을 단적으로 알려준다.

조선 전기의 성리학자인 김종직金宗直(1431~1492)은 잘못된 술 문화를 맹비난하고 있다. 향교 학생들까지 음란한 술 문화에 젖었다는 것이다.

"교방敎坊의 창녀倡女를 사람마다 각각 점유하여 재사齋舍로 불러들여서 재우고, 혹은 서로 훔쳐 차지하는 자도 있으며, 또는 석전釋奠의 음복飮福 및 사장師長에 대하여 칭수稱壽를 하거나 모든 연호宴好의 날에는 명륜당明倫堂 위에 기악妓樂을 베풀고 제생諸生들이 거기에 섞이어 음란한 가무를 하고 문란하게 웃고 농지거리를 하는 등 갖은 추태를 다 부리면서 밤을 지샌다고 합니다. 그런데 사석師席에 있는 사람, 또한 그런 행태에 익숙해져서 전혀 괴이하게 여기지 않아 끝내 입을 다물고 금지하지 않으며, 비단 금지하지 않을 뿐만 아니라, 또 따라서 술이 곤드레가 되어 웃통을 벗는 자도 이따금 있다고 하니, 아, 이것은 바로 풍교風敎를 손상시키는 하나의 큰 단서입니다."〈『속동문선』 여밀양향교제자서與密陽鄕校諸子書〉

향교에서조차 창녀들을 불러 술잔치를 벌이고 옷까지 벗고 술주정을 벌이는 행태를 고발하고 있는 것이다. 그는 "어찌 일찍이 세속의 남녀가 서로 만나서 금수의 행위와 같이 하는 것을 낙으로 삼게 한 것이랴."고 한탄했다. 어찌 그렇게 지금의 행태와 똑같은 지….

소주는 양반 사대부가를 중심으로 빚어지고 사용되었기에 조선의 백성들은 주로 탁주를 즐겨 마셨다. 탁주는 백성의 술로, 거르지도 짜지도 않고 그대로 마시는 술이다. 그래서 조선시대 문인 정희량鄭希良(1469~1502)은 이를 노래하였다.

我飮我濁　　내 막걸리 내 마시고
我全我天　　내 천성을 내 보전하네.

我迺師酒　　내가 스승 삼는 술은
非聖非賢　　성인도 아니고, 현인도 아니네.

〈『속동문선續東文選』〉

정희량鄭希亮은 비운悲運의 인물이었다. 그는 백성들의 지지를 받았지만 조정의 관료들과 기득권층은 그를 인정하지 않았다. 그는 무오사화戊午士禍로 인해 김해로 유배간 뒤 집으로 돌아왔다가, 어느 날 산책 간다고 하고는 사라져 신선으로 화했다는 소문까지 돌았다.

탁주는 그 말의 개념이 매우 애매하다. 일반적으로 맑은 약주에 비하여 흐린 술을 통틀어 말한다. 쌀누룩이나 가루 누룩을 써서 발효시킨 빽빽한 술밑까지 먹는 것이 탁주이다. 이화주梨花酒 · 사절주四節酒 · 혼돈주混沌酒 등이 있다. 일본의 탁주인 백주白酒는 밥알 그대로 발효시킨 것을 갈아서 제품으로 삼는데, 젖같이 희고 맛이 달다. 또 청주淸酒 찌꺼기에 물을 부어가면서 손으로 주물러 짜낸 뿌연 술도 탁주이다. 제주도로 유배된 인목대비仁穆大妃의 어머니가 만든 '모주母酒' 가 그것이다.

그 뒤 막걸리에 소주를 섞어 마셨는데, 18세기 선비들은 이를 혼돈주, 혹은 자중홍自中紅이라 부르며 즐겼다고 한다. 혼돈주는 당시 대표적인 문인 석치石癡 정철조鄭喆祚(1730~1781)가 소주 한 병이 생기면 막걸리를 받아 섞어 마셨다는 기록에서 유래된다. 석치는 청나라를 통해서 서구문물이 들어오면서 당시의 사대부들이 가졌던 사고의 혼란을 섞은 술에 비유했는데, 요즘으로 치면 일종의 폭탄주인 셈이다.

爭奈愁何奈老何	오는 수심 어떡하며, 오는 늙음 어이하리.
秋天憭慄水增波	구슬픈 가을 하늘 물결만 더 일렁이네.
漸交濁酒排燒酒	막걸리 더 가까이하느라 소주는 멀리하고,
自作長歌和短歌	혼자서 장가 지어 단가와 함께 부르네.

〈『여유당전서與猶堂全書』〉

강진에 유배가 있던 다산茶山 정약용丁若鏞(1762~1836)의 시다. 아비로서 가슴 절절한 아픔을 느낄 수 있다. 다산은 자식을 9명이나 뒀지만, 아들 2명과 딸 1명만 남기고 모두 어린 시절에 죽었다. 그렇게 죽은 일곱째와 여덟째가 꿈에 나타난 것이다. 그는 아침에 일어나서 마음을 달래기 위해 막걸리를 한 잔 했다. 그리고는 이 시를 남겼다.

우리가 마시는 '한국 술' 인 소주, 탁주, 청주 가운데 가장 고급스러운 이미지를 가진 주종은 청주清酒다. 탁주는 농사일을 하며 마시는 술, 소주는 서민의 애환을 담은 술이라는 이미지가 강하다. 그에 비해 이름 그대로 '맑은 술' 청주는, 주로 차례와 제사에 사용되며 귀하다는 이미지를 갖고 있다. 청주는 누룩과 쌀을 이용해 탁주를 담근 후, 용수를 이용해 자연적으로 침전시키거나, 고운 천으로 술지게미를 걸러낸 맑은 술로 전통 방식으로 양조되어 주로 상류층이 즐기던 고급 양조주이다.

금주령 속에서도 환자가 약재를 넣은 청주를 마시는 것은 허용되었다. 따라서 특권층들은 청주를 약으로 쓰는 술, 곧 약주라고 속이고 먹었다. 그래서 백성들은 점잖은 이가 마시는 청주를 모두 약주라고 이름하였다. 일설에는, 선조宣祖 때의 문신 약봉藥峰 서성徐渻(1558~1631)의 집이 약현藥峴(지금의 서울 중림동)에 있었고, 그 집에서 좋은 청주를 빚었기에 이 술을 약주라 하게 되었다는 것이다.

그러나 항일기에 일본인들이 우리나라의 탁주나 약주를 조선주라 하여 따로 이름하고, 자기들의 맑은 술(정종)은 청주라 하였다. 이후 우리의 술을 탁주 · 약주 · 청주로 구분하였다. 우리의 약주와 일본의 청주는 맑다는 점에서는 공통되지만 만드는 방법과 재료는 서로 큰 차이가 있으며, 지금에 이르기까지 일본식으로 빚은 맑은 술만을 청주라 하여 재래주와 구별하고 있다. 주세법상의 정의는, 청주는 일본식 청주, 즉 사케를 의미한다. 항일기에 만들어진 주세법을 지금도 사용하고 있기 때문이다.

또 항일기에 우리의 소주도 변질되었다. 증류식에서 희석식으로 바뀐 것이다. 증류식은 전통적인 방법으로 곡류를 증류하여 만드는 것이고, 희석식은 물에 주정酒精이라고 하는 화합물과 기타 감미료를 섞어 숙성시키는 것으로, 현재의 소주가 여기 속한다. 물론 원가면에서도 비교될 수 없고 맛에서도 차이가 난다. 어째서 같은 소주인데도 가격이 수십 배 가까이 차이 나는지는 생각해 보면 알 것이다. 원가가 싸니까 그런 것이다. 물에 주정과 감미료 탄 것을 맛있다고 마시는 사람들을 보면 그저 안타까울 따름이다. 오늘 저녁 한 잔 마시면서 풀어야 할 난제인 것이다.

현재 시판하고 있는 소주의 상표에 한자로 '燒酒'가 아니라 '燒酎'로 표기되어 있다. 원래 이 '주酎'는 세 번 증류한 술, 또는 매우 강한 술이라는 뜻이다. 학자들에 의하면, 燒酎(しょうちゅう, 쇼츄)는 일본에서 발전해 온 전통 증류주를 말하며, 한국과 중국의 소주를 지칭하는 燒酒(しょうしゅ, 쇼슈)와는 발음도 다르다. 일본의 소주는 한국·중국의 소주와 연원이 동일하고 제조법도 거의 같지만, '전국술(군물을 타지 않은 진국의 술)', '세 번 빚은 술' 이라는 뜻의 '酎' 를 사용해 진한 술임을 강조하면서 독자적 명칭을 갖게 된 것이다. 한국의 전통 문헌에 '燒酎' 라고 쓴 용례는 없다. 현재 전 국민이 제일 많이 마시고 있는 '참(眞)이슬(露)' 과 '안동소주' 의 겉포장과 술병에도 '燒酎' 라는 일본식 표현이 쓰이고 있다. 전통을 강조하면서도 정작 일본식 표기를 버리지 못하고 있으니…, 이거 참….

어느 촌로가 술자리에서 주도酒道를 소리 높여 강조하는 것을 보고 귀 기울여 들어보았으나 맞는 것은 거의 없이, 침만 난무하여 민망한 적이 있었다. 주도酒道는 본래 주례酒禮라 하였는데, 음주의 예로서 우리들에게 비교적 널리 알려진 주례는 『소학小學』에 나타난다. 이에 의하면, 어른이 술을 권할 때 일어서서 나아가 절을 하고 술잔을 받고, 어른이 이를 만류할 때야 제자리에 돌아가 술을 마실 수 있다. 그러나 어른이 들기 전에 먼저 마셔서는 아니 되고, 또한 어른이 주는 술은 감히 사양할 수 없다는 것이다. 『소학』을 생활의 규범으로 삼던 사회에서는 이러한 의식을 더욱 중히 하였다.

또 술상에 임하면, 또 어른께 술잔을 먼저 권해야 한다. "찬물에도 위아래가 있다." 고 하여, 음주에는 장유유서長幼有序를 반드시 지켰다. 어른이 술잔을 주면 두 손으로 공손히 받아야 한다. 어른 앞에서 함부로 술 마시는 것을 삼가하여 윗몸을 뒤로 돌려 술잔을 가리고 마시기도 한다. 어른께 술을 권하는 데는 정중한 몸가짐을 하여 두 손으로 따라 올린다. 오른손으로 술병을 잡고, 왼손은 오른팔 밑에 대고, 옷소매 또는 옷자락이 음식에 닿지 않도록 조심하여 따른다. 도포道袍를 입던 때에 옛날 술병을 든 오른손의 긴 소맷자락이 음식에 묻지 않도록 왼손으로 치켜 올려 따르던 예가 변하여 양손으로 공손히 하는 주례酒禮가 된 것이다.

조선시대 향촌의 선비와 유생들이 향교나 서원에 모여 예로써 주연酒宴을 함께 즐기는 향촌의례를 다룬 『향음주례鄉飮酒禮』

수작酬酌이라는 말이 있다. 쓸데없이 함부로 말이나 행동을 하는 것을 보고 "허튼 수작 부리지 마."라고 한다. 이때 '酬酌'은 어떤 의도를 가지고 하는 남의 말이나 행동, 계획을 낮잡아 이르는 것을 의미한다. 하지만 원래 수작은 술잔을 서로 주고받는다는 뜻이다. '酬'는 주인이 손님에게 술을 따라주는 것이고, '酌'은 그 답례로 손님이 주인에게 술을 따라주는 것이다. 즉, 수작이란, 주인과 손님 사이에 술을 권하고 받으며, 동시에 서로 말을 주고받는 모습을 의미한다.

이렇게 수작을 할 때 우리는 흔히 잔을 높이 들고 '건배乾杯!'를 외친다. 이때 '乾'은 일반적으로 하늘을 의미한다. 또 마르다, 말리다의 의미도 있다. '杯'는 나무를 깎아 만든 술잔을 뜻한다. 즉, 건배는 잔을 말린다는 뜻으로, 술잔에 있는 술을 한 방울도 남기지 않고 다 마시는 것을 말한다.

그런데 '乾' 은 파음자破音字(일자다음자)로서 '건' 과 '간' 의 음으로, 그 뜻이 달리 쓰이는 자이다. 곧 '하늘' 의 뜻으로 쓰일 때는 '건' 으로 읽어야 하고, '마르다' 의 뜻으로 쓰일 때는 '간' 으로 읽어야 한다. 예를 들면, 건괘乾卦, 건곤일척乾坤一擲 등의 '乾' 은 '하늘' 의 뜻으로 쓰였으므로 '건' 으로 발음해야 하고, 건량乾糧, 건어물乾魚物, 건초乾草, 건乾빵, 건배乾杯 등에서는 분명히 '마르다' 의 뜻으로 쓰였으므로 '간' 으로 발음해야 한다. 특히 '乾杯' 는 중국어로 '깐베이' , 일본어로 '간빠이' 로서 '乾' 이 마르다의 뜻으로 쓰이고 있는데, 한국어에서는 '건배' 로 잘못 발음하고 있음을 확실히 알 수 있다.

선인들도 술을 즐겼지만 후인들이 그들의 술 문화를 짐작하기만 할 뿐 구체적인 것을 확인하기는 어렵다. 하지만 몇 건의 문학작품과 당대에 관한 기록을 통해 선인들의 음주 모습을 살펴보았다. 모든 술이 다 그러하겠지만, 여러 지인들과 밤을 새워 술을 마시며 대화하는 모습을 통해 당시 사람들의 술자리가 단순히 향음주례鄕飮酒禮만이 아닌 진정한 소통의 자리였음을 알 수 있다.

낙이부음樂而不淫 애이불상哀而不傷(즐거우면서도 음란하지 않고, 슬프면서도 마음을 상하지는 않는다.) 『논어』 팔일편에 나오는 말이다. 음주라는 것은 낙樂도 있고, 애哀도 있다. 그러나 그 반면에 음淫과 상傷도 있는 것이다. 무절제한 음주는 나라와 사회와 가족과 나 자신을 해칠 뿐이라는 것을 명심해야 할 것이다.

3-8

금주령禁酒令, 엄금嚴禁한다고 되는 것이냐?

2021년 1월 순천시가 '낮술 금지령' 을 발령하였다. 새해 첫날부터 '코로나19' 확진자가 잇따르자, 식당에서 오전 5시부터 오후 4시까지 주류 판매를 못하게 한 것이다. 일부 식당이 오전 5시부터 '꼼수 술장사' 를 한 것이 '낮술 금지령' 을 촉발한 것이다. 순천시는 낮술금지령을 어기고 적발될 경우 업주는 300만원, 손님은 10만원의 과태료를 부과하겠다고 엄포를 놨었다. 그리고 위반업체가 없었고, 코로나19 확산세가 어느 정도 안정됐다며 낮술 금지 기간을 당초 2주일에서 1주일로 단축하여 해제하였다.

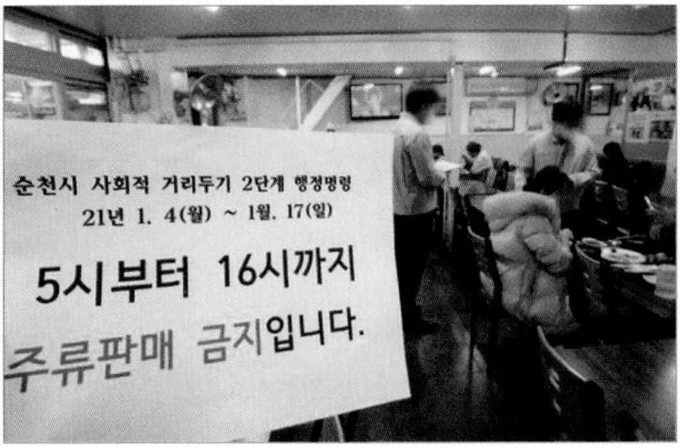

2021년 1월 순천시가 '낮술 금지령' 을 발령하였다.

코로나 시대에 접어들면서 생소한 단어들이 우리 삶에 많이 녹아들었지만 '낮술 금지령' 은 특히나 우리에게 낯설게 느껴진다. 예년 같으면 술 약속이 이어질 시기인데 모든 모임이 취소된 지 오래되었다. 그러기에 주당들은 '혼술(혼자 술 마시기)' 을 즐기는 경우가 늘어나고 있다. 이런 아쉬운 마음을 조선시대의 「금주령禁酒令」을 살펴보며 달래본다.

『한서漢書』 식화지食貨志에 의하면, 술은 "하늘이 내린 멋진 선물(天之美祿)" 이고, "온갖 약藥 가운데 으뜸(百藥之長)이라." 고 하였다. 『시경詩經』의 여러 시에서도 노인을 봉양할 때나 친구와 어울릴 때 꼭 필요한 것이 술이라고 노래하고 있다. 도연명陶淵明은 그의 시 「음주飮酒」에서 '망우물忘憂物(근심을 잊게 만드는 물건)' 이라고 하였고, 위魏나라 조조曹操가 금주령을 내리자, 술꾼들이 '청주淸酒는 성인聖人, 탁주濁酒는 현인賢人이라.' 는 은어로 부르며 몰래 마시곤 했다. 당시 서막徐邈이 술을 마시다 적발되자 "성인에게 걸려들었다." 고 한 이야기는 유명하다.

고려 후기의 문인 가정稼亭 이곡李穀이 전주에 들렀다가 친구 장항張沆을 만나 낮술을 마시며 시를 주고받는다.

典簿先生成酒癖	주벽酒癖이 대단한 전부典簿 선생과
訥齋相國號詩雄	시웅詩雄의 호가 난 눌재訥齋 상국相國이
靑春白日完山道	젊은 날 대낮에 벌인 완산의 추억이여!
萬事都休一笑中	만사가 한바탕 웃음 속에 그만이로세.

〈『가정집稼亭集』〉

'전부선생典簿先生' 은 이곡李穀 자신이고, '눌재상국訥齋相國' 은 장항張沆(?~1353)을 가리킨다. 장항의 화답시에 이곡이 한 수 더 짓는다.

失馬已曾知禍福	말을 잃은 뒤 화복은 이미 익히 알거니와
瞻烏未可辨雌雄	까마귀 중에 어떤 놈이 암컷이고 수컷인지,
詩壇張相能居右	장상은 시단의 어른이 되시면 그만이고
酒聖李生時復中	이생은 주성에 가끔 걸려들면 그만이고.

〈『가정집稼亭集』〉

이곡이 살던 고려시대라고 해서 어려움과 답답함이 없었겠는가. 오랜 무신집권으로 피폐해진 정권이 원나라에 복속되어 가던 암울한 시기였다. 관료들이 우왕좌왕하는 동안 민생은 처참한 지경에 처해 있었다. 그러기에 더욱 모처럼 마음 맞는 이와 만난 순간을 즐기며 시와 술을 벗 삼아 호탕하게 웃은 것이다.

소주는 조선을 만취시켰다. 『조선왕조실록』에 의하면, 태조의 우대를 받았던 재상인 홍영통洪永通은 태조의 탄신일 잔치에서 만취하여 집에 돌아가다가 말에서 떨어져 그만 사망하고 말았다. 세종 때 이조판서를 지낸 허지許墀, 병조참판을 역임한 우승범禹承範, 세조 시절 좌의정이었던 이사철李思哲은 술이 무척 센 두주불사斗酒不辭의 관료들이었다. 세조의 공신인 홍달손洪達孫도 술을 매우 좋아한 대신이었다.

세조에게 절대적인 신임을 받아 영의정까지 오른 정인지鄭麟趾는 술을 마시고 임금을 '너'라고 부른 적도 있었으며, 역시 세조 때 영의정 정창손鄭昌孫은 어전에서 술을 마시고 실수하여 임금이 선위禪

정조 때 김후신金厚臣의 「대쾌도大快圖」, 술 취한 선비의 모습을 풍자하고 있다.

位하겠다는 폭탄선언을 하기도 하였다. 사헌부司憲府 관리인 이예李芮는 술에 취하여 무엄하게도 임금이 앉는 평상에 올라가 술주정을 했다. 조선 초기의 대표적 무장인 어유소魚有沼는 성균관에서 공자에게 제사 지낸 후 음복을 하고 취해 궁녀를 희롱하면서 술을 따르도록 하였다. 사헌부에서 처벌을 주청하였으나, 임금은 큰 공을 세운 사람이 취중에 한 일이라면서 특별히 용서하여 주었다.

1534년(중종 29), 남효문南孝文은 아내와 수양아들이 정을 통한 사실을 전해 듣고는 억장이 무너졌다. 남효문은 노모와 마주앉아 소주를 폭음하기 시작했다. 다음날 아침 남효문은 싸늘한 시신으로 변했다. 또 1536년(중종 31), 오여정吳汝井이라는 인물은 아버지의 첩(돌지乭之)과 정을 통하다가 꼬리가 잡혔다. 내연 남녀는 극단적인 선택을 했다. 이때 "첩이 소주와 백화주白華酒를 사용해서(用燒酒及白華酒) 남편을 죽였다고 자백하였다." 독성이 든 철쭉으로 담가 만든 백화주와 소주를 함께 마시게 했다는 것은, 아마도 폭탄주가 아니었을까. 인조반정 직후 소현세자昭顯世子와 봉림대군鳳林大君을 청나라 수도 심양으로 모셨던 한형길韓亨吉은 소주가 싱겁다며 독한 산초山椒를 타서 먹은 것으로 알려져 있다.

조선시대에는 이처럼 고위 관료들부터 백성들에 이르기까지 술을 마시는 풍조가 널리 퍼져 있었다. 이런 풍조를 술을 숭상한다는 의미로 '숭음崇飮'이라고까지 일컬었다. 건국 직후부터 나타난 숭음 풍조는 조선 중기에 이르러 신분과 지역을 막론하고 더욱 확산됐다. 조선 후기에는 한양 도성 안에 크고 작은 술집이 가득했다.

우리 역사에서 금주 관련 기록은 『삼국사기』 백제본기에 "다루왕多婁王 11년(38) 가을에, 곡식이 잘 익지 않았기 때문에 백성들이 사사로이 술 빚는 것을 금하였다."는 것이 최초이다. 고려시대에도 『고려사』 형법지에 "현종 원년(1010), 승려와 노비가 서로 다투는 것을 금지하고, 또 비구나 비구니가 술을 빚는 것을 금지하였다."는 기록이 있다.

금주는 주금酒禁이라고도 한다. 우금牛禁 및 송금松禁과 함께 삼금三禁이라 하여 국가의 대금大禁으로 여겼다. 금주령은 국상國喪이 있을 때나 가뭄이 심하거나 이로 인해 쌀값이 폭등하는 등 국가에 어려움이 있을 때 내렸다가, 그 요인이 사라지면 이를 해제하는 절차가 전 시기를 걸쳐 반복되었다.

> 세종조世宗朝에는 사대부 집에서 소주를 드물게 썼는데, 지금은 보통 연회에서도 모두 쓰므로 낭비가 막심하니, 청컨대 모두 금지하도록 하소서.〈성종 21년〉
>
> 요즈음 민간의 폐해를 보면, 의식이 부족한 까닭은 모여서 술

마시는 것이 그 해가 되는데, 소주를 만들기 위하여 미곡을 낭비하는 것이 더욱 심합니다. … 따로 금지하는 법을 세워서 법사法司를 시켜 엄하게 금지시켜야 하겠습니다.〈중종 19년〉

조선시대 임금들이 내린 금주령은 여러 제약 때문에 번번이 실패하고 말았다. 한양에 크고 작은 술집이 가득 차고 넘쳤고, 어떤 이는 온 나라가 미친 듯이 술 마시기에만 전념하고 있다고 한탄하기도 했다. 이처럼 조선시대의 술 문화는 우리가 흔히 알고 있는 점잖고 엄숙한 유교 문화와는 사뭇 다르다.

조선시대에는 대궐에서 아침에 열리는 조회를 마치고 나면, 국왕이 수고한 신하들에게 술을 내려 위로의 자리를 마련하곤 하였다. 국왕은 신하들만이 아니라 백성들은 물론, 심지어 죄수들에게 술을 하사하기도 했다. 이처럼 술을 내려주는 것은 국왕의 중요한 통치 행위의 하나였다. 술과 정치는 불가분의 관계였던 것이다.

조선의 왕들 중 술을 좋아한 애주가를 꼽는다면, 태종太宗, 세조世祖, 영조英祖를 들 수 있다. 그들은 술을 자주 마시다 보니 자연히 주량도 강했다. 아무래도 즉위 전이나 재위 중 어려운 일을 많이 겪은 왕들이 술을 좋아했다. 태종은 '왕자의 난'이라는 골육상잔의 아픔을 겪었고, 세조는 계유정난癸酉靖難으로 조카를 몰아냈다. 영조는 무수리의 아들로 태어나 왕위에 오르기까지 많은 고초를 겪었고, 재위 중에도 소론이 일으킨 변란과 치열한 당쟁을 치러야 했다. 임금의 주량은 당대의 정국 동향과 밀접한 관계가 있었다고 할 것이다.

반대로 술을 가장 싫어했던 왕은 아마 세종世宗일 것이다. 그는 본래 주량이 약하여 술을 좋아하지 않았다. 그럼에도 부왕인 태종과 신하들이 술을 강권하는 바람에 거절하느라 큰 곤욕을 치른 적이 한두 번이 아니었다.

> "근자에 전하께서 가뭄을 근심하여 술을 드시지 않으니, 신 등은 참으로 이것으로 인하여 건강을 잃으시어 신민의 근심을 끼칠까 두려워합니다. … 원컨대, 술을 내오는 것을 허락하시어 성궁聖躬을 조호調護하여 신민의 바람을 위로하소서. … 술이라는 것은 오곡五穀의 정기이니, 적당하게 마시고 그치면 참으로 좋은 약입니다. 정부 대신이 신 등으로 하여금 기필코 술을 드리도록 하였사오니, 엎드려 바라건대, 신 등의 청을 굽어 좇으소서." 하므로, 임금이 말하기를, "내가 마땅히 요량하여 마시겠다." 하였다.〈『세종실록』 세종 22년〉

권력이 강할 때, 또는 막강한 권력을 휘두르고자 할 때 통치자는 술을 먼저 통제한다. 권력자들은 늘 희생양을 필요로 하는데, 그렇지 않으면 자신들이 자칫 희생양이 될 수도 있기 때문이다. 조선시대를 통틀어 술을 적극적으로 통제한 시기는 왕권이 가장 강성했던 때였다. 태종과 세종, 그리고 영조 때가 그 시기다. 태종과 영조는 많은 치적을 남기긴 했지만 집권 초기에는 정통성에 흠집이 많아서 왕권 강화에 주력했던 군주였다.

태종은 집권 초기부터 빈번하게 금주령을 내리고, 이를 또 곧바로 해지하는 정책을 폈다. 『조선왕조실록』의 기록에 의하면, 태종 때에 가장 많은 금주령을 내렸는데, 모두 25차례가 넘었다. 세종 때에는 재이災異가 없을지라도 매양 농사철에는 술을 금하였다고 한다. 영조 때는 지속적으로 금주령을 시행하였기 때문에 금주령을 자주 내릴 필요조차 없었다. 특히 세종과 영조 때에는 술을 경계하라는 「계주교서誡酒敎書」가 왕명으로 내려져 관아에 방으로 내걸리기도 했다.

조선시대 금주령은 가뭄이 들거나 흉사가 있을 때에 일시적으로 내려졌던 조처였다. 임금이 내린 금주령의 명분을 구체적으로 살펴보면, "오로지 사람의 본성을 해치고 화란禍亂을 낼까 염려하여"서였고, "하늘의 경계를 삼가서 찬재天災를 없애"기 위해서였으며, "작은 일인 것 같으나 허비를 절약"하는 데는 이보다 좋은 것이 없기 때문이었다.

그러나 대체로 금주령은 엄하게 시행되지 않았다. 일례로, 성종 10년 7월 1일에 장령掌令 성건成健이 아뢰기를, "날이 가무니 청컨대 술을 금하소서." 하자, 임금이 이를 받아들여 금주령을 내렸다. 그리고 보름 뒤인 7월 15일에 비가 내리자, 임금이 승정원에 전교하기를, "근래에 금주로 인하여 3전殿이 비록 약주를 올리더라도 한 잔(酌)에 불과하여 내 마음에 미안하였다. 이제는 이미 비도 내렸으니 금하지 않는 것이 어떻겠느냐?" 하니, 승지 등이 대답하기를, "심히 마땅합니다."라고 하였다. 이렇게 금주령의 기간은 짧았고 엄하지도 않았다.

세종은 "태종께서 말씀하시기를, '술을 금하는 것(禁酒)은 무익한 짓이다. 부호들은 금망禁網에서 벗어나고 빈약한 자들만이 죄에 걸려든다.' 고 하시더니, 내가 직접 당해 보니 과연 태종의 말씀과 같다."고 회고하기도 했다. 법의 집행이 한시적이고 신분에 따라 차등 적용되다 보니 벌어진 일이다.

금주령을 내리면서 사람들이 술병을 들고 밖에 돌아다니지 못하게 하는 조치를 병행하기도 했다. 집에서 마시는 술은 단속이 어려워지자, 대신 밖에서 술병을 가지고 다니며 마시는 것을 막아보려는 궁여지책이었다. 금주령은 조선 초기부터 시행했으나 예외 조항이 많았다. 우선 임금이 베푸는 연회, 종묘 등에서의 국가 제사, 외국 사신 접대 때는 금주령의 적용을 받지 않도록 했다. 늙고 병들어서 약으로 먹는 경우, 친지를 영접하고 환송하는 경우, 과거 합격자의 유가시遊街時에도 예외적으로 술을 허용하였다. 집안의 혼인, 장례, 제사, 환갑 등의 행사에도 술을 사용할 수 있도록 하였다. 더구나 솔선수범해야 할 관료와 양반들이 잘 지키지 않았다. 금주령이 뜻대로 되지 않자, 조선 후기에는 위반자를 처형하기도 하고, 단지 술에 만취하여 주정하는 짓만을 금지하는 선으로 후퇴한 조치를 취하기도 하였으나, 역시 소기의 성과를 거두지는 못했다.

그런데 영조 때는 그 양상이 사뭇 달라진다. 영조 31년에 내려진 금주령은 "경외의 군문軍門을 논하지 말고 제사祭祀, 연례讌禮, 호궤犒饋와 농주는 모두 예주醴酒(식혜와 술의 중간쯤 되는 알코올 기운이 진하지 않은 단 음료)로 허락하되 탁주와 보리술은 일체 엄금하라."고 하였다.

그리고 영조 38년 9월 4일에는 정언正言 권극權極의 제안을 받아들여 금주령을 어긴 자에게 사형을 처하라는 지시를 내리게 된다. 이 제도의 첫 희생자는 남병사南兵使 윤구연尹九淵이었다. 그가 술을 마셨다는 제보가 들어오자, 영조가 선전관宣傳官을 보내어 수색하게 하였는데 단지 빈 술병만 발견되었다. 그리고 그 술은 금주령이 내려지기 전에 빚어진 술이었다. 하지만 윤구연은 숭례문 앞에서 처형당했다. 그렇게 일벌백계한 뒤로 금주령을 어긴 사람이 줄어들었냐 하면 그렇지는 않았다. "그런데도 금주령을 범하는 사람이 계속 잇

따라서 전후로 사형을 당한 사람이 매우 많았으므로, 조야가 모두 두려워하여 아무도 감히 말하는 사람이 없었다."고 할 정도였다.

영조는 선왕인 경종의 독살설에 휘말려 즉위 초반부터 정치적으로 삐걱거리더니, 재위 4년인 1728년에는 이인좌李麟佐의 무리가 전국으로 난을 일으킨 무신난戊申亂까지 더해 성군을 꿈꿨던 영조에게 치명적인 내상을 입혔다. 거기에 생모인 숙빈 최씨의 경우는 신분이 천한 침방 나인 출신이었던지라, 영조는 스스로 신분에 대한 콤플렉스로 가득 찬 상태이기도 했다.

이런 이유로 영조는 그 어떤 국왕보다 '모범' 적인 왕의 삶을 살고자 했다. 혹시나 신하들이 수군거리기라도 하면, 마치 자신이 입방아에 오른 것 같은 기분이 들어 마치 초등학생들이 방학 때마다 짜놓은 일일생활계획표처럼 하루 일정표를 만들어 단 일각의 오차도 없이 하루하루를 살아갔다. 철저해도 너무 철저했던 국왕의 삶이 영조의 하루였다.

그래서 영조는 조선의 국왕들 중 가장 집요하게 공부를 하였다. 그 이유는 간단하다. 혹시 국왕이 매일 진행하는 경연經筵에서 신하들에게 내용을 잘못 외웠을 경우 민망할 상황이 발생하지 않도록 사전에 자기검열처럼 공부를 진행했던 것이다. 만약 그 상황에서 경전의 내용을 조금이라도 틀리면, 곧바로 자신의 어미에 대한 몹쓸 이야기가 퍼질 것을 두려워한 것이다.

상황이 이러하니, 술에 대한 생각도 이전의 국왕과는 극명하게 다른 입장을 가졌던 국왕이 바로 영조였다. 보통 조선의 국왕을 생각하면, 산해진미의 온갖 향기로운 음식과 술을 끼니마다 먹었을 것으로 생각하는데, 영조는 '검소' 라는 단어가 무엇인지 몸소 실천에

영조는 52년의 재위 중 50년 동안 금주령을 내렸다.
보물 제932호, 국립고궁박물관 소장

마지않았다. 거기서 한 걸음 더 나아가 시시때때로 금주령을 선포하여 애주가들의 마음을 괴롭게 한 국왕이었다. 영조는 정확히 재위 기간이 51년 7개월이라는 조선 최장수 재위 기간을 자랑하는 국왕이었는데, 그중 약 50년을 금주령을 내렸으니 사태의 심각성이 조금은 이해가 될 것이다.

그런데 바로 그런 상황에서 사도세자가 술을 마셨다. 그리고 낙선당樂善堂에서 술 냄새 풍기며 공부하던 모습이 영조에게 딱 걸렸다. 이 사건은 엄청난 질타와 함께 뒤주 속에 갇혀 죽는 사건의 시작점이 되었다. 조선왕조 역사 중 가장 참혹한 사건인 아비가 아들을 뒤주에 가둬 8일 동안 물 한 방울, 밥 한 숟가락 주지 않고 굶겨 죽인 '임오화변壬午禍變' 이 그것이다.

그 원인을 제공한 날은 영조 32년 5월 1일, 창경궁 낙선당에서 공부하고 있던 사도세자는 술을 마시고 그 공간에 불을 질렀다. 왕세자가 공부하던 곳이 활활 불에 타올라 주변 시위하던 신하들이 조선시대 소방수였던 급수군汲水軍을 불러 불을 끄자고 했지만, 영조는 단 한마디만 했다.

"치지置之!(냅둬라!)"

그날 영조의 속이 얼마나 뒤집어졌는지는 그 한마디 말로 모든 사태가 정리될 정도다. 사도세자의 주량은 초기에는 그다지 많아 보이지 않았다. 그러나 이날 이후 사도세자의 폭음은 상상을 초월할 정도로 증가하였다. 그리고 사도제자는 술과 함께 벌어진 수많은 사건과 오해 속에서 급기야 뒤주 속에서 삶을 마무리하게 된 것이다. 사도세자에게 술과 여자, 그리고 폭음 속에서 일어나는 광증狂症들은 '모범' 적인 국왕이라는 아비를 둔 '세자' 라는 정신적 억압을 벗어버리기 위한 탈출구였을지도 모른다.

그러나 재미있는 사실은, 영조의 혹독한 금주령의 시기가 조선에 실학의 꽃봉오리가 터지던 시기였다는 점이다. 1759년에 안정복安鼎福(1712~1791)은 『동사강목東史綱目』의 집필을 일단락 지었고, 1760년에 80살에 접어든 이익李瀷은 그동안 기록한 『성호사설星湖僿說』

을 분류하여 조카에게 베껴 쓰게 만들고, 1765년 홍대용洪大容(1731~1783)은 연행사燕行使를 따라 중국에 다녀와서 『연기燕記』를 지었고, 1768년에 백탑白塔(서울 종로의 탑골공원에 있는 원각사지 다층석탑) 부근으로 이사온 박지원朴趾源(1737~1805)은 박제가朴齊家, 유득공柳得恭, 이서구李書九, 서유구徐有榘 등과 이웃하며 백탑파白塔派를 형성하여 "시간 가는 줄 모르고 밤낮을 잊은 채 담소"를 하며 지냈고, 1770년에는 근 100년 동안 재야에 묻혀있던 유형원柳馨遠(1622~1673)의 『반계수록磻溪隧錄』이 왕명王命으로 간행되었다.

실학자 중에서 술을 아주 좋아했던 이로, 연암 박지원을 꼽을 수 있다. 그의 아들 박종채朴宗采의 기록에 따르면,

> "아버지는 성품이 술을 좋아하셨지만 가난하여 종종 마음껏 취하지 못했다."고 했다. 또한, 아버지는 젊을 적에는 자신을 단속해 술을 드시지 않았는데, 과거를 단념하고 산수를 유람하실 때부터 술을 드시기 시작했다. 그러나 비록 술자리에 어울린다 해도 취하시는 일은 없었다. 그런데 연암燕巖골에 들어오시고 부터는 간혹 취하도록 마셨다. 만년에 아버지께서 연암골을 다시 찾았을 때 일이다. 아버지는 개성에 이르자, 옛날에 기거하던 집을 찾았다. 당시의 개성유수開城留守인 구상具庠은 아버지와 서로 알지 못하는 사이였으나 아버지가 개성을 지나간다는 말을 듣고 얼른 아버지를 방문했다. 공은 옛 친구를 만난 것처럼 기뻐하며 큰 술병을 가져와 함께 취하도록 마시자고 했다. 이때 아버지는 이미 네댓 잔 술을 드신 상태였다. 마침내 커다란 사발로 술을 돌리고 술이 떨어지자, 다른 술을 계속 내놓아 한밤중이 되어서야 자리를 파했다. 유수留守는 대취하여 가마에 실려 부축을 받으며 돌아갔다. 그

러자 아버지는 다른 방에 피해 있던 여러 손님들을 다시 나오라고 하여 말씀하시기를, "그대들이 귀한 손님에게 눌려 그만 하룻밤의 기쁨을 잃어버렸구려."라고 하셨다. 그리고는 바로 술을 청해 그들과 함께 다시 마시니 이러구러 밤이 끝나가고 있었다. 아버지는 당시 급히 연암골로 가야 했으므로, 말에게 꼴을 먹이게 한 다음 자리에서 아침을 드셨다. 그리고 동이 틀 때까지 태연하게 담소하시다가 훌쩍 말에 올라 떠나셨다.〈『과정록過庭錄』〉

이날 집주인이 몰래 술잔 수를 기억해두었는데, 개성유수는 42잔이었고, 박지원은 50여 잔이었다고 한다. 박지원은 대단한 주당이었던 셈이다. 그러면 실학의 정점에 섰던 다산 정약용은 어떠했을까? 정약용丁若鏞(1762~1836)의 음주관은 강진 유배지에서 둘째 아들 정학유丁學游에서 보낸 편지 글에 잘 나타나 있다.

"나는 태어난 이래 아직까지 크게 술을 마셔 본 적이 없어, 나 자신의 주량을 알지 못한다. 포의布衣로 있을 때 중희당重熙堂(창덕궁)에서 삼중소주三重燒酒를 옥필통玉筆筒에 가득히 부어서 하사하시기에 사양하지 못하고 마시면서 '나는 오늘 죽었구나.' 라고 마음속에 혼자 생각했었는데, 몹시 취하지 않았었다. 또 춘당대春塘臺에서 임금님(정조)을 모시고 고권考券할 때에 맛있는 술을 큰 사발로 한 그릇 하사받았는데, 그때 여러 학사들은 크게 취하여 인사불성이 되었다. 그리하여 어떤 이는 남쪽으로 행하여 절을 올리기도 하고, 어떤 이는 연석筵席에 엎어지고 누워있고 하였지만, 나는 시권試券을 다 읽고 착오 없이 과차科次도 정하고 물러날 때에야 약간 취했을 뿐이었다. 그렇지만 너희들은 내가 술을 반잔 이상 마시는 것을 본 적이 있느냐?”

정약용의 절제된 모습도 보이지만, 궁중의 흐트러진 모습이 더 크게 보인다. 대학교 신입생 환영회 자리처럼 임금인 정조가 신하들에게 사발주를 돌리고, 더 짓궂게 붓통에다 독한 소주를 부어마시게 하는 등 궁중에서 폭음하는 문화가 있었음을 알 수 있다. 정약용은 술 마시고 쓴 시가 여럿이고 보면 술을 즐기는 편이었지만, 여간해서는 술에 취하지 않았던 것으로 보인다. 이어지는 편지글에서, 그는 “참으로 술맛이란 입술을 적시는 데 있는 것이다. 소가 물을 마시듯 하시는 저 사람들은 입술이나 혀는 적시지도 않고 곧바로 목구멍으로 넘어가니 무슨 맛이 있겠느냐. 술의 정취는 살짝 취하는 데 있는 것이다.”라고 하였다.

영조와 정조 대의 유명한 화가 혜원蕙園 신윤복申潤福의 『풍속화첩風俗畵帖』에 「주사거배酒肆擧杯」라는 화제畫題의 그림이 있다. 이 그림은 조선시대의 술집 그림으로는 매우 희귀하고 소중한 그림으로 우리에게 당시의 주막 풍경을 짐작할 수 있게 해준다. 이 풍속화는 금주령 아래에서 양반들의 탈법 행위와 퇴폐적인 모습을 풍자諷刺하고자 한 혜원 신윤복의 뜻이 담긴 것이다. 혜원이 살았던 시기인 18세기 말 서울의 술집 모습인 듯한데, 기와집과 초가집의 지붕들 사이로 보이는 풍경, 마루 뒤편의 장이나 장 위에 놓인 많은 백자기白瓷器 등은 술과 밥을 팔며 나그네를 유숙시키는 일반 주막과는 다른 모습이다. 트레머리를 하고 남색 치마와 짧은 저고리를 입은 주모는, 오른손으로 국자를 들고 술을 담는다. 한 잔 술에 거나해진 손님들이 떠들썩하게 떠나려는 참인지 마당에서 서성이고 아직도 아쉬운 듯 부뚜막 가를 맴도는 나머지 일행을 재촉하고 있다.

당시에 가장 엄격한 금주령이 있었지만, 양반들은 술을 마시다 들켜도 벌을 받지 않고 백성들만 걸려서 재산을 빼앗긴다는 원성이 자자했었다고 한다. 이렇듯 당시 백성들은 생존을 위한 식량도 부족하여 굶주리고 있었으나, 임금의 금주령 상황에서 굶주린 백성의 곡식으로 빚는 술을 몰래 마시는 관원들의 행위는 질타를 받아야 마땅했고, 혜원은 이를 풍속화를 통해 꼬집고 있는 것이다.

酒禁怕官家	관가에서 내린 금주령이 두려워
屠蘇不敢釀	도소주조차 담그지 못하네.
百姓爾何知	백성들이여 그대들이 어찌 알리!
清酒溢大盎	큰 항아리에 청주가 넘치는 줄을.

〈이덕무李德懋, 세시잡영歲時雜詠〉

이덕무의 시 〈세시잡영〉에서도, 백성들에게는 도소주조차 담그지 못하게 하면서, 관가에서는 큰 항아리가 넘칠 정도로 청주를 담그는 모습을 읊조리면서 부조리한 현실과 빈부 격차에서 오는 백성들의 질곡된 삶을 비판하고 있다.

그런데 재미있는 사실이 하나가 있다. 사간원 소속 관리는 업무시간에도 술을 마실 수 있는 데다 임금의 금주령을 무시할 수 있었다. 아마도 상소 올리는 업무와 전제군주제인 사회상을 감안하면 술기운이라도 빌리지 않으면 감히 임금한테 직언을 할 엄두도 못 낼 거라 생각한 것 같다. 조선 전기에 서거정徐居正이 쓴 『필원잡기筆苑

雜記』에 다음과 같은 이야기가 전한다.

금주령이 내리면 사헌부의 관원들은 술을 마시지 못하지만, 사간원의 관원들은 전과 다름없이 즐겨 마셨다. 사간원司諫院의 관원은 붉은 옷을 입고 행렬을 지어 나아갔고, 사헌부司憲府의 관원은 검은 옷을 입고 행렬을 지어 나아갔다. 언젠가 금주령이 내렸을 때에 붉은 옷을 입은 사간원의 관원이 크게 취하여 검은 옷을 입은 사헌부 관원을 놀리며 "우리들은 허구한 날 크게 취하여 낯이 붉으므로 옷도 붉은 옷을 입었고, 자네들 같은 사헌부 관원들은 스산하고 쓸쓸하여 술을 마시지 않으니 낯빛이 거무스레한지라, 자네들 옷도 그렇게 검은가 보이." 이렇게 말하였다. 듣는 사람들이 모두 웃었다.〈『필원잡기筆苑雜記』〉

금주령을 가장 엄하게 시행하였던 영조는 역설적이게도 술을 좋아한 임금이었다. 영조 12년(1736)에 야대夜對를 마치고 신하의 노고를 치하하기 위한 선온宣醞(임금이 신하에게 내려주는 술)을 하였는데, 검토관 조명겸趙明謙이 아뢰기를, "가만히 여항閭巷에 전해진 말을 들으니, 혹은 성상께서 술을 끊을 수 없다고들 한다는데, 신은 그 허실을 알지 못하겠지만 오직 바라건대, 조심하고 염려하며 경계함을 보존토록 하소서." 하니, 영조가 쩔쩔매며 변명을 한다.

"내가 목이 마를 때에 간혹 오미자 차를 마시는데, 남들이 소주인 줄 의심하더구나."〈『영조실록』〉

그러나 절대 마시지 않겠다는 약속은 끝까지 안 했다. 조선시대에 술은 곧 약이요, 음식이었다. 몸이 아프거나 허약할 때 약으로 술을 마시거나, 약을 먹으면서 술을 함께 마셨다. 따라서 술은 곧 약주요, 음주는 복약, 곧 약을 먹는 것으로 인식되었다. 당시에 자주 쓰인 주식이라는 말도 술이 일종의 음식으로 여겨졌음을 보여준다. 술과 약, 술과 밥은 결코 떨어질 수 없는 사이였다. 약식동원藥食同源이라는 말처럼 그야말로 주식동원酒食同源이요, 주약동원酒藥同源이었다.

> 예부터 술 때문에 몸을 망치는 자가 많습니다. 금주령을 내려야 합니다.… 엄금한다고 되는 것이냐, 막지 못할 것이다.(自古以酒喪身者固多矣.… 過酒之令. 雖堅禁, 不可止也.)〈『세종실록』 세종 15년 3월〉

세종 15년 이조판서 허조許稠가 술의 금주령을 건의하자, 성군聖君 세종은 난색을 표한다. 과연 성군이시다.

'술 한 잔의 유혹' 을 누가 막는다는 말인가.

白塔落穗(백탑낙수) –한국편–

비틀어 읽는 사랑방의 역사 이야기!!

초판 인쇄 2023년 6월 20일
초판 발행 2023년 6월 30일

지은이 | 田光培
발행자 | 金東求
디자인 | 李明淑 · 楊哲民
발행처 | 명문당(1923. 10. 1 창립)
주　소 | 서울시 종로구 윤보선길 61(안국동)
국민은행 006-01-0483-171
전　화 | 02)733-3039, 734-4798, 733-4748(영)
팩　스 | 02)734-9209
Homepage | www.myungmundang.net
E-mail | mmdbook1@hanmail.net
등　록 | 1977. 11. 19. 제1~148호

ISBN 979-11-91757-82-8 (04150)
ISBN 979-11-91757-81-1 (세트)

25,000원